U0530791

见识城邦

更新知识地图　拓展认知边界

自由
FREE

从古罗马到20世纪，
一个观念的历史

市场
MARKET

之梦
The
History
of an Idea

Jacob Soll

[美] 雅各布·索尔 著　胡萌琦 译

中信出版集团｜北京

图书在版编目（CIP）数据

自由市场之梦：从古罗马到20世纪，一个观念的历史 / (美) 雅各布·索尔著；胡萌琦译. -- 北京：中信出版社，2024.8

书名原文：Free Market：The History of an Idea
ISBN 978-7-5217-6530-4

Ⅰ.①自… Ⅱ.①雅… ②胡… Ⅲ.①自由市场-市场经济-经济史-研究-世界 Ⅳ.①F014.3

中国国家版本馆CIP数据核字(2024)第100316号

Copyright © 2022 by Jacob Soll
This edition published by arrangement with Basic Books, an imprint of Perseus Books, LLC, a subsidiary of Hachette Book Group, Inc., New York, New York, USA. All rights reserved.
Simplified Chinese translation copyright © 2024 by CITIC Press Corporation
本书仅限中国大陆地区发行销售

自由市场之梦：从古罗马到20世纪，一个观念的历史

著　　者：[美] 雅各布·索尔
译　　者：胡萌琦
出版发行：中信出版集团股份有限公司
　　　　　（北京市朝阳区东三环北路27号嘉铭中心　邮编　100020）
承 印 者：嘉业印刷（天津）有限公司

开　　本：787mm×1092mm　1/16　　印　张：21.5　　字　数：243千字
版　　次：2024年8月第1版　　　　　印　次：2024年8月第1次印刷
京权图字：01-2024-2976　　　　　　书　号：ISBN 978-7-5217-6530-4
定　　价：68.00元

版权所有·侵权必究
如有印刷、装订问题，本公司负责调换。
服务热线：400-600-8099
投稿邮箱：author@citicpub.com

献给

我的良师益友

安东尼·格拉夫顿

目录

i 引言
自由市场思想的新源起

001 第一章
西塞罗的梦想

012 第二章
神圣的经济

029 第三章
中世纪市场机制里的上帝

047 第四章
佛罗伦萨的财富和马基雅维利的市场

059 第五章
国家干预下的英国自由贸易

075 第六章
荷兰共和国的自由与财富

第七章
090　让-巴普蒂斯特·柯尔贝尔与国家创造的市场

第八章
108　太阳王的噩梦与自由市场的憧憬

第九章
123　行星运动与英国自由贸易的新世界

第十章
133　英法贸易战、债务和天国之梦

第十一章
143　法国人的自然崇拜和启蒙经济学的创生

第十二章
161　自由市场与自然

第十三章
173　亚当·斯密与仁爱的自由贸易社会

194 第十四章
自由市场帝国

213 第十五章
美德的终结：自由主义与自由至上主义

236 结语

241 致谢

243 注释

292 索引

引言

自由市场思想的新源起

> 揭示思想之源的发现最令人不安。
>
> ——阿克顿勋爵

在美国,"自由市场"也许是人们最熟悉的经济学术语。至少自大萧条以来,它一直是美国政治话语中的一个主要词语,成为褒贬政策的有力工具。在一系列根深蒂固的政治意识形态的裹挟下,这一经济哲学概念已是不折不扣的"罗夏测验"[1]。只要提到自由市场,很多人就会涌出一股与其他种种个人信念相呼应的强烈情绪。

与此同时,人们对自由市场的认知却不尽相同。按照法国理性主义经济学家莱昂·瓦尔拉斯(Léon Walras,1834—1910)

---

[1] 罗夏测验是瑞士精神医学家及精神分析师赫尔曼·罗夏设计的心理投射测验,通过受试者对墨迹的反馈衡量其性格特征和情绪功能,常用于分析受试者的潜在思维模式。——译者注

的著名论断，市场以"一般均衡"的状态运行。也就是说，供给与需求之间的相互作用创造了一个平衡的、具有自我调节能力的经济体系，市场可以在没有政府干预的情况下调节价格和利率，保持商品稳定生产，进而创造财富。在某些情况下，自由市场可能意味着特定类型的经济自由或特权，例如享受自由贸易区的较低关税，甚或获得专有保护。如此一来，自由市场就变成了低税收和政府对经济有限干预的代名词。如今，在大多数发达工业国家，自由市场经济已同公共教育、运输、退休计划、公共卫生系统、监管机构、国家银行以及言论自由一起，被视为社会民主的基本要素。然而，对于自由市场的理解，实乃仁者见仁，智者见智。[1]

关于自由市场的现代定义，最为人们所熟知的观点莫过于诺贝尔经济学奖得主米尔顿·弗里德曼（Milton Friedman，1912—2006）的论述。他将自由市场定义为在经济事务中排除一切政府行为，或者从更广义的角度而言，法律不干涉"人们对幸福的追求"。弗里德曼提出的"反对自由市场实质上就是对自由本身缺乏信心"这一观点更是家喻户晓。自由市场在其倡导者眼中是一种无论何时均放之四海而皆准的有效经济增长模式。依照弗里德曼的总体构想，在理想状态下，市场将受到个人、企业和股东的欲望与选择的驱动，在不受任何政府干预的情况下运转，对私人需求和供给做出响应。在弗里德曼看来，用这种方式组织起来的市场可以确保商品的高效生产和流通，促进财富的创造与创新。[2]

不过，近 30 年来，自由市场之种种却显得扑朔迷离。政治光谱上的各派领军人物为了争夺政治话语权，纷纷对正统的自由市场理论提出批评。在美国，共和党惊人地一反惯例，开始支持贸易关税；英国保守党则带领国家脱离了欧盟自由贸易区，同时增加税收和社会支出。如今，中国政府指出，世界各国必须捍卫自由贸易，解除对国际市场的管制。我们究竟如何走到了美国拥抱保守主义、中国提倡国际开放市场的局面？[3]

要回答这个问题，我们需要回顾一下自由市场思想的悠久历史，因为自由市场的观念在中国的兴起绝非与弗里德曼观点相悖的唯一例证。别忘了这样一个简单的事实：弗里德曼为美国勾画了一个理想化的自由市场愿景，而这一愿景从未实现。自 20 世纪八九十年代以来，美国的中产阶级不断萎缩，而中国的中产阶级却在逐步壮大。尽管有人对政府干预市场的行为提出批评，但美国的金融和商业利益离不开低利率、联邦货币政策和国家援助。自 2008 年以来，美国政府已两度出手挽救金融系统和各行各业，对显然无法解释周期性市场大萧条的正统自由市场思想则避而不谈。[4]

但弗里德曼绝非浪得虚名，他的正统自由市场论述不仅依旧受到大多数大公司董事会的青睐，也在各个商学院占据主流，其中不乏从美国政府获得巨额利润的企业和商学院。此外，他的观点仍然被美国商会奉为圭臬。因此，美国和其他实施自由经济政策的民主国家往往没能意识到，人们根本就是滥用了自由市场思想。人们期待它创造财富，促进创新，同时却又深陷放松管制、债务危机、破产、欺诈、崩溃、政府救助、垄断加剧、财富不平等和政治动荡的无尽循环。于是，人们一次又一次重蹈覆辙，在同样的矛盾和自我否定政策中越走越偏。鉴于当前所面临的经济挑战，值此步入新的历史阶段的关键时期，我们有必要了解"自由市场"一词的含义和历史，理解自由市场在何时有效，又在何时失灵。[5]

如果说弗里德曼是自由市场信徒的宠儿，那么 18 世纪的苏格兰哲学家亚当·斯密则堪称自由市场思想传统之父。但现代人将亚当·斯密视为放松管制、不受约束的弗里德曼式自由市场理论的泰山北斗。这种认知并不准确。后人往往误解、误引亚当·斯密的作品，脱离了他写作的 18 世纪的社会背景。尽管如此，他的著作依旧为经济学研究提供了宝贵的经验。在他 1776 年撰写《国富论》之前，从未有人以如此宏大而复杂的视角，将经济体和社会作为一个能够自我调节的庞大财富创造系统进行论述。然而，斯密也意识到了政府及其机构在市场中的重要作用。在他看来，只有品德高尚的斯多葛派领导者——他们推崇通过自知自律追求幸福的古希腊罗马哲学——与富裕的地主阶级齐心协力驾驭政坛和市场，制定适当的指导原则、激励措施和监管手段，以保持经济运行，市场才能发挥最佳作用。

在斯密生活的那个时代，其社会环境、哲学理念和宗教信仰都与今天截然不同。彼时，帝国及其贸易不断扩张，奴隶制盛行，政治上实行君主立宪制、精英议会制和大地主寡头统治，且这一切都是他热情拥护的。研习哲学与历史的斯密看到了大不列颠与罗马共和国及罗马帝国的相似之处，这也是他对公元前1世纪的罗马元老院元老、哲学家马库斯·图利乌斯·西塞罗的著作异常着迷的原因之一。斯密是18世纪的自然神论者（未必是基督徒），虔诚地相信上帝是一位"建筑师"，在地球上设计了一个自然的发条装置，且根据艾萨克·牛顿的万有引力定律，它与行星运动协调一致。斯密虽然认为政治家不应"试图干预私人使用其资金的方式"，但也希望人类的经济活动能呼应他笃信的和谐的自然律。要实现这个目标，男人（是的，他强调的是男性）就必须遵循古老的斯多葛派的哲学和戒律。唯有如此，社会才能建立起良好的政府和机构，让个人用合乎道德的方式创造财富。[6]

亚当·斯密并不认为"贪婪是好事"，那绝非斯多葛派哲学家的主张。恰恰相反，斯多葛主义的根基在于通过道德纪律和公民义务实现自我提升。斯密要做的是设法将商业社会及其固有的贪婪纳入道德体系的控制范围。商业社会的中间阶层——"屠夫、酿酒师或面包师"——在日常生活中受简单的自利驱使。社会必须找到一种能驾驭商业自利的手段，并将其引向公共利益。斯密担心无情的商业竞争会破坏社会和国家，相比之下，有道德素养、有文化、公正的领导者则可引导社会步入和谐高效的商业合作。

斯密希望社会能朝着哲学的、道德启蒙的方向发展，再现罗马共和国的美德，但米尔顿·弗里德曼强调的经济自由主义和社会达尔文主义很难与斯密的愿望相融合，安·兰德（Ayn Rand）推崇的商业伦理思想更是与之相去甚远。在安·兰德看来，唯有最强大、最具竞争力的企业家才能爬上社会顶层。事实上，自由市场的现代拥趸既很少提到斯密对古罗马元老院寡头政体推崇备至，亦不谈他本人的政府官员身份（至少做过税收官）以及他对商人、企业家和公司发自内心的不信任，这并不令人惊讶。更麻烦的是，这位所谓的自由市场思想之父竟然是一名既傲慢又激进的文科教师，靠大学的教职和行政工作谋生。试想兰德1943年出版的小说《源泉》(The Fountainhead)里的主人公，那个冲动而急躁的现代主义建筑师霍华德·罗克，怎么可能忍受亚当·斯密重视传统和责任、耐心好学、彬彬有礼、富于同情心或以纳税为荣的主张？[7]

以西塞罗和斯密为代表的寡头市场构建者致力于建立教育完善、崇尚哲学、重视农业的道德社会，他们认为国家是市场自由的必要条件。那么，从上述哲学家的信念到弗里德曼等人股东至上的自由主义主张，究竟是如何转变的？现代自由市场思想又是如何演变成一种僵化的、非此即彼的哲学，乃至将国家干预经济的行为一概视为对财富创造和自由的生存威胁的？回答上述问题正是本书的主旨所在。

吊诡的是，解开自由市场之谜的关键是一个在亚当·斯密出生前40年就已亡故的人，且此人向来被经济学家视为斯密的对立面：法王路易十四的首席国务大臣、声名赫赫的让-巴普蒂斯特·柯尔贝尔（Jean-Baptiste Colbert）。他从17世纪50年代中期开始掌管法国经济，直至1683年去世。柯尔贝尔精于组织和管理法国王室和公共财政,规范了度量衡,建立了法国道路、港口和运河的商业流通系统,因而广受赞誉。他还负责建立巴黎警察和工业监察队伍,主持法国工业、法国海军的建设和凡尔赛宫的建造。作为国家研究机构的主管,他设立了王家图书馆、档案馆和法国王家科学院。在柯尔贝尔看来,要想建立一个高效、流动的市场,上述努力必不可少。为此,他利用关税、补贴、国家垄断和政治压制手段,缔造出当时最成功的大市场。

柯尔贝尔之所以动用国家强制力建设市场,主要意图之一是让法国的商业发展到足以与英国商业自由竞争的程度。他认为,"商业自由"来自对称的市场和平衡的贸易协定。在柯尔贝尔看来,国际贸易固然是一场零和游戏,黄金和珍宝亦有限量,但他同时也确信,从经济角度而言,专注于商业和工业的社会是最成功的社会。在他当政之初,法国大体上仍是个农业国家。他把发展经济作为自己的使命,轻农业而偏重工业、创新和贸易,相信后者可以打开一条通往更自由、更顺畅的循环经济之路,让法国成为富裕而伟大的国家。

柯尔贝尔的做法引起了亚当·斯密的兴趣。在《国富论》里,斯密创造了"重商主义"一词来描述柯尔贝尔对贸易和工业,而不是农业的重视。斯密并非完全反对柯尔贝尔的观点,但他的确在某些关键方面持保留意见。在斯密看来,这位法国国务大臣推动经济的手段是本末倒置的:以贸易和工业为重无疑是误解了古训,即农业才是一切国家财富的源泉。他认为,柯尔贝尔深受"商业诡辩术"之害,制定了太多强制性的贸易条例,且

"不幸地对重商主义的偏见全盘接受"。斯密指出，单靠商业无法创造财富，因为它忽视了自然的力量和农业的优点，而任由商人——斯密所厌恶的人——左右政策，形成垄断。政府的任务是遵循自然律，帮助农业回到主导地位，使贸易能够自由运转。[8]

与其说柯尔贝尔和斯密的观点截然对立，毋宁说他们各自代表着自由市场思想中虽不相同但彼此相关的历史分支。然而，随着时间的推移，斯密对柯尔贝尔的批判在自由放任主义经济学家和历史学家的心目中被放大了，柯尔贝尔和他的国家主导工业市场建设的观念被固化为自由市场的必要之敌。斯密的重商主义概念被完全从原初的背景中抽离出来，逐步演变成现代重商主义概念。在这个过分简化的、笼统的经济学术语中，早期现代经济思想家被归为干预主义、征税、补贴和国家敌对状态的鼓吹者，一心囤积黄金。1931年，瑞典经济史学家伊莱·赫克歇尔（Eli Heckscher）在其巨著《重商主义》（Mercantilism）中，将柯尔贝尔的"重商"经济学与他眼中斯密所代表的、允许个人自由和商业自由不受国家干预的纯粹自由放任制度相提并论。自此，一种强有力的、简单化的二元论不绝于耳，影响着我们如今对自由市场的看法。在弗里德曼的著作中，我们仍然可以看到这一点。[9]

然而，在市场哲学的漫长历史里，大多数时候，基础经济思想家将国家视为创造自由公平的交易环境的必要因素。斯密的主张是自由市场思想的结晶，其源头可以追溯到西塞罗和视农业生产为一切财富之源的封建传统，这种传统因与自然的亲近而获得了天然的道德优势。为了维持人们心目中自然界生生不息的均衡状态，政府必须由土地所有者主导，以确保农业生产不必纳税，不受监管。这并不意味着将政府排除在外，而是意味着政府必须积极放开农业部门，以期农业生产能够主导社会，推动经济发展。

但自由市场思想的另一个传统，也就是如今被错误地称为重商主义的传统，则主要注重创新、贸易和工业。从佛罗伦萨哲学家尼科洛·马基雅维利到让-巴普蒂斯特·柯尔贝尔和亚历山大·汉密尔顿，该思想的倡导者均认为应由一个强有力的政府促进创新和工业发展。在他们看来，此举不仅可以创建健康的国内市场，而且可以让一个国家获得国际竞争力。这些支持发展工业的思想家认为，经济自由对财富生产而言至关重要，但它的自我维系能力并不比以农业为基础的社会经济强，相反，它需要一个重视工业的政府加以设计和推动。

自由市场模式之间的取舍在19世纪发生了变化。彼时，英国成为无可争议的世界经济主宰，英国的自由市场思想家也最终认同了工业潜力和一般均衡理论。他们认为，如果市场是自由的，那么英国勤劳节俭的基督徒就能源源不断地实现创新，获取财富，并带来国家间的和平。到了20世纪，一些经济学家开始逐渐相信市场具有自我调节能力，他们试图将自由市场与仅行使最基本功能的消极政府画上等号。他们坚信，只要允许供给与需求不受干扰地发挥作用，市场体系和社会就能奇迹般地自我维系。可惜，我们现在已经看到，事实并非如此。

为了帮助我们理解古代对自然和农业的信仰是如何慢慢演变成现代自由工业市场理论的，本书不仅限于对经济学文本的研究，更涉及了一系列其他资料，包括国家档案、私人信函，以及道德、自然科学、宗教、文学和政治方面的书籍。其中一些材料，了解经济史和哲学的读者或许相当熟悉，也有部分材料可能是读者未曾接触过的，甚至乍看起来离题万里。但要想理解在经济学领域内，学者为何总是难以达成清晰的共识，了解以上林林总总的学说与文献，无论是西塞罗的古典伦理学、佛罗伦萨商人的手册和资产负债表，还是法国国务大臣的国家文件和内部备忘录、公爵与大主教的宫廷信件，都是绝对必要的。

本书的目的是让读者意识到，单单基于方程和数据集来构建理论不足以理解经济学。我们必须挖掘深藏于现代思维习惯中的、未经检验的古老假设和信仰体系。我们已一次又一次地看到，市场和社会太过复杂，无法用一般均衡理论解释，正统的自由市场思想也处于劣势。但正如我在本书中所指出的，自由市场思想的伟大先驱始终明白，在评价交换体系时，我们不能脱离这些有缺陷的、堕落的、真实的人，因为令各种交换体系得以存续和运转的，正是人类自身。

归根结底，自由市场并不能将人类从自身中解放出来。为了实现繁荣兴旺，自由市场同样需要付出劳动、关注和审慎的道德推理，与其他种种人类事业无异。有趣的是，尽管已有诸多失败的先例，经济学家、哲学家、政治家和其他一些人仍然痴迷于经济可以完全自我调节的梦想，且在梦想破灭时震惊不已。此外，还有一个不仅诱人而且相当古老的想法也叫人难以舍弃，这个想法源自古罗马最有影响力的哲学家马库斯·图利乌斯·西塞罗的哲学，他的著作为其后近 2 000 年的经济思想奠定了基石。

第一章

西塞罗的梦想

> 自然是如此稳固、坚实，命运与自然的对抗就好似凡人与女神之间的战斗。
>
> ——西塞罗，《论责任》(On Duties)，公元前 44 年

欲厘清自由市场思想之源，首先得理解西塞罗的哲学。他认为，通过践行贵族农耕制度、合乎道德的行为和政治，人类可以将自然作为无限的、自我延续的财富来源。西塞罗著作中描绘的罗马共和国已经达到了一种平衡状态，获得了长达数世纪的和平与繁荣。他对罗马的理想日后成为众多自由市场思想家的灵感源泉，其影响力一直持续到 19 世纪。

事实上，西塞罗生活在罗马共和国分崩离析之际，这名公元前 1 世纪的罗马元老院成员捍卫的乃是旧秩序。逐利商人的贪婪和潜在僭主，例如公元前 49 年成为独裁者的尤利乌斯·恺撒的野心，都令他震惊。西塞罗认为，作为财富生产的杠杆，理想的市场交易应在以务农为生，并遵守共和国法律的贵族之间进行。

他在从政和写作生涯中发展出一种理论，即共和国的领导者通过遵循斯多葛派的道德戒律并无私地为国家服务，就可以效仿稳定的自然律，维系一个能够自我延续的财富体系。

不过，西塞罗的经济愿景远非"自然"，它体现的是持续了近500年的罗马共和国的价值观。自传说中罗穆路斯于公元前753年建立罗马以来，古代精英阶级就一直以其领地上的巨额财富为生。西塞罗的著作表明，经济学永远不会脱离它所处的特定历史、文化和物质条件。他坚信贸易应为罗马的统治阶级服务，这种哲学观点——或者毋宁说意图——尽管在不同时期指向不同的精英阶级，但一直延续到蒸汽机时代。直到今日，在现代自由市场思想中也可以看出这一点。

历史学家并没有将西塞罗视为理解现代经济思想起源的关键。然而，西塞罗是第一个宣称道德和情感可激发市场自行运转以创造经济均衡的人。在他看来，受过教育、拥有土地、处于同一社会阶级的人之间的友谊不仅可以产生信任，而且为理想的市场环境奠定了哲学基础。西塞罗出生在罗马东南约129千米的拉齐奥阿尔皮努姆，他的家族姓氏"西塞罗"的意思是"鹰嘴豆"，略显卑微的姓氏生动地暴露了其家族的农业背景。他的家族属于骑士阶级，该阶级由公元前2世纪崛起的低阶贵族组成，其地位低于元老院阶级，拥有以捐赠马匹代替服骑兵役的特权。这个阶级的人虽常常从事公共财政、税收征收或债务管理工作，但其基本身份是地主和农民。作为一名刚刚获得贵族头衔的"新人"，

第一章　西塞罗的梦想

西塞罗深厚的家族人脉为他的政治升迁之路助力良多。然而，即便跻身元老院成员的行列，甚至当上共和国执政官，他仍背负着某种社会污名。一个以作品定义了日后欧洲传统贵族伦理的人，自己却从未成为真正的贵族，这似乎有些荒诞，但或许亦不尽然。无论如何，西塞罗已经登上了罗马体制的顶峰，接下来他要做的就是尽力维护它。

公元前1世纪，这个国家有4000多万人，而罗马城的居民超过100万。但在整个国家里，仅有500万居民被授予公民身份，可以获得免费面包，享有司法和公民权利。奴隶占总人口的10%，其余罗马非公民由下层阶级组成。社会的顶层是统治阶级，包括约700个元老院家族和3万个骑士家族。因此，罗马的精英家庭盘根错节，他们身着本阶级专用的服饰，拥有相似的教育背景，凭亲属和委托关系组成了一张人际网，彼此交换货物，提供贷款，购买地产。在西塞罗生活的那个年代，由该阶级组成的封闭市场已经运转了几个世纪，好似一种不可改变的自然秩序。[1]

沿着罗马元老院权力轨迹长大的西塞罗自幼浸淫于实用政治、法律和哲学，家中的座上宾不仅有罗马的饱学之士，也有权倾朝野的政客。他的导师来自元老院秩序和文化的捍卫者、声名赫赫的斯凯沃拉和克拉苏家族。这些保守派学者固守着罗马农业文明的习俗和准则，以及在他们看来由这套传统所代表的自然法则和社会等级制度。因此，他们忠诚于古罗马宪政，反对任何变革。共和国理应由民众的会议管理，入选平民大会（亦称"特里布大会")的平民本应与元老院和负责行政事务的执政官紧密合作。但事实上，共和国早已僵化成由元老院把持的寡头政治，且元老院本身也逐渐被肆无忌惮的独裁者控制。尽管如此，西塞罗还是有一种强烈的意识，即捍卫元老院阶级、共和制和良性市场社会就是捍卫古罗马的自然秩序观念。[2]

这种价值认同的核心是对自然和农业的理解，西塞罗孜孜不倦地从众多农业思想家那里汲取养分。对西塞罗影响最大的是保守斗士、罗马父权制的捍卫者、历史学家老加图（Marcus Porcius Cato）。他在《农业志》（*On Farming*，公元前160年）一书中指出，高尚的财富取决于良好的农业管理。如果一个人知道如何正确地耕作，大自然的赏赐就会如共和国一般稳定。至于创新和贸易，老加图不屑一顾，因为他认为唯有大宗土地所有权才是真正"有益的"，才能培养出有德行的公民和士兵。[3]

在西塞罗时代的罗马，大多数人都在辛勤劳作，但不会有人对劳动本身做任何思考。罗马社会里有商人和服务业从业者，但大部分人从事体力劳动，他们中有的是奴隶，有的是薪酬微薄的释奴。西塞罗对这些人毫无兴趣。劳作乃是天命，自然自有安排。农民生来是农民，奴隶注定是奴隶。他坚称，所有人都"必须工作"，也必须得到"他们应得的报酬"，如此而已。唯有贵族无须劳作。精英阶级的天生地位不是靠拥有财产获得的，他们的身份本身就是自然状态的一部分。因此，西塞罗和他所属的阶级对土地税深恶痛绝。他们拥有所有的土地和土地上的劳动力。在他们看来，对大自然的恩赐征税，无疑是暴政。地主的工作只是压榨奴隶和劳动者的劳动，以满足基本的产量，并为那些有权享有财富的人创造财富。[4]

由于具备亲近自然的优势，地主阶级的成员自认为有责任研究自然界的神圣法则，以确保他们的贵族社会永久延续。西塞罗在《论共和国》(On the Republic，公元前54—公元前51年)中写道，当"最好的人"以"适度的方式"实施统治时，"公民"就能在和平繁荣的社会中"享受最大的幸福"。富有的贵族"无忧无虑"，可以唯美德为本，专注于政务。西塞罗对"最好的人"的信心基于这样一个观念：自然并非平等地创造人类。既然自然在造人之初就有分别，那么人类自身理应效法。真正的政治和经济自由只属于拥有土地的少数人。[5]

在西塞罗的世界观中，贵族"不为财富所动"，生来鄙视职业放债人和市场上的小贩。他自称憎恶贪婪，憎恶以谋财为目的，认为商业价值必然意味着道德上的卑劣，并将"商人"一词用作贬义。西塞罗认为，理想的市场既能引导人们为了共同利益而使用共有财产，同时又能保护私有财产。他解释说，按照斯多葛派的观点，"大地上出产的一切皆为人类所用"。从这一观念中引申出了自由的概念以及可自我延续的交换。同样，道德和哲学推理能够引导人们通过辩论和善行促进共同利益，以便"让人类社会、让人与人之间结合得更紧密"。西塞罗认为，如果私人物品交换始于思想的交流，那么一旦被表达出来，该思想就属于所有人，可以在对真理的共同追求和对国家的崇高服务过程中被分享。思想的交流应遵循一句希腊谚语："朋友之间，一切共有。"

良性的哲学交换有助于罗马共和国及其领导者的"共同利益"。[6]

"责任"在西塞罗的理论体系中至关重要。在公民宗教的范畴内，这意味着像"好人"那样为国家服务。不过，西塞罗警告说，虽然人们对"同胞和全人类"均负有责任，但不可能帮助"无穷无尽"的穷人。一个人必须把大部分个人资源留给家人和朋友。他相信，基于"友谊"和"仁慈"的"共同纽带"建立起来的封闭式精英市场既"维护了正义"，也维系了财富和社会。此外，他认为，真正的、亲密的友谊"为繁荣增添了一道更明亮的光辉"，因为它"通过分担和分享减轻了困境中的重负"。持久的财富绝非来自贪婪，亦不能从他人身上获取，而是来自"善意"的共同纽带。正是这种诚挚的情感"撑起了家园，让田地不至于荒芜"。[7]

可见，在斯密提出自由市场思想之前的1 800年，西塞罗就设计了一种存在于志趣相投的统治阶级内部的、合乎道德的自由商业交换体系。这种得体的交易纽带可以通过批判性的方式保护社会，令其不至于走向非自然状态。西塞罗说："一个人倘若从邻居那里拿了东西，并从邻居的损失中获利，就违背了自然，比死亡或贫穷更不可取。"交易必须建立在自给自足的基础之上，否则就会导致"掠夺"。高尚的道德，即交易行为中的"礼貌、公正和慷慨"，是通往和谐富裕社会的准则。[8]

如是，罗马贵族通过庞大的小麦分配系统向公民捐赠面包，为国家做贡献，这也是当时罗马经济体系的支柱。帝国舰队在地中海——或者借用罗马人的说法"我们的海"——沿岸分发小麦。

地中海之于罗马，宛如脏器之于人体，促进了罗马经济的自由流动。博物学家、军事领袖老普林尼也因此在《博物志》一书中将地中海称为"肠子海"。通过这种模式，财富以地主阶级收获的小麦为起点，在整个帝国自然流动，好似遵循着自我调节的自然律。罗马利用季节的无形之手，在看似长盛不衰的国家及其元老院阶级的帮助下生产商品，自给自足。国家对亚平宁半岛与北非间，乃至一直延伸到伊比利亚半岛、巴尔干半岛、安纳托利亚半岛和黑海的市场及航线给予补贴，货物在庞大的罗马贸易区内自由流动。[9]

如果说西塞罗在罗马政坛的上升之路令人惊叹，那么他的陨落则更具戏剧性，因为导火索正是他对罗马宪法、良性交易规则、私有财产和自由贸易基本法则的捍卫。公元前63年，四十出头的西塞罗成为罗马的两位执政官之一，登上了政坛之巅。在他担任国家元首那一年，国内发生暴乱，而他本人也与元老喀提林发生了冲突，后者是改革派的执政官候选人，主张减免债务，向穷人分发土地。西塞罗素来蔑视抛弃贵族精神的大众改革者。他认为，向穷人提供土地的承诺不仅会破坏市场规则，而且会对现有秩序本身造成威胁。于是，他在元老院里当着喀提林的面发表了那场著名的演讲。一连数日，西塞罗指责喀提林目无法纪，称他的朋友负债累累，质疑他救济穷人的动机，并最终获准处决喀提林的几名同谋。西塞罗喊道："时代啊，习俗啊！"这既是在谴责喀提林全然漠视法律、腐败贪婪，也是在捍卫自己眼中自然的、合乎道德的经济秩序。[10]

通过西塞罗对现有制度的戏剧性辩护，我们能看出在他心目中荣誉之于市场的重要性。贿赂或欺诈手段不仅是"不公正的"，而且是"虚伪的"。例如，西塞罗在公元前63年通过了关于反选举舞弊的《杜里亚法》，禁止以选票换取利益。值得一提的是，包括尤利乌斯·恺撒在内的不少人都认为西塞罗才是腐败分子。当然，还有更多人觉得他只不过是自卖自夸——这倒是无可否认。但与恺撒不同的是，西塞罗坚决捍卫元老院的合法地位，且从未试图推翻宪政。[11]

公元前49年，尤利乌斯·恺撒宣布终身独揽罗马共和国的大权。公元前44年3月15日，一群支持共和制的元老院元老在马库斯·尤尼乌斯·布鲁图的带领下刺杀了恺撒。虽然西塞罗本人并未参与，但他希望引导元老院重回共和政府。在罗马共和国衰落、罗马帝国崛起的剧烈动荡中，在自己命运的低谷里，西塞罗写下了足以名垂青史的不朽作品《论责任》（公元前44年）。这本名义上写给他儿子的哲学建议，后来成了西方传统中最具影响力的著作之一，也为自由市场思想勾画了蓝图。[12]

西塞罗在《论责任》里表述了这样的经济观点：友谊和对知识的追求带来了和谐与和平，保护了财产，并造就了基于政治服务、情感、仁慈和慷慨的公正社会。换言之，良好的道德推动了健康的市场，令有德之人能够放心地进行交易。信任是释放贸易的机制，西塞罗的礼仪观念和斯多葛式的自我控制则是令贸易永久存续的核心。我们可以看到，这些思想后来引起了基督徒的兴趣，并启发了寻求合乎道德的贸易模式的18世纪启蒙哲学家。[13]

《论责任》的高超与精妙之处在于，从某种层面而言，西塞罗借此回应了彼时充斥于罗马社会的暴力。他在书信中对此也多有描述。在这本书里，他不仅指责了恺撒的非法独裁野心，也谴责了一种更普遍的贪婪倾向。西塞罗在此明确地画出了道德底线，谴责狮子的蛮力"卑劣"，而狐狸的"欺诈"则"更可鄙"。他告诫读者，这种对权力和财富的兽性欲望"贪得无厌"，绝对不能放任其存在。社会精英不能屈从于独裁恶行，而是必须保持自律，遵守宪法。[14]

在经济事务中，责任不仅要战胜贪婪，还要对抗快乐。西塞罗不认同自利或欲望可以驱动经济互动的说法，亦不赞成希腊伊壁鸠鲁派哲学家提出的生活的核心在于追求快乐的主张。他批评单纯以逃避痛苦或寻找欢愉为目的的生活方式过于简单。他指出，被视作痛苦的东西也可能带来快乐，同样，放弃快乐也可能有助于避免痛苦。责任、学习和友谊绝对是更值得追求的目标，而且可以为实现自由交换奠定必不可少的信任之基。[15]

西塞罗在《论学园派》（*Academica*，公元前45年）中将人类学习理解自然视作"首要之善"。这种善不是为了寻求快乐，而是要通过质疑的哲学方式探求真理，它"提供了面对死亡的勇气"和"心灵的平静"，因为它"消除了对自然奥秘的所有无知"。学习的美德创造了一种纪律和信任，使人类能够超越基本的自利。例如，西塞罗希望通过研究希腊物理学理论来理解宇宙的自我调节系统，并在《论共和国》的最后一章进行了讨论，即著名的"西庇阿之梦"章节。通过寻找"永恒运动"的"第一因",他得出最基本的市场原则不是贪婪而是爱这个结论。良性交换是这些神圣机制的一部分,如果允许其发挥作用,将产生可靠的财富。[16]

然而,西塞罗关于自然的、能自我调节的、由学习、情感和自由交换构成的贵族世界之梦与他所处的现实世界格格不入。在争夺帝国最高权力的斗争中,公民领袖抛弃了所有有名无实的元老院旧例。公元前1世纪,罗马内战不断,西塞罗夹在强大的马克·安东尼将军和屋大维(未来的奥古斯都)之间,终于迈向了人生的高光时刻,但也以他可怕的死亡而告终。

正是在这场灾难性的战争中,西塞罗发表了针对马克·安东尼的著名演说《反腓力辞》(*The Philippics*),对不道德的交易予以斥责。在元老院的大厅里,他斥责安东尼违犯共和国的法律,嘲笑他轻率、腐败、伪造账簿。他质问安东尼:"你3月15日欠下的4 000万塞斯特斯在4月1日前一笔勾销了,这是怎么回事?"[17]

令人惊讶的是,公开抨击了彼此对立的共和国各腐败派系之后,西塞罗竟以为自己能幸免于难。或许他认为自己得到了屋大维的支持。但这位未来皇帝的首要目标是确保自身对皇权的主张。在与安东尼的那场生死攸关的政治交易中,屋大维最终迫于压力,同意了处决西塞罗的要求。这是西塞罗始料未及的,但他早已失去权势靠山,只能独自捍卫一个业已死亡的共和国。

听闻判决后,西塞罗逃到一处乡间别墅,打算在那里体面地迎接死亡。面对行刑士兵，他请求他们下手干净利落。但刽子手砍了三刀才砍下了这位命途多舛的哲学家的头颅，一名士兵还砍下了他的一只手。马克·安东尼没有辜负西塞罗对其残暴粗鲁的指责，下令将西塞罗的头和手钉在广场面向元老院的主演讲台上。这就是罗马最伟大的演说家、共和国的捍卫者的遗产，一个将在后世回荡千年的符号。死于拿撒勒的耶稣降世之前的西塞罗为共和国殉难，成为西方历史上的重要人物，这为他的政治和经济道德观增添了一种近乎基督教式的色彩。他用这种方式践行了自己的理想，与暴政和腐败交易的恶行做斗争。他试图维护自然秩序和经济道德，给后人揭示了一条通往财富的良善之路。

以这种方式，西塞罗预见了亚当·斯密市场观念的核心原则：如果受过教育的精英阶级专注于农业生产，并以正当的、合乎道德的方式进行交易，那么市场就能自行运转并产生财富，共和国也将随之繁荣。随着基督教在西欧的传播与兴盛，这种均衡模式将成为经济哲学中长盛不衰的概念框架之一。后世基督徒将社会的终极目标从世俗的公民政治转换为天国的救赎，上帝也随之进入了交换体系。

第二章

神圣的经济

> 施与面包,抓住天堂。
>
> ——圣金口约翰,《布道三:论施舍和十童女》,
> 约 386 年

西塞罗去世后 200 多年,罗马共和国被罗马帝国取代,罗马也走上了与基督教的漫长融合之路。此间,罗马帝国依旧,但皈依基督教的新统治者试图修正西塞罗的经济愿景。早期基督教大体上不再将公民道德视作一种美德。相反,公元 3 世纪和 4 世纪的基督教思想家开创了一种新的生活理念,以及相伴而生的关于市场交易的新愿景。西塞罗提出的商业应以道德准则为基础的信条仍然得到奉行,但在早期基督教经济体系中,良善的道德选择必须来自用世俗财物换取天堂入场券的真诚愿望。道德体系不再围绕着早期根据自然法则推衍出的"首善",而是着眼于来世,一个以追求个体救赎和精神奖励为核心的市场随之形成。

就这样,基督教改变了西塞罗体系中的商业交换的观念,使

第二章 神圣的经济

之不仅以责任和美德为基础，同时也建立在人类欲望之上。这种欲望绝非伊壁鸠鲁派对世俗快乐的追求。相反，基督徒认为，如果人类选择虔诚地生活，拒绝财富，那么"看不见的上帝之手"——圣奥古斯丁此言用的是严格的字面含义——就会给他们带来天国的宝藏。基督教的救赎概念为后来的自由市场思想提供了一个概念模型，即个体选择可以带来无尽的天国财富。早期基督教思想给现代经济文化留下了一笔重要的遗产：为了达成虽尚不存在但绝对完美的市场条件，不竭的渴望是必要的。

尽管基督教在罗马帝国已成燎原之势，但异教仍是一股不可小觑的力量。312年左右，君士坦丁大帝皈依了基督教，但直到4世纪末，西塞罗的思想在学校课程中仍然占据重要地位。在基督诞生后的几个世纪里，教父主要来自罗马贵族，这意味着他们是在异教帝国文化中长大的。他们必须了解罗马法律，依靠皇帝来确保教会的稳定。以米兰主教圣安布罗斯和西方基督教最有影响力的神学家圣奥古斯丁为代表的主教向西塞罗的思想发起了论战，希望用符合基督教精神的新道德观取而代之。归结起来，他们对财富的态度比西塞罗的主张更个人主义，也更民主。

在西塞罗看来，欲望本质上是负面的。但基督徒认为，如果欲望是为了获得救赎，例如，一个人想通过向穷人施舍、放弃尘世快乐的方式换取天国的奖励，那么这种欲望就是道德的。根据圣马太和圣路加的福音，对天国宝藏的渴求不仅是善的，而且是神圣的。从福音书和其他经文中可以看出，基督教的救赎实乃一套由利益、选择、意愿、交换和奖励构成的经济语言。就连基督受难本身事实上也是基于交易。《希伯来书》中写道，"不流血"，罪就得不到赦免。换言之，基督偿还了人类的集体债务。[1]

基督教会固然依赖罗马帝国的保护甚至财政支持，犹太教-基督教传统却明确排斥西塞罗的信念，即一个人最大的善就是学习哲学和为国家服务。基督教的救世信仰带来的是末世论：拒绝世俗世界及其不完美，渴望《启示录》中预言的世界末日，渴望上帝的怒火降临到贪恋世俗财富的人身上，并将天堂永恒的来世赐予真正的信徒。

福音书作者圣路加坚持认为，基督徒要将自己世俗的财物施舍给穷人，才能获得天国的宝藏。在《路加福音》中，耶稣说："你们要变卖所有的周济人，为自己预备永不坏的钱囊，用不尽的财宝在天上，就是贼不能近、虫不能蛀的地方。"在受召跟从耶稣前当过税吏的圣马太也提到了类似的说法。他和圣马可、圣路加都在《圣经·新约》中记载，耶稣引用古老的犹太谚语说，富人进天国的机会比骆驼穿过针眼还要渺茫。他还引用了耶稣关于世俗财宝转瞬即逝的说法，将尘世描述为"有虫子咬，能锈坏，也有贼挖窟窿来偷"的地方。他呼吁信徒寻找心中永恒的宝藏。同样，圣马太也在福音书中记载，耶稣说救赎以贫穷为前提，是一个为了获取恩典而向穷人施舍的交换过程。耶稣说："你若愿意作完全人，可去变卖你所有的，分给穷人，就必有财宝在天上，你还要来跟从我。"[2]

但关于财富，马太给出了相互矛盾的信息。他声称，耶稣说

第二章　神圣的经济

过,那些未能投资以求良好回报的人是有罪的。他在福音书中记录了耶稣关于"按才受托的比喻",主人骂那个没有投资的仆人又"恶"又"懒"。耶稣警告说:"因为凡有的,还要加给他,叫他有余;没有的,连他所有的也要夺过来。"[3]

赐予天上的财宝并不是比喻。在罗马帝国,绝望的穷人比比皆是,因此来世的实际财富能够引发强烈的共鸣,基督教传教士正是利用这一点吸引人们皈依。巴勒斯坦和整个罗马帝国的生活条件普遍恶劣,这无疑是基督教强调贫穷的基础。犹太教思想和神学中早有保护穷人的观念,宣扬施舍,提倡社会公平。所罗门有言:"怜悯贫穷的,就是借给耶和华,他的善行,耶和华必偿还。"圣马太描述耶稣将对穷人的施舍与同上帝的沟通相提并论,便是回应了这个观念。[4]

在基督教形成之初,罗马经济体系中最重要的物质商品是黄金和白银,但福音书也涉及了其他世俗利益,包括性、身体和对快乐的追求。圣马太口中的耶稣视禁欲甚至自我阉割为敬献给上帝的礼物。他说:"因为有生来是阉人,也有被人阉的,并有为天国的缘故自阉的。这话谁能领受,就可以领受。"快乐,连同财富和自利,被熔铸进了以个人救赎为目的的市场交换体系。[5]

这一点在早期基督教教父的生活方式中表现得最为明显,与罗马贵族的奢华传统形成鲜明对比。基督教的领袖继承了由来已久的禁欲主义传统,践行极端的自我弃绝。亚历山大的克雷芒虽然承认世俗财富必须存在,但他在《富人的救赎》(*The Rich Man's Salvation*)中指出,财富的使用应合规,尤其应根据虔诚的"施与"计划将其捐出去。富人若能将所有的财富捐给穷人和教会，便是将自身的热忱献给了耶稣，这样的人可得救赎。[6]

公元前1世纪，禁欲主义的基本信条通过希腊异教道德家塞克斯图斯（Sextus）的著作传遍整个罗马帝国，推动了自我调节的宗教交换市场概念的建立。《塞克斯图斯格言集》（The Sentences of Sextus）描述了人与神的关系以及来世的货币流通，与后来新兴的基督教观念互为映照。他写道，唯有那些"放弃肉体之物的人才能自由地获取灵魂之物"，并直言不讳地指出，"富人很难得到拯救"。他阐述了柏拉图式的观点，即一个人可以通过精神修行和自我弃绝来接近神明，成为"贤明之士"。贤明之士"克服了肉体欲望"，"将一切给予穷人"。对尘世的眷恋，甚至对亲生骨肉的难舍，都应遭到唾弃。塞克斯图斯宣称"虔诚的人会心怀感激地承受丧子之痛"，并警告说，世俗享乐的罪恶将被"恶魔追究，直至偿还干净"。[7]

塞克斯图斯的格言很快就传遍了希腊的基督教社区。包括3世纪的基督教学者、亚历山大的奥利金在内的主要神学家欣然接受，奥利金甚至惊叹有"如此多的人"阅读塞克斯图斯的著作。随后，一系列基督教作品对该观点做出了回应，称世俗的市场必为天上的市场所取代。由于原罪，人类无法真正享受世间生活，90—150年的作品《黑马牧人书》（The Shepherd of Hermas）即围绕这一核心观点展开。该作品引述了最早由圣马太提出的基本原则，即富人"在关于主的事情上"是贫穷的，并补充说，人类唯有保持贫穷与谦卑，才能获得上帝的恩赐，其中提倡的禁食与

第二章 神圣的经济

禁欲也是古代晚期宗教文献中屡见不鲜的主题。拔摩岛的约翰在《圣经·启示录》（95 年）中讲述了耶稣谴责安纳托利亚七城之罪的故事。以弗所、士每拿、别迦摩、推雅推喇、撒狄、非拉铁非和老底嘉隐喻着世界本身，显示了《圣经》教义里对肉体和商业城市生活的不信任。208 年左右，神学家德尔图良用同样戏剧化的方式谴责罗马是浸透了殉道者鲜血的现代巴比伦。他也呼吁人们压制性冲动，甚至不鼓励丧偶的人再婚。他赞美那些以寡妇或处女之身独侍上帝的圣洁行为，并宣称处女应蒙着面纱，以便更好地凝视基督，免于罪恶，从而"配得上天堂"。[8]

这种自愿禁欲以换取救赎的极端做法使得基督教在本质上比犹太教带有更多的交易属性。在基督教看来，金钱、性欲、快乐，甚至进食、言谈和微笑都是坏事，是原罪的产物，必须被摒弃，以换取天国的奖励。3 世纪的第一个 10 年，奥利金写了一本关于死后生活的重要作品，指出天国的奖励唯有通过自我弃绝方能获得。他认为，保持禁欲是用快乐换取救赎的手段，并把这一观点发挥到极致，阉割了自己。启蒙时代的伟大作家、《罗马帝国衰亡史》的作者爱德华·吉本则指出，奥利金对《圣经》流于字面的理解是个"不幸的"错误。[9]

神圣市场及其实现模式对选择、纪律、付出与回报的强调，成了基督徒生活的核心。奥利金只是古代晚期众多希望通过戏剧化的自我牺牲行为完成神圣交易的人之一。在追求天国宝藏的过程中，男性的禁欲被视为一种有价值的自律形式，并成为后世神父和修士独身传统的基础。为这种新的修道生活和禁欲主义经济定下基调的则是沙漠教父。一代又一代隐修士来到埃及的沙漠，只接受最微薄的捐赠，因为他们活着的唯一目的是与上帝交流。其中最著名的或许是柱上苦行者西缅（Simeon the Stylite，约390—459），他在阿勒颇附近一根柱子顶端的小平台上生活了37年。[10]

西缅是牧羊人的儿子，但很多拒绝财富和世俗生活的基督教领袖都来自富裕的贵族家庭。他们中的一些人秉承公民服务的罗马传统，成为主教和著名神学家，其中的代表人物有教会领袖圣巴西勒（Saint Basil，约329—379年）和他的弟弟尼撒的格列高利（Gregory of Nyssa，约335—约395年），以及圣金口约翰（约347—407年）以及圣安布罗斯（约340—397年）。对他们而言，美德是"祷告"和对肉体的拒斥。友谊应仅仅建立在基督徒关系之上。为了驳斥信奉西塞罗思想的异教徒对自然界的崇拜，格列高利写下了后来成为基督教箴言的文字："自然是脆弱的，而非永恒。"上帝创造了自然，上帝才是永恒的，一切自然体系均源于上帝。[11]

教父们的传道使命之一在于让罗马贵族皈依基督教信仰。一边是享乐主义的贵族生活方式，一边是基督教对贫穷与禁欲的坚持，鉴于二者间的鸿沟，这个目标显得野心勃勃。此外，教父们也需要找到充分理由，说明为何天堂的救赎比罗马的世俗快乐更可取。颇有讽刺意味的是，传道的花费可不小。资金有限，待拯救的灵魂太多，更不用说还有教堂的建筑、神父和传教团的开

第二章 神圣的经济

销。于是教会呼吁富有的信徒捐献资金，以便主教能用食物和救赎的灵粮喂养饥饿的众生。

从安条克到迦太基，再到新的帝国首都君士坦丁堡，主教们不得不与希腊人、叙利亚人、德鲁兹人和犹太人等形形色色仍笃信帝国古老宗教的人打交道。君士坦丁堡大主教、笃信福音的希腊宗教领袖圣金口约翰不仅要约束现有的基督教信众，还要努力让君士坦丁堡的民众改宗。圣金口约翰出生在一个异教徒军官家庭，自己在370年前后改宗。他深知，在这个大城市里，罪恶每天都在发生，甚至连基督徒也会参加游戏和色情表演。他需要找到一种方法，在信众心中注入畏惧，并为他们提供实实在在的救赎感，让他们觉得改宗和虔敬的行为得到了回报。

圣金口约翰利用恐惧和狂热的表演激励当地民众，热情地宣扬反犹太人和反同性恋思想，并警告那些热衷于君士坦丁堡淫秽演出的基督徒会遭天谴。他在以弗所城号召民众拆毁古代世界七大奇迹之一的阿尔忒弥斯神庙。他呼吁在安条克听过他布道的民众好好算一笔经济账，他的《布道三：论施舍和十童女》（约386年）简明有力地呼吁人们用神圣交换的逻辑去衡量一切快乐和经济活动。

圣金口约翰坚称，基督徒应彻底投身宗教的精神市场，而不是混迹在崇尚公民意识的贵族世界里，用交易来维持罗马的现状。他质问人们，明明可以弃绝钱财，摆脱债务和贫穷，"赢得轻松升入天堂的利益"，却为何要让自己负债累累、穷困潦倒。他说，完成一次简单的忏悔便是迈出了第一步。尔后，一旦决定借由救赎"获利",就需要付诸实际的交易行动。圣金口约翰认为,施舍是偿还"罪恶之债"的社会行为。他的语言具有鲜明的经济色彩。他声称,向穷人施舍的女人"手里握着属于自己的契约",可以用来交换天堂的宝藏。[12]

圣金口约翰向信众明示,他们必须实实在在地抛开尘世的商品市场。他说,单靠贫穷并不能让人进入天堂,"天国之地很便宜","购买天国之地"就是与上帝订立彻底自我弃绝、全心奉献的契约。这意味着,在适当的情况下,即便只是施舍一杯水,也可以开启永续的救赎之链。此言并非单纯的比喻。圣金口约翰特别用一个段落解释说:"天堂是一桩生意[或者一份贸易承诺],一份事业……施与面包,抓住天堂。"他哀叹,人们总是想方设法囤积廉价产品,却不愿为自己的灵魂投资。[13]

圣金口约翰的《布道三：论施舍和十童女》不仅为君士坦丁堡和罗马帝国东部提供了一种神圣交易的模式,也被当时声望最盛的拉丁基督教领袖圣安布罗斯借鉴。后者同样使用了灵魂交易经济的理念,在西部拉丁语地区传播基督教。圣安布罗斯出生于罗马贵族世家,家乡在如今的比利时。他在罗马帝国体系中成长,学习修辞学、法律和哲学,生而注定成为治国理政的专业人才。他像那些东罗马的异教徒一样精通古希腊和古罗马的学问,不同的是,他在公民世界和宗教世界之间搭起了桥梁。事实上,他与当时最富有的贵族之一昆图斯·奥勒留·西马库斯是亲戚,他本人后来也当上了意大利北部艾米利亚-利古里亚省的总督,其行政中心就在米兰。

第二章　神圣的经济

就这样，基督徒圣安布罗斯以罗马-基督教总督的身份执掌一方。371年，他卸任总督，成为米兰主教，但仍在信奉基督教的西罗马皇帝瓦伦提尼安一世的宫廷里任职。在当时的社会环境中，罗马公民道德的殉道者、公共服务的楷模西塞罗是圣安布罗斯心中始终挥之不去的阴影。接受过帝国高级官员训练的圣安布罗斯必须同西塞罗的遗产对抗，无论如何，这是他身为罗马地方总督和后来的主教的职责。既要为皇帝服务，又要宣扬弃绝尘世的道义，这是何等矛盾的工作。

圣安布罗斯兼有罗马帝国的公民、官员和西罗马基督教领袖数个身份，堪称伟大的桥梁人物。正如他意识到的，他面对的挑战是如何让帝国的中心地区改宗基督教，而这个使命的核心就在于给金钱定位。作为管理者，他不仅要考虑如何发展信众，还要为维持教会运转的资源费心。他本着真正的基督徒精神，将自己庞大的私人产业捐献给了教会，并批评贸易是不符合基督教精神的行为。他对个人财富的态度非常明确：金钱乃"万恶之源"。领袖人物不应"像叙利亚和基列商人那样贪图不义之财，也不应把一切美好的愿望寄托在金钱上，或者像个雇工似的每日算计得失"。圣安布罗斯使用自由流动和希望通过自由选择的交易获取更多东西的比喻，指出人们不应囤积财物，因为金钱倘若静止不动，就会"腐烂生虫"；而流动则会令金钱变得"甜美""有用"，就像"水"可以灭火。刺激市场流通的方式是将"银子"赠予穷人，唯有如此，上帝才会将"圣徒的友谊和永恒的居所"作为礼物回馈信徒。[14]

帝国的行政职责与坚定的基督教信仰相结合，令圣安布罗斯成为务实的传道者。他认为自己必须与西塞罗正面交锋，以改变人们对责任的根本理解。于是不难想见，圣安布罗斯最重要的作品之一《论神职人员的责任》（*On the Duties of the Clergy*，约391年）正是对西塞罗著作的驳斥。他批判了西塞罗的华丽理论，认为优雅与美丽并不存在于语言艺术中，而是存在于上帝之内。真正的知识只能来自神圣的启示，而非世俗科学。圣安布罗斯还直接抨击了私有财产："唯有能帮助我们获得永生之福的东西才有用处。"人类不可能真正拥有任何东西，这是毫无疑问的，上帝对人类的赐予远比人类能回馈上帝的多得多，人类也因而必然"是救赎之路上的债务人"。[15]

圣安布罗斯与西塞罗的观念相去甚远，于是他尝试改变西塞罗关于道德的表述，使之适用于基督教的精神市场。他指出，向穷人和教会捐献是伟大的"责任"，因为这种举动能带来恩典，上帝的真爱远胜世间的友谊。除了关注来世，圣安布罗斯还敦促神职人员通过团契和"洗礼的纽带"建立尘世间的教会机构。[16]

更重要的是，圣安布罗斯将耶稣的自我牺牲描述为一种商业性的、神圣的交换。耶稣在十字架上以"神圣的慷慨之态"流血舍身，为人类换来"救赎"。因此，人的生生死死不是为了践行空洞的共和理念，而是为了获得救赎。彼时，罗马帝国处于崩溃边缘，他的这一主张吸引了大批改宗者。[17]

在基督教的众多教父之中，对经济思想影响最深远的当数圣奥古斯丁。奥古斯丁认为，上帝通过预定的方式在基督教世界里缔造了一种可自我调节的秩序。这意味着一个人的救赎不取决于他自己的选择或意志，而是完全取决于上帝的恩典，且在人做出行动之前业已决定。根据预定论，上帝不仅选择哪些灵魂将在天堂得到拯救，也决定他的哪些子民会在尘世间成为富人。此理论并没有免除善良富有的基督徒自愿将钱财捐给教会的责任，但奥古斯丁由此打开了一扇关于财富的新观念之门，令基督教走上变革之路。

奥古斯丁出生在一个拉丁化的北非家庭，属于罗马上层社会。他的母亲莫妮卡是名虔诚的基督徒，父亲是异教徒。奥古斯丁最初过着地地道道的异教徒生活，在罗马学习柏拉图哲学和西塞罗的修辞学。他几乎整天泡在妓院里，纵酒无度，还有个私生子。然而，在成为米兰市首席修辞学教师仅仅两年之后，也就是386年，他经历了一次顿悟，他听见一个孩子用上帝的声音说话，召唤他阅读经文。在读了圣保罗在《罗马书》中对放荡行为的批评后，奥古斯丁改宗基督教，义无反顾地抛弃了异教信仰、西塞罗式的怀疑论以及先前对性欲的贪恋。出于个人需要，同时也受基督教布道的巨大魅力吸引，他决定用信仰取代一切世俗快乐和知识。就此而言，奥古斯丁的个人经历如同人类因原罪而堕落，又通过侍奉上帝而获得救赎的缩影。387年，奥古斯丁接受了圣安布罗斯的施洗，并于395年成为希波（今阿尔及利亚的安纳巴）主教。[18]

在离开意大利之前，奥古斯丁开始写作《论自由意志》（*On*

Free Choice of the Will），试图理解善、恶和预定论。这部作品是理解恩典与救赎的道德市场逻辑的关键。奥古斯丁在书中解释，要想承受恩典，摆脱原罪，人必须首先被上帝拣选。换言之，人类必须有神的旨意，才能做出正确的选择。上帝是全知的，但他同时也为人类的自由和错误留了一扇门。奥古斯丁宣称，在市场交易中，人们要么服从有约束的美德，要么堕落，成为"欲望的奴隶"。在此，我们可以瞥见一丝西塞罗的斯多葛主义印迹。

奥古斯丁的自由意志思想对经济思想产生了复杂而深远的影响。如果人们能够在上帝的帮助下凭借自己的自由意志行善，则意味着他们是虔诚的，且不为物质所困，他们对金钱和物品的占有就具有积极作用，特别是如果他们决定将钱捐给教会。奥古斯丁运用自己的权威和修辞技巧指出，有些世俗财富实际上是上帝赐予的，因此是善的。这一观念与早期基督教作家提倡的禁欲主义相反，它意味着富有的基督徒可以在赚钱的同时保持美德。对世俗财富的这种虔诚化解释固然包含了悖论，但奥古斯丁认识到，人们不可能做一辈子克己的苦行僧。总有些人会有钱有势，但他们必须将世俗财富与仁慈、善意和对恩典的真诚"自愿"的追求相结合。世俗财富按照上帝的意愿与自由选择流动。这无疑是基督教思想史上的一个戏剧性变化，从此，教会不必再一概唾弃所有财富。[19]

正如西塞罗的经济信念反映了他对罗马农业精英的忠诚，奥古斯丁的神学理论也打上了他担任希波主教经历的烙印。北非与意大利不可同日而语。尽管希波是一个相对繁华的城市，人口大约有3万，但奥古斯丁不得不白手起家，在当地建立教会。他的方式是鼓励捐赠。这项任务绝对不轻松。与圣安布罗斯不同，奥古斯丁并不富裕，得依靠教会谋生。于他而言，教会固然是通往天堂的必经之路，却也是个相当世俗的工具。出于现实需要，奥古斯丁比圣安布罗斯更关注平凡的生活细节。他承认，自己必须努力寻找资金来修缮教会建筑，为神职人员买衣服和食物，确保他们能在北非恶劣的环境中生存。他并不觉得为钱奔忙有什么可耻的。信众不奉献，何谈有教会？

奥古斯丁身陷其他教父不曾经历的困境，他所在的这个穷乡僻壤到处是激进的异端分子、富有且好斗的异教徒和不守规矩的信众。活跃在近500千米外迦太基（在今突尼斯附近）的多纳图派就是个实实在在的威胁。该教派的创始人柏柏尔主教多纳图·马格努斯（Donatus Magnus）宣称，神职人员不可有任何罪过，必须"毫无玷污、皱纹等类的病，乃是圣洁没有瑕疵的"（《圣经·以弗所书》5:27），才能有效地布道，执行圣礼。这种严格的正统态度要求建立"圣徒的教会"，其中每一个成员都绝对纯净。这意味着多纳图派不可能接纳任何曾在基督教受镇压期间与罗马当局谈判或向其屈服的人。奥古斯丁则认为，没有人是完全无罪的，僵化的观念只会削弱教会，鼓吹有小部分信徒独独能洞悉上帝高深莫测的计划，站在德行的制高点上，那才是异端邪说。更麻烦的是，多纳图派会袭击不赞同其信念的其他神职人员。[20]

在奥古斯丁看来，将教会限定在被选中的少数人之内，不仅大错特错，而且对教会的生存和发展构成了威胁。他与多纳图派的斗争是世俗之战，也是属灵之战，要想赢，金钱越发不可或缺。传道不便宜，教会需要获得金钱和市场，以便对抗敌人，重建一个信奉基督教的罗马。这个新罗马要能取代西塞罗所追求的共和国的部分地位，并让神职人员在半神权国家里担任公职。奥古斯丁在一篇布道文中呼吁人们直接捐款给教会，而不要"任意"分给穷人。个人在没有基督教专业知识的情况下向他人施舍是不合适的。唯有教会可以管理捐赠，主持圣礼，以为人类带来救赎。因此，正道绝对不是简单地弃绝尘世，而是通过世俗交易令教会受益和壮大。[21]

然而，这个新生的基督教罗马政权也没能逃过没落崩坏的结局。410年，西哥特国王阿拉里克（Alaric）攻入罗马，罗马城随之陷落。一批罗马精英逃出日耳曼部落的控制，一路来到奥古斯丁的希波。可想而知，他们也将恐慌情绪带到了当地。希波没有足以自卫的武装力量。但对奥古斯丁而言，教会面临的世俗挑战恰恰为他宣传救赎经济中的个人救赎提供了良机。西塞罗曾在罗马共和国濒临崩溃的困境中展示文学的力量。现在，罗马的真正衰落激发圣奥古斯丁写出了不朽的《上帝之城》（*City of God*），他在书中阐述了世俗财富的必要性及其在神圣经济中的地位。[22]

他指出，并不是所有的金钱都可以抛弃或施与穷人。相反，教会需要信众基于自由意志建立起基督教市场经济。奥古斯丁称，那些有德之人更有可能过上美好的生活，并保有自己的财富。"上帝在分配好运和厄运时清楚地展示了他的态度。"毕竟，有德与虔诚之人在西哥特人手里遭受的厄运也少一些。"那些按主的吩咐积累和保存财物的人，在蛮族入侵时，甚至也没有失去世间的财富。"被拣选的人不仅注定会上天堂，还能得到上帝赐予的世俗财富和庇护。[23]

奥古斯丁的观念异常激进，其影响力也无以复加。属灵的市场直接影响着世俗的市场。奥古斯丁说，上帝用他无形的手创造了世界："上帝之'手'乃是他的力量，上帝用无形的手段达成了可见的结果。"此处之手尚不是亚当·斯密的看不见的市场经济之手，但该主张明确指出，财富可受更高权力的调节。人一旦自由地进入上帝的系统，并完成必要的交换，就无须再担心了。上帝的恩典会接管一切。与西塞罗的自然系统类似，奥古斯丁也将救赎视为万物之"因"和连接万物的"溪流"，可以将人送往天堂。[24]

奥古斯丁晚年在一篇阐释《圣经·诗篇》的文章中更是直截了当地将虔诚与无形的财富体系相联系。"儿子平安，女儿美丽，粮食满仓，六畜兴旺，永不衰落，没有围墙，甚至连篱笆都没有，街上无喧哗吵嚷，安宁平和，物资充裕，家家美满，城城富足，这不就是幸福吗？"他说，上帝会确保"义人"拥有这一切。"亚伯拉罕的家里不是金银成堆，子孙满堂，拥有众多仆人和牲畜吗？"[25]

我们如果相信奥古斯丁对世俗财富的看法，相信上帝在自由意志与预定论之间施展的平衡，那么或可比奥古斯丁更进一步，认为上帝也许会把针眼撑大些，好让少数被选中的人通过。奥古斯丁和追随他的教父们构建了一个基于希望的经济模型。即使罗马崩塌，他们的神学也能够对虔诚、救济穷人、帮助教会的人承诺，无论今生还是来世，他们皆可获得财富。这可谓最早的双赢。人们唯一要做的就是对这个系统充满信心。

然而，基督教的救赎市场没能迅速带来世俗的财富。奥古斯丁去世后数百年，欧洲才找到通往世俗财富之路——至于那条道路是否得到上帝的认可，则另当别论。从那时起，神圣经济模型将再次为世俗经济——早期资本主义和自由市场理论——提供哲学概念和话术。但奥古斯丁时代落幕后，随着世俗财富的创造和积累，基督教对世俗的、西塞罗式的价值观有了新的认知。

第三章

中世纪市场机制里的上帝

> 事物稀缺或难得，对它的需求就会增加……据此，小麦的价格在短缺时将比供应充足时更高。
>
> ——彼得·约翰·奥利维（Peter John Olivi），
> 《论契约》（*Treatise on Contracts*），1293 年

5 世纪初，罗马帝国分崩离析，滋养过异教徒哲学家、元老院贵族以及新兴基督教教父势力的经济体系和市场随之衰落，政府与教会的财库亦未能幸免。伴随帝国倾覆而消解的还有支配一切的自然经济体系思想。在曾经有效运转的人类政府崩坏之际，自然似乎突然变得不那么和谐富饶，经济体系既慷慨丰足又能自我调节的想法也不再顺理成章。充满野性的自然眨眼间成了一种威胁。随着日耳曼人的入侵，教会为了生存开始转而依赖世俗经济。它必须将自身组织得像一个国家一样，必须助力推动和保持经济增长，因为市场不会自行复苏。

在中世纪的思想家看来，创造财富的交换并不像西塞罗想象

的那样隐藏在自然里，等待有德行的立法者用稳定之手维持它的运转。它也不像奥古斯丁宣扬的那样，是一种预定的神圣秩序，个体凭自由意志可以通过用世俗之物换取属灵之物的方式开启。相反，人类的管理和监督，包括建立强大的政府机构和开发新技术，都是发展现代市场及其机制的必要条件。例如，9世纪发明的重型耕犁提高了产量，13世纪末14世纪初得到应用的复式记账法令财务管理更高效。经院哲学家，也就是那些通过演绎推理的方式解决神学矛盾的学者主导了12世纪的大学。（他们最著名的辩论是从正反两方面论证上帝的存在。）在探索人类自由的旅途中，这些中世纪哲学家提出了个体权利和能动性观念。他们认为，国家——无论是教会的，还是世俗的——要在重建欧洲社会和经济方面发挥主要作用。1200—1400年，又一代基督教思想家开始从理论层面阐述如何创造或弃绝世俗财富。他们不相信存在一个支配一切的自由市场，而是研究了有限范围内自我调节的市场机制，并设法将其纳入基督教的道德规范。

一个社会如果政治稳定、经济体系发达，市场似乎会自行出现，并能自我维系。而罗马的衰败表明，当社会崩坏时，需要强有力且持续的国家干预来重建市场。帝国的航线保障了地中海区域的私人贸易，让人们产生了一种错觉，那就是货物的自由流动是自然秩序的一部分。事实上，那是罗马帝国的伟大成就。橄榄油、陶器和其他商品随运送小麦的船队驶往各地，由国家推动的自由交流创造了财富。但当汪达尔人占领北非时，小麦船队不复存在，不仅"我们的海"不再安全，整个罗马的商业体系也崩溃了。西班牙、高卢和奥地利的矿山关闭，资金变得稀缺。渐渐地，贸易枯竭，西罗马走向穷困。[1]

西方的城市和省份曾经依靠帝国的贸易和交通系统与东方的拜占庭帝国、北非相接，如今却失去了联系。罗马帝国有10%~30%的人口居住在城市，其中约100万人居住在罗马，人口上千的城市有几十个。400—700年，国际贸易和城市衰落，城市精英的财富也随之锐减。不稳定的农村经济成为主导，相对的繁荣被贫穷取代。与此同时，气候变化使得平均温度下降了约1.5℃，导致农作物减产，冬季更寒冷，经济危机加剧。[2]

疾病、瘟疫和人口数量下降伴随着普遍的贫困接踵而来。市政管理和国家粮食体系运转失灵，衰弱的民众遭遇了一系列疾病的袭击。病毒肆虐，无人管理的沼泽成为疟疾的温床。由于卫生条件堪忧，曾经在罗马几乎销声匿迹的麻风病再次席卷欧洲，541年帝国境内首次出现的腺鼠疫更是令情况雪上加霜。在拜占庭历史学家普罗科皮乌斯（Procopius）的描述中，541—542年查士丁尼治下暴发的那场鼠疫是一种来自埃及的神秘疾病，使"人类几近灭绝"。这场瘟疫在罗马帝国的东部和西部造成5 000万人丧生，大批劳动力死去，地中海沿岸残存的工业毁于一旦。600年，昔日西罗马帝国的地域笼罩在全盘崩溃的阴影之下。商人和工匠纷纷逃离，空缺无人填补。不再有市场，也不再有商品流通。在高卢北部和莱茵地区，耕地变成了森林，规划井然的大型罗马庄园被村庄里稀稀落落的小型家庭农场取代。北欧的

土壤越发贫瘠，耕作动物减少，出现了黑麦和燕麦等更耐寒的谷物。³

讽刺的是，罗马帝国的崩溃使教会倒向了西塞罗的世俗公民精神。没有了强大的国家，面对混乱、贫穷和瘟疫，教会在新兴的日耳曼诸王国中扮演起领导者的角色，成为一股世俗的力量。教会这么做，不仅是为了保护自身的利益，也是因为彼时没有其他民间组织。教会领袖希望利用自身的组织和管理能力振兴欧洲经济。

罗马皇帝和日耳曼国王想借助教会非凡的组织能力，故均以赠送土地和允许自治的方式支持后者扩张，西欧修道院因而掌握了巨大的权力和财富。基督教隐修运动的发起者努西亚的圣本笃意识到，修道院必须承担起重建和组织经济的重任。中世纪早期的修道院承袭罗马庄园农场体系的农奴制度，成为财富管理的中心。修士们一边祈祷一边工作，同时监督奴隶在日益肥沃的土地上劳动。本笃会规（516年）大体而言是一套关于如何管理大型修道院社区的指南。这些机构利用其庞大的庄园生产羊毛、小麦、奶酪、香肠、葡萄酒和啤酒等高价值农产品。修道院院长成了上帝在尘世间的财富"分配者"。⁴

对于这些神圣的"看管者"或"保管人"来说，财富创造不是一个自然的过程，甚至不是传统意义上的耕作活动，而是对稀缺物品的良好管理。由市场或个体自发创造新财富的概念尚不存在。财富来自集体纪律、强有力的机构和大型奴隶农场。换言之，中世纪早期的经济主要是由教会政府建立并推动的。⁵

第三章　中世纪市场机制里的上帝

神职人员必须根据稀缺性和道德准则来管理商品。教会必须确保其成员有足够的食物和衣服。教皇格列高利一世（590—604年在位）认为，良好的管理就是以"慈善"为目的重新分配"财富"。此后，包括英国东北部地区富甲一方的达勒姆大教堂修道院在内，各大宗教机构均演变为财务管理中心，堆积如山的账簿里记录着库存、商店、住家、人员、租金和通行费明细。[6]

到1050年，随着重型犁、耙、锄头和新挽具的出现，农作物产量成倍增加，不仅改善了人们的生活水平，而且促使人口激增。人口的增长又带来了城市的兴起和商业扩张。曾经的西欧只有教会、国王、贵族军阀、奴隶、农奴和断断续续的贸易，而此时，农村经济逐渐让位给蓬勃兴起的城市中心，那里到处都是商人和熟练的工匠，他们享有的自由是大量被束缚在土地上的农村劳动力所无法拥有的。[7]

中世纪的城市对人们理解自由贸易提出了挑战。首先，商业自由以显然有意为之的垄断形式出现，教会和国家均给予城市及其行会自由贸易特权，并将其限制在城市及其行会中。这样的做法激发了经济发展和市场扩张。1127年，在法国北部佛兰德伯国的圣奥梅尔，威廉·克里托（William Clito）伯爵给予圣奥梅尔市民在本市法庭接受审判的特权。此外，他还免除了他们服兵役和缴纳通行费的义务，并取消了佛兰德的多项赋税。大体而言，这些市民不受封建制度束缚，既不必缴纳德意志的汉萨税，也无须缴纳神圣罗马帝国皇帝要求的安全通行费，或向法国支付王室通行费。他们可以自由地维持地方垄断，本市的所有契约均得到伯爵的保护。伯爵与众多外国统治者达成了免除该市居民税收的协议，并在一份海关文件里列明。此外，该市还受到伯爵的军事保护。[8]

该市居民享有的自由固然无法与国王、教士或贵族的自由同日而语，但他们获得了个人自由，可以自由通行，免于封建农业劳动、关税和税收，不会被任意监禁，并拥有投票选举市政府成员的权利。作为交换，享有自由贸易和地方垄断特权的市民得努力赚钱，为佛兰德带来财富，并向伯爵纳税。正是在这种城市自由、垄断和行业监管的混合体中，欧洲市场得以萌芽，早期资本主义也随之出现。[9]

尽管亚当·斯密把行会视为纯粹的压制，与自由市场文化截然对立，但它们对市场发展至关重要。行会法与城市财富的扩张几乎同步出现。与修道院一样，它们也有严格的规则。行会成员吃饭有优惠，外来者则要付更多钱。任何企图从行会里偷酒的人都会被罚款。行会成员之间打架斗殴时，"因为没有其他武器而丢掷面包或石头"，也会被罚款。行会成员与修士一样，衣着、进食和祈祷都要遵守规定（例如，不得在行会里穿木屐，否则就要被罚款）。加入行会的优势之一在于可以在本城内享受特权待遇。行会成员能买到折扣商品，非行会成员则要付更多钱。此外，最重要的，也恰恰是亚当·斯密所忽略的一点是，佛罗伦萨和锡耶纳等城市的行会是专业知识、创新和财富的中心。[10]

神学家多半不信任商人，认为商人忙于赚钱，不事耕作，从精神层面而言简直贫乏至极。10 世纪时，维罗纳的拉蒂尔将商人同"流浪汉、乞丐"归为一类。但到了 11 世纪，人们对商业的看法已有了转变。当时的一些主流思想家，包括意大利主教、法学理论家格拉提安（Gratian）和神学家克莱尔沃的伯尔纳，均对虔诚的商人给予正面评价。本笃会修士、教会改革者彼得·达米安（Peter Damian）说，好主教应该像好商人一样管理教区。商人如果将自己的财富用于慈善事业，自然是好商人。如此一来，教会就可以明确指出谁参与了自然经济，谁没有。例如，"不信者"和"犹太人"被认为是侵占基督徒合法财富的罪人，是"坏"商人，不得与任何道德权威进行交易。但在大多数情况下，教会并不想为难商人，只是希望分享果实。因此，教会试图利用自身无可置疑的权威来规范生机勃勃的经济，同时要求市场行为符合基督教的道德规范。[11]

教会没有控制商业生活的权力，但可以为行会定价提供指导，对利润做出一定限制，令商品价格既反映市场价值，又符合公正和平等交换的原则。一旦确定了符合道德规范的商业社群和新的市场规则，基督徒就可以用基督教认可的方式自由地交易。在此，我们仿佛听到了西塞罗的声音。正如神父弗兰伯勒的罗伯特（Robert of Flamborough）在他的《忏悔录》（*Penitential*，约1208—1213 年）中所言，基于基督徒的"民间友谊"的交换是一种美德。[12]

从很多方面而言，中世纪经济思想的故事要从方济各会的创始人阿西西的圣方济各的一生讲起。1181 年，方济各出生于意大利翁布里亚的乔瓦尼·迪·彼得罗·迪·贝尔纳多内家族。他的父亲是丝绸商人，母亲是普罗旺斯的一位贵妇。这个家族属于居住在意大利、法国南部、巴塞罗那一带拉丁化地中海地区的新兴富商阶级，但方济各注定要做本阶级的叛逆者。1205年，受神秘异象的感召，他抛开世俗财富，宣布放弃自己的继承权，还在公开场合脱掉衣服，以基督之名用这种令人震惊的方式表明自己守贫奉献的心意。惊骇不已的父亲与他断绝了关系。从此，方济各只穿农民的粗布衣，以托钵修士的身份与穷人同行同住，靠别人的施舍维生。作为欧洲传统中第一位真正意义上的生态学家，他将动物视为有灵性的存在，并向它们布道。他抨击了修道院生活的奢侈本质，认为教堂不该设围墙，教堂就是大自然本身。他的追随者，也就是方济各会的修士们，以及他们甘守清贫的誓言对已经成为西欧财富中心的宗教机构形成了真正的威胁。

摒弃财富的宣言带来了深刻的哲学审视，它不仅质问何为财富，更要求从道德和市场力量两方面解释价格的形成机制。方济各会的经院神学家接受过运用辩证法和演绎推理解决哲学问题的训练，他们以巴黎大学为中心，借助柏拉图、亚里士多德和西塞罗的思想去剖析市场如何按照基督教的道德标准运转。他们将亚里士多德对平衡的关注与对罗马自然法的依赖相结合，一如格拉提安在中世纪伟大的法学教科书《法令》（*Decretals*，1140年，也译《格拉提安教令集》）中所述。这本中世纪的集大成之作、罗马教会法的教科书宣称，每一项不公平的交易——双方不等价的交易或欺诈——造成的损失都必须用完全对等的东西"补偿"。

这一主张来自亚里士多德的《尼各马可伦理学》和"等价交换"原则。《法令》还阐述了基于私有财产、契约和协商一致的交换机制。这是公平价格理论的基础，即价格应体现交易平衡原则，参与交易的各方应平等获利。[13]

经院哲学家面对的挑战是为产品或服务确定公平且合乎道德的价格，确定计算同等价值的方法。产品的价格由公共机构和生产商设定。教士们认为，为了确定公平的价值，商人可以运用中立的个体选择逻辑做出合乎道德的商业决策。这当然不是现代意义上的个体定价，只意味着商人可以就价格做出专业判断。他们需将道德考量与当时的市场价值相结合，按照基督教思想的指引，得出公正公平的价格和利润率。

多明我会修士、意大利经院哲学家圣托马斯·阿奎那在《神学大全》（*Summa Theologica*，1265—1274 年）中赞同方济各会的观点，认为商人必须有道德，且"公平"定价。但阿奎那并不支持方济各恪守赤贫的宣言。他指出，守贫不应成为一种要求或规则，而应出于个人的选择或意愿。事实上，他认为赤贫是不可能的，人多多少少拥有某些东西，他觉得方济各会的修士有犯道德罪过、遭天谴的风险，因为违背对上帝的誓言可是极其严重的事情。鉴于多明我会拥有大量财富和封地，阿奎那的看法或许只是一种借口，何况，他认为教会需要财富，且教会使用合乎道德的手段获取财富并无不妥。这种观念影响了他对市场自然运转的看法。[14]

阿奎那指出，诚实的生意和利润不是罪恶。双方可以在合同中明确约定对彼此均有利的价格。如果买卖或交易一方企图以不公平的手段占对方便宜，公共机构（世俗权威或宗教权威）将介入并寻求赔偿。阿奎那援引西塞罗的观点，认为所有商人都有义务事先声明其产品的缺陷，认为良好的道德是商业和政治的基础。在这种严格的道德规范的约束下，人们可以在保持虔诚的同时赚取利润。15

方济各会修士面临的挑战是严峻的。他们如果碰巧拥有财富，或花费超出了最基本的需要，比方说，拥有一件超出基本实用目的的衣服，就会因违背神圣的誓言而受诅咒。于是，方济各会开始研究定价和估价机制，以确保会众保持"赤贫"。他们规定本会修士不得居住在修道院，因为修道院过于奢华，也不得拥有任何形式的财产，甚至不应接触钱财。修士可以帮助穷人、病人、虔诚的人，可以忠实而虔诚地劳动，但绝对不可直接以赚钱为目的。16

方济各对本会团的严苛要求在教会中引发了震荡。不分等级，不拥有财富，没有用于居住、饮食和施与救济的资金，这对于一个修道会而言似乎不现实。阿奎那认为，方济各会修士过于激进，将导致对所有机构和社会等级制度以及私有财产的拒斥。教会是当时最大的封建财产所有者，在欧洲各地收税。教会的权力引发了农民甚至国王的不满，故须强力维护，而恪守赤贫的誓言却威胁着涉足世俗生活的教会及其巨额财富。此外，阿奎那等人还担心，方济各会的誓言暗示那些生活不够清贫，甚至可谓奢侈的教士都是不虔诚的罪人。

方济各会的守贫主张对教会的威胁不止于思想层面。虽然大多数方济各会修士宣扬和平，但其他激进的修士团体，例如14世纪初期活跃在意大利北部的多尔钦诺派，却不断发起暴力运动，试图改变社会秩序，摧毁拥有私有财产的教会。教会派出军队镇压，于1307年逮捕了该运动的领导人弗拉·多尔钦诺（Fra Dulcino），并处以火刑。[17]

　　苏格兰方济各会修士、经院哲学家约翰·邓斯·司各脱对定价的阐释较阿奎那更为深入。他提出，价格既不由公平交换决定，也不取决于道德准则，而是从世俗市场的自由运转过程中产生的。私有财产不属于教会的职权范围，教会也没有能力理解所有创造价值的市场活动。在司各脱看来，价格取决于商品数量和劳动力及专业知识的价值。为了理解价格机制，人们必须考虑"做生意所需的勤奋、审慎、细致，以及承担的风险"。因此，神职人员很难计算市场价格。此外，基于同样的理由，方济各会修士也难以保证他们真正遵守了保持清贫的誓言。为了不违背誓言，他们需要向商人和世俗市场价格专家请教。[18]

　　恰好，方济各会修士通常受过良好的教育，有商业背景，也就是说，他们中的部分人具备关于商业和价格机制的专业认知。方济各会的领导人和支持者开始意识到，保证守贫誓言的方法在于更严谨地定义它。方济各会神学家圣文德的《纳博讷章程》（*Constitutions of Narbonne*，1260年）对富有和贫穷进行了细致分析，旨在用严格的规则确保方济各会修士恪守誓言。章程中最重要的规定之一是服装，因为在当时的意大利，布料生产是经济繁荣的支柱,故而也是财富水平的体现。圣方济各认为,服装是富有的标志,是保持清贫的物质障碍。因此,《纳博讷章程》规定,每名方济各会修士只能拥有一件束腰外衣,甚至还规定,如果外衣破损,托钵修士该如何处理,是否要用另一块布料缝补。[19]

1286年,方济各会开始考虑如何才能将书籍归为纯粹的学习工具,而非贵重物品,因为当时羊皮纸手抄本非常昂贵。按照方济各会经济条例规定,一本昂贵的书,若是绝对出于实际的属灵需求而购买,就不算作财物。因此,平信徒可以把书籍作为礼物送给个别修士或修道院,但修道院负责人或保管人必须决定谁可以使用这些书籍。1297年,博洛尼亚的一名修士巴托洛缪从另一名修士那里得到了两本书,然后将其转赠给了某个叫胡格里诺的修士。可以肯定的是,他们遵循了属灵效用的规则,仔细地记录了该物品及其确切的使用方式,以便会团计算该物品的世俗价值和属灵价值。[20]

教皇尼古拉三世(1277—1280年在位)为方济各会的誓言辩护,认为众多修士的虔诚榜样便是明证。他在1279年颁布的《小兄弟会规章确认》(Confirmation of the Rules of the Friars Minor)中提出了一条守住清贫誓言的全新途径。教皇尼古拉三世称,方济各会修士不可能违背誓言,因为教皇才是方济各会所有财富的实际拥有者。也就是说,方济各会修士从来没有真正"拥有"过任何东西。不仅如此,尼古拉三世还运用市场定价理论解释说,即便方济各会拥有可支配的物品和财产,这些资产的价值也不是固定的,而是取决于修士们在何处、为何种目的以及如何使用它们。每件物品的价值都随着其实际效用和属灵效用而变化。他坚称,放弃财产"似乎并不意味着一概拒绝使用"。物品的价值取决于"场所和使用理由",并与具体的职责有关。"科学需要研究",不可能不"使用书籍"。尼古拉三世认为,宗教当局可以监督估价过程,这样不仅可以确保方济各会修士仅仅拥有必要的物品,也可以减轻其对违背誓言的担忧。为了解决教会内部的冲突,教皇尼古拉用教令的形式承认了市场机制。[21]

同年,法国方济各会修士彼得·约翰·奥利维撰写了《论贫穷使用》(De usu paupere)。这部作品讨论了如何恪守清贫誓言、有节制地使用物品,其中特别谈到了在恪守誓言的同时拥有世俗物品的问题,开创性地提出了一些特殊的自我调节市场机制的概念。奥利维来自蒙彼利埃,在意大利佛罗伦萨和普罗旺斯地区拥有3万人口的城市纳博讷都生活过。这使他身处地中海商业世界的中心,在那里,他常常以方济各会修士的身份接受商人的忏悔。奥利维曾在尼古拉三世的教廷供职,力图捍卫方济各会的誓言。为此,他提出了关于边际效用递减规律的第一个理论,即物品的价值会随着对其使用和消费的增加而降低。奥利维认为,如果人们"普遍地"或"经常性地"使用某种物品,其价值就会受到影响。一件东西越容易获得,其价值就越低。诸如油和蔬菜之类的商品,由于产量大、受众广、"容易"获取,故而价值较稀有商品低。[22]

物品的效用和价值基于能从中受益的人数。如果某种物品成百上千人均可享有,则该物品的价值不大。如果某种物品非常稀有，只有一个人拥有它，比方说珍稀的手稿或珠宝，那么该物品就因稀缺而变得珍贵。他指出，"耐用性"也会影响价格。就食物而言，新鲜程度是一个关键因素，新近收获的食材比陈年"腐烂"的食材更有价值。物品的使用寿命同样重要，易于存储的谷物价值较高，衣服和房屋的使用寿命更长，其价值须依此衡量。这就意味着，没有任何权威机构能够单独为某种物品指定或确定公平合理的价格。奥利维坚称，公平的价格固然可基于道德约束，但在更大程度上要受制于自我调节和不断变化的数量、效用、可及性和耐久性等因素。[23]

奥利维提出的物品价值源于其效用而非道德因素这一观点，无异于挑战了教会甚至世俗权威，因为长期以来，他们都将定价视为自身的职权。此外，奥利维还批判了圣奥古斯丁关于人类的认知仰赖于神的光照的观点，奥利维认为人类的判断力来自自由意志。这一主张消解了上帝和教会的作用，更多地聚焦于个体。教会，尤其是巴黎大学声名赫赫的教会博士们对此忍无可忍，宣布奥利维的思想是异端，将他带到巴黎一个由7名方济各会修士组成的宗教法庭上。他被定罪，失去了在巴黎大学任教的机会。[24]

但奥利维最终为自己正名，设法在纳博讷谋得教职，并于1293年写下了堪称中世纪最有远见的经济理论著作之一——《论契约》。他在书中坚称，神职人员无法理解定价机制，因此要依靠世俗商人"专家"阐明市场的运作方式。他的主要担忧之一是，如果人们不能理解契约，就无法理解自己的罪过。这对于方济各会修士来说亦然，他们在履行职责的过程中不可避免地要签署契约，同时又要恪守清贫的誓言。奥利维担心，他的教友们如果无法在忏悔时准确描述未能遵守誓言的情形，就会遭神谴。换句话说，没有经济学的专业知识，他们或许连认罪都不会。因此，理解契约至关重要，这不仅是为了恪守誓言，也是为了能在违背誓言时有效地忏悔。

奥利维认为，只有商人"社群"的"判断"才能公平地确定价格，因为只有他们理解"商品与服务"之间的关系，了解"公共利益"的要求。在他看来，诚实准确的商业决策是点燃市场机制的火花。当然，商人并不会永远老老实实，奥利维从未提到欺诈是否也能推动市场运转。但他的确具有敏锐的洞察力，意识到商人深谙特定市场的劳动力价值，并能让该价值在特定商品的价格中得到体现。商品的价格可以根据其"效用"以及"买方"的需求估算。例如，在患病期间，某些稀有草药，尤其是救命药的价格就会更昂贵。[25]

奥利维注意到，商人的劳动和专业知识能给产品带来额外价值。他提醒读者，经商之旅危险重重，需要丰富的知识储备。商人必须了解贸易路线，以及国外的风土人情和货币制度。长途贸易还涉及大量投资和风险问题。奥利维是最早讨论资本市场概念的思想家，比卡尔·马克思早了近900年。奥利维指出，货币不具有内在价值，"因为单靠货币本身并不能获利"。实际上，价值是"通过商人的商业活动"得来的。货币是未来投资的资本，有可能增值，但其价值是不确定的，取决于商人的技能、决策以及捉摸不定的市场动态。[26]

虽然奥利维认为价格是由自然机制决定的，但他强调，这些机制需要受到道德的约束，并警告说，绝不可以把稀缺性当作不合理提价的借口。商人必须抵制对稀缺商品肆意涨价的诱惑。此外，他指出，单纯倒买倒卖也有违道德。那些不事生产、不通过自身技能为商品增添附加值、不付出额外劳动，而仅仅把商品拿到市场上以高价出售的人，是无良之辈，应该被"逐出"商人社群。判断哪些商人是真正讲道德的生产者，这项工作责任重大。因此，奥利维建议，教会必须了解产品中包含的劳动、技能和风险，以此评估商人的定价是否公正地体现了商品价值。[27]

14世纪20年代，方济各会的思想在杰出的经院哲学家、英国方济各会修士奥卡姆的威廉的著作中发生了革命性的转变，开始朝市场中个体主观选择的现代概念发展。与奥利维一样，奥卡姆也为完美、绝对的清贫主张辩护，但他找到了捍卫誓言的新方式。奥卡姆认为，任何法律都不得强迫个人违背自己的意愿去拥有某件东西，呼吁法律应"宽容"，允许人们行使放弃私人财富的权利。他主张的这种个人选择意味着方济各会修士可以轻松地面对财富的取舍。[28]

第二任阿维尼翁教皇约翰二十二世（1316—1334年在位）曾是一位拥有广袤领土和雄厚军事力量的世俗王公，在他看来，方济各会的守贫行为事实上损害了私有财产。他在1322年的教皇诏书《因为有时》（*Quia nonnunquam*）中斥责了方济各会誓言，并将一些极端的属灵派方济各会修士逐出教会，因为这些修士狂热地宣称基督教导人们完全弃绝私有财产。教皇约翰认为，私有财产是上帝的安排，使徒也拥有财产，同理，方济各会修士的物品属于他们自己，而不是教皇。他试图用这种方式推翻尼古拉三世的昭告，瓦解他对方济各会誓言的辩护。[29]

奥卡姆用早已深入人心的观念反驳教皇约翰，并指出，私有财产是一种世俗制度，是在人类祖先被逐出伊甸园之后建立的。他大胆地宣称，教皇无权对财产做出总体决定。奥卡姆赞同邓斯·司各脱的主张，认为上帝将世俗财物交给了帝王或贵族，后两者对世俗的财富问题拥有最终裁决权。世俗法律允许人们在经济问题上践行"福音中的自由"，遵循个人的自由意志，不受宗教权威束缚。奥卡姆进一步指出，没有人可以剥夺其他自由个体的"财产、权利和自由"。因此，商人和方济各会修士都拥有选择的自由，教会既无权监督，也不得压制他们。教皇和多明我会修士可以选择赚钱，方济各会修士也有权拒绝一切财产。[30]

奥卡姆运用一系列神学论点指出，在天堂里，就像在伊甸园里一样，所有东西都是共有的。但亚当和夏娃堕落之后，他们的原罪造成了人类不完美的永恒污点。人类生活在一个有缺陷的世界里，不得不通过自己的道德抉择在其间摸索前行，寻求救赎。换言之，教会不能"吩咐"人们遵守道德戒律。奥卡姆坚持认为，"教皇的权力"无法强迫人们做出捐赠、守贞、禁欲等道德决定。而世俗的王公则可以制定和执行法律，只要他们的权威是"建立在爱而非恐惧之上，是来自民众的选择"。这是关于个人自由的非凡愿景，也是对基于经济选择的自由市场的早期辩护。[31]

奥卡姆的宗教、政治和经济自由的观点即便在今天看来也毫不过时，但他的这些观点一经提出，就在意大利北部的共和制城邦中得到了回应，那里的公民享有相对较高的个人自由和经济自由。奥卡姆的财产理论也恰好符合英王爱德华一世的世俗利益，后者甚至试图强迫神职人员纳税。然而，奥卡姆对世俗权力的看法没能开启崇尚个体权利的时代。在欧洲大部分地区，封建制度依旧盛行，且该制度的根基不在于个人的自然权利，而在于封建传统和特权。王公贵族以契约的形式向商人授予仅限于城市内的自由，同时通过暴力和掌握在自己手中的司法系统统治着世代受苦受难的农奴，榨取劳动力和财富。[32]

不过，城市居民拥有相对更多的自由。出于完全相反的原因，商人也开始研究市场运行机制。他们认为，繁荣的市场和蓬勃的新财富需要更世俗的道德观配合。佛罗伦萨人提出了一个对于自由市场思想极其重要的新观点：勤劳的商人赚取财富，甚至颂扬财富，其实是一种美德。

第四章

佛罗伦萨的财富和马基雅维利的市场

> 秩序井然的共和国必须保持社会富裕但公民贫穷。
>
> ——马基雅维利,《论李维》,1517 年

在奥卡姆的威廉阐释个人自由、捍卫方济各会的守贫誓言之际,佛罗伦萨的商人也在为个人自由追求财富的合理性寻找哲学依据。在 14 世纪的欧洲,除了由国王和领主统治的封建王国,还出现了一批拥有宪法和公民自由、市场成熟、物质丰饶的商业共和国,如锡耶纳、佛罗伦萨、热那亚和威尼斯。它们的财富不是来自传统的农业和封建制度,而是来自工业、贸易和金融。管理这些中世纪城市的商人精英深知自身的处境非同寻常。的确,在基督教世界里,从来没有重要文献对商业财富予以百分之百的褒奖。如今,手握实权的商人开始描绘和赞美市场运作的方式,希望以此改变过去的状况。

与奥卡姆等经院哲学家不同,意大利商人不会用消极的态度看待人对金钱的渴望。富有的意大利商人和文艺复兴时期的人文

主义者推崇西塞罗为国家服务的理想，将自利和追求利润视为创造良性的商业共和国和健康市场的要素。发生在1250—1450年的这场文化转变意义非凡，因为它意味着商业，而非农业，才是维系美德的关键，且世俗的欲望和对财富的渴求亦是善念。[1]

到13世纪，得益于市民的金融专业知识和海外对共和国的信心，托斯卡纳城邦锡耶纳已经成为欧洲银行业的中心。锡耶纳的政府官员意识到，要想为本地银行吸引借贷人和投资者，必须让他们相信市场会按预期运转。1287—1355年，锡耶纳的9名总督和护民官都致力于维护法治和良好的金融管理声誉。高度组织化的税收系统和稳定的信用网络均处于政府监管之下。[2]

褒扬好政府及商业道德的价值观渗透到整个社会。在锡耶纳著名的中世纪公共行政大楼"市政厅"里，画家安布罗焦·洛伦泽蒂的三联壁画《好政府与坏政府的寓言》（The Allegory of Good and Bad Government，1338—1339年）就是以守法的商人支持好政府为主题的。该壁画明显采用了西塞罗和罗马哲学家塞涅卡（公元前4—65年）的观点，描绘了公正、智慧、和平、坚韧、审慎、宽宏大量、节制等斯多葛派提倡的美德环绕下的良好政府。洛伦泽蒂将斯多葛主义与良好的商业实践相等同，将锡耶纳塑造成一个市民富裕、店铺鳞次栉比、商人和工匠云集的城市。壁画传递出的道德和经济信息非常明确：有了法治的帮助，组织良好的精英共和国能够为贸易提供必要的条件，创造新财富；同时，健康的市场也能反哺共和国。与此相对，画面里的另一层寓意则重复着西塞罗的古老警告：暴政直接导致腐败，不仅破坏信任与和平，而且破坏市场本身和由此产生的财富。[3]

对斯多葛式好政府和城市财富的赞颂很快成为佛罗伦萨商人作家笔下的常见题材。到 14 世纪晚期，佛罗伦萨已超越锡耶纳，成为托斯卡纳地区的经济中心。托斯卡纳的古典人文学者、作家弗朗切斯科·彼特拉克继承了西塞罗的思想，宣扬世俗的公民服务是一种美德。身为诗人，又在教廷任职，彼特拉克得以成为寻找和恢复古罗马文本运动的领导者。虽然亲历了 1347 年的黑死病和随后的战争，但他拒不承认这些灾难是上帝对意大利的惩罚；相反，他认为人类是因为抛弃了公民美德而自己招致了灾难。因此，意大利需要效仿古罗马，建立更好的政府，重塑自身。[4]

彼特拉克试图用哲学吸引精英阶级参与公民服务。他在西塞罗的道德和公民教育思想中找到了答案，并希望由此促成罗马美德在佛罗伦萨的复兴。彼特拉克阐述说，托斯卡纳的精英应通过学习古代伦理学、修辞学和法学来理解如何正确执政，从而实现西塞罗倡导的公民"至善"。他在《统治者应如何治理国家》（*How a Ruler Ought to Govern His State*，1373 年）中引用西塞罗的著作，描绘了自己心目中的理想统治者。那些人公正有德，出于对共和国的热爱和为"大众"谋取公共利益的目标工作。在彼特拉克看来，国家强盛的基础不是武力，而是财富和优秀的公民。他延续了西塞罗的主张，指出领导者应是诚实而高效的管理者。[5]

彼特拉克关于道德和公民教育的论述吸引了意大利共和制下的传统精英家族和瘟疫后涌现的新贵。随着贸易日渐繁荣,佛罗伦萨商人开始自视为新兴精英阶级的合法领袖,他们的权力基础既非封建传统,也非神权,而是商业和世俗法律。长久以来,商人一直被教会看作道德上的乞丐,如今,他们成了欧洲最富有的人之一,自然也要试图将自己的财富和政治义务描绘成一种美德。[6]

佛罗伦萨的商人在信件、账簿以及被称为"ricordi"的商业和家庭备忘录(相当于商业技艺手札)中写下了这些新理念。在经济史学家眼里,这些文字只不过是实用文书,大多不会被研究经济思想的正史提及。然而,仔细审视,你会发现,它们揭示了关于商业及其美德的激进的新思潮。佛罗伦萨商人乔瓦尼·迪·帕戈洛·莫雷利在自己的《备忘录》(1393—1411年)中歌颂了市场,夸耀"托斯卡纳市场"之"丰饶"不仅令佛罗伦萨,而且令他自己的家庭变得富有。他为祖先获取的财富而骄傲,认为他们"死得富有"是一种特别的荣耀。然而,倘若仅追求个人财富积累而不顾公民美德,忘了自己对共和国的义务,则会受到怀疑。1428年,佛罗伦萨人文主义者、历史学家马泰奥·帕尔米耶里(Matteo Palmieri)明确指出,对利润的追求必须直接服务于国家利益。他援引西塞罗的话,认为商人必须把"口才"与"美德"相结合,舍弃蝇头小利,将对财富的渴求引向对于参与"公共治理"的人而言"大有裨益"的"有用的商业技艺"。[7]

第四章　佛罗伦萨的财富和马基雅维利的市场

在此类作品中，最详尽、最精彩的当数贝内代托·科特鲁利（Benedetto Cotrugli）的《贸易艺术》（*The Book of the Art of Trade*，写于1458年，但直到一个多世纪后的1573年才付印）。科特鲁利是一名商人，来自威尼斯的贸易城市拉古萨，即今天的杜布罗夫尼克。他钦佩并效仿佛罗伦萨人的价值观。相比于同时代的其他人，他更清晰地认识到，良好的西塞罗式道德准则和行为可为市场运转创造必要的信任基础和稳定的政治环境。这也是他书中的核心论点。科特鲁利认为，贪婪与需求无处不在，即使是最贫穷的地方，也有市场，但并非所有的市场都能缔造财富或伟大的城市。他明确指出，为了让商业和投资蓬勃发展，市场归根到底还需要制度支持、信心和合作。没有这些，贸易活动就无法正常开展。[8]

科特鲁利家族经营羊毛、谷物和汇票业务，生意远远超出拉古萨，与威尼斯、佛罗伦萨和那不勒斯都有密切联系。这个家族对这个复杂市场体系里的每一个元素了如指掌，将佛罗伦萨视为该体系的稳定核心。在与佛罗伦萨的内罗尼商行合作开展白银和羊毛贸易期间，科特鲁利见识了那些地方出色的商业行为，深受启发。[9]

科特鲁利认为，商人对财富的渴望是一种能够创造更大利益的自利形式，这一点对现代自由市场思想具有关键性意义。科特鲁利对西塞罗哲学的理解有一定程度的扭曲。在他眼中，西塞罗的《论责任》是一本赚钱指南。他解释说，财富，或者说"诚实的收益"，实乃"商人尊严"的基础，因为有了财富，商人才能

"借助属于自己的富丽堂皇的房子促进公共福利的进步"。这就意味着，拥有豪华的住宅、家具和服饰，以及为自己的孩子谋求有利可图的婚姻联盟，都是良好的行为。这些行为都能促进城市财富积累，为国家做贡献，并最终促进公共利益。[10]

与早期的商人作家一样，科特鲁利改变了西塞罗的贵族政治配方，将商人置于主导地位，用商业和工业取代了农业。他声称，西塞罗曾说过，"商人是国家的资源"，字里行间好像西塞罗认为受过良好教育、遵守商业法则的商人阶级是社会的天然领袖似的。就这样，他让罗马元老院成员摇身一变，成了托斯卡纳的贸易商。接着，他继续按照西塞罗的模式阐述说，"自然的"商业"智慧"如"喷涌而出的泉水"浇灌着市场。商人"怀着赚钱的愿望"工作，并在此过程中促进了"人类的存续"。贸易支撑着"家庭和亲人、共和国和公国、王国和帝国"，是世俗财富的不竭之源。[11]

早在18世纪英国-荷兰哲学家伯纳德·曼德维尔（Bernard Mandeville）提出私人贪欲恶习带来财富与合作的公共美德这一著名论断之前，科特鲁利就指出，商人的诚实收益是商业国家的驱动力："正如西塞罗所言，为全民福祉谋利与诚实收益是一致的。"科特鲁利精通古代哲学，完全知道自己是在借古典美德之名创造新的美德之实。事实上，被他歪曲借用的不仅有西塞罗的思想，还有基督教的贸易规则，他赞同教会对于放贷的传统态度，同时偷换了公平价格理论的概念。对于商人而言，施舍当然是一种道德上的需要，但科特鲁利肯定不愿意捐出自己的全

部财富。投资资本、世俗尊严、为世俗国家效力，哪一件离得了钱呢？¹²

科特鲁利的作品体现了欧洲贸易中心那些手握实权的商人捍卫的理念。然而，到 15 世纪末，随着西班牙和法国等拥有充盈国库和强大军队的君主政权崛起，意大利的商业共和国走向衰落。这些新兴大国由国王和大地主大贵族主宰，固守着古老的农耕理想。15 世纪晚期，西班牙和法国开始入侵意大利，意大利商人或买通了地主贵族，或失去了社会地位。1492 年，克里斯托弗·哥伦布受西班牙君主资助抵达新大陆，开辟了贸易航线，让人们萌生了财富无国界、全球皆可达的感觉。以佛罗伦萨的美第奇家族为代表的豪商巨贾，唯有成为统治者，并利用国家财富，方能维持 15 世纪早期的政治和经济影响力。

佛罗伦萨的科西莫·德·美第奇凭借自身在银行业的成就和对知识与艺术的支持声名远播。然而，15 世纪中叶，当他削弱共和制宪政，成为托斯卡纳大部分地区的实际统治者时，却完全抛弃了西塞罗的美德理念。15 世纪下半叶，佛罗伦萨宪政共和国渐渐瓦解。1494 年，觊觎那不勒斯王位的法国国王查理八世率领超过 2.5 万名士兵入侵意大利。具有讽刺意味的是，这名法国封建君主在事实上将美第奇家族赶出了佛罗伦萨，使得昔日的佛罗伦萨共和国得以短暂回归。重建的共和政府对寡头政治和僭主心有余悸，试图恢复宪法和法治，其中的代表人物是尼科洛·马基雅维利，他创造了一种捍卫共和法律和平衡市场的哲学。¹³

在新共和国存续的18年里，马基雅维利担任过多种职务，并于1498年被任命为第二国务厅长官。但这位聪敏的现代政治学的开创者却在守护本城、对抗枢机主教乔瓦尼·德·美第奇的斗争中犯了错。美第奇放任西班牙军队攻打邻近城市普拉托，迫使共和国投降，他的家族终于在1512年毫无阻碍地返回佛罗伦萨，并随即解散了共和政府，重新掌权。美第奇怀疑马基雅维利密谋反对新政权，尽管始终没有证据，但仍对其百般折磨。此后，乔瓦尼·美第奇被选为教皇利奥十世，马基雅维利也借大赦之机获释，隐居乡间。愤懑之余，他开始撰写日后流传千古的《君主论》和《论李维》。

历史学家阿尔伯特·赫希曼（Albert Hirschman）认为，社会这一概念的现代含义"源自"马基雅维利，即社会是一个以自利为本位的战场，各种"激情"在其间相互碰撞，驱动着市场力量。马基雅维利对如何掌控激情，以此实现自利尤其感兴趣。他意识到追求个人财富的重要性，但又担忧私人财富的累积会导致腐败和寡头政治。他坚信，国家必须拥有足够的力量来管理和监督私人激情和利益，确保无人能够主宰全城。[14]

马基雅维利国家至上的信念与美第奇家族和遍布意大利的其他寡头、专权王公形成了鲜明对比。美第奇家族掌权时偏袒亲朋好友，利用国家的法律真空谋取私人权力和利益，掏空国库。这种自利的专制统治摧毁了佛罗伦萨，削弱了自由贸易。因此，马基雅维利不相信所谓的贵族美德。马基雅维利时代的意大利如同西塞罗时代的罗马，如果没有一个尊重法治的强大共和国可以依

第四章　佛罗伦萨的财富和马基雅维利的市场　　　　　　　　　　　　055

赖，那么想要生存，就只能尽一切手段保护自己。换句话说，马基雅维利相信法治，但法治却遥不可及。

作为一名政治家和历史学家，马基雅维利相当务实，他的作品好似商业手册，旨在应用于实际生活，用他的话说，是为了管理个人"财富"。为此，他虽然赞同西塞罗的公民共和主义，但排斥那种高贵的乐观主义，不相信统治者能表现出道义上的慷慨善良，他认为统治者更不可能如彼特拉克所说的那样，与臣民交朋友。马基雅维利看到，经济上的不平等和坏政府导致了暴力和纷争。因此，他提倡法治共和国的理念，以期确保政局和平稳定，市场有效运转。从马基雅维利对人类的悲观看法中，我们可以体会到某种深刻的奥古斯丁式的东西。[15]

《君主论》写于1513年，马基雅维利希望借此在美第奇的新政府中谋得一职。这本书的主旨至今令人费解。有些人始终认为，该书鼓吹不道德的行为，故而有了"马基雅维利主义"这个现代术语，意为狡诈的自利。也有些人认为，该书是对专制君主之罪恶的抨击和揭露。不过，更有可能二者皆是。毕竟，马基雅维利既痛恨寡头政治和专制君主，又热爱政治，热衷于为共和国效力。即便在美第奇家族掌权后，他也希望能在参政与批判之间找到平衡。

对于西塞罗拒斥一切不道德行为的观点，马基雅维利有所保留，他认为人类的缺点恰恰反映了生活的真实面。但他赞同西塞罗关于共和政体是腐败的最佳解药的看法。马基雅维利警告人们，专制君主和野心家如同野兽，因此，若想避免15世纪中叶发生在意大利的暴力，就需要某种法律监督。他进一步解释说，国家必须保护个体，让人们不被反复无常且任性的君主不受约束的自利行为侵害。他列举罗马共和国和罗马帝国的例子，希望借此提供对抗腐败和暴政的工具。在《论李维》中，马基雅维利说出了那句著名的论断："秩序井然的共和国必须保持社会富裕但公民贫穷。"[16]

不过，这并不意味着公民必须穷困潦倒。马基雅维利在商业共和国里从政，当然支持商业财富。他担心的是金钱集中在寡头手中，从而威胁共和国及其市场的稳定。他亲眼见证了美第奇家族的崛起，见到他们用自己的财富腐蚀了国家，破坏了议会和司法制度。马基雅维利认为，贵族利用共和国的财政为自身谋利，同时削弱了共和国。所以在这一点上，他与提倡寡头政治的西塞罗背道而驰，推崇将土地重新分配给穷人、限制贵族权力的罗马土地法。他认为，罗马正是因为限制了巨大的财富不平等，才能够维持和平与秩序。如果富人获得过多权力，比如像罗马内战或尤利乌斯·恺撒掌权时期那样（在他眼中，美第奇无异于当代恺撒），就会导致"共和国的毁灭"。[17]

马基雅维利将佛罗伦萨劳工阶级发动的梳毛工人起义视作经济自由实践的深刻教训。他在献给美第奇家族的第二位教皇克雷芒七世的《佛罗伦萨史》(*Florentine Histories*，1525年)中指出，寡头垄断不仅危险，而且阻碍了稳定的贸易和财富积累。寡头政治与经济不平等让佛罗伦萨陷入内战。如果不能在一定程度上保证经济公平，共和国及其市场就无法运转。他借用西塞罗的话语批评那些"通过欺诈或武力"获取财富的商人,称这种行为是"丑陋的攫取"。马基雅维利不赞成佛罗伦萨贵族限制梳毛工人行会代表权的做法,认为此举导致了流血冲突、动荡和激进的政治主张。他在《君主论》中指出,若共和衰落,动物法则就会取而代之。唯有稳定的国家方能抵御"狐狸""狮子"的兽性和危险行为,维护美德,捍卫良好的贸易和市场。[18]

马基雅维利对职业行会同样顾虑重重。行会要想发挥作用,必须兼顾贵族和工人的利益。两个世纪后,行会寡头与自由、高效的市场背道而驰的主张将成为亚当·斯密经济思想的基础。在斯密看来,职业行会是压低工人工资的卡特尔。但身为文艺复兴时期的佛罗伦萨公民,马基雅维利的观点更微妙。他认为,对于建立和维持贸易、质量和信任而言,行会是必要的。正如佛罗伦萨商人一再宣称的那样,这些职业行会给佛罗伦萨带来了财富。中世纪和文艺复兴时期的大多数商人都知道,行会规则为商业共和国的宪法和政府提供了一些原始框架。正因如此,著名的佛罗伦萨政府大楼维奇奥宫里悬挂着每个行会的徽章。不过,马基雅维利也明确指出,行会必须确保财富为所有公民所有,且积极接纳新来者。他认为,佛罗伦萨的土地税对于共和国而言必不可少,因为它"在一定程度上限制了强权专制",让市场保持公平运转。[19]

作为现代犬儒主义的伟大开创者,马基雅维利坚信,不受约束的自利行为会摧毁市场。为了维护稳定,人们需要一个比个体更富有、更强大的世俗国家。于是,马基雅维利提出了一个即便

72　放在今天仍相当有价值的经济主张。他认为，一个强大的国家必须维持贵族与平民阶级之间的平衡，以保障政治和经济稳定，避免寡头政治和暴政。这或许是他留给后人的最重要的一课，让未来几代试图限制大地主权力、发展自由商业社会的市场建设者受益良多。

第五章

国家干预下的英国自由贸易

> 贸易兴旺，国王的收入就会增加，土地和租金价格提高，航运更繁忙，穷人得到工作。但如果贸易萎靡，所有这一切就会随之衰退。
>
> ——爱德华·米赛尔登（Edward Misselden），
> 《自由贸易，或令贸易繁荣的手段》，1622年

16世纪初，欧洲发生剧变。1517年，也就是马基雅维利撰写《论李维》的那年，德国新教创立者马丁·路德将他的《九十五条论纲》钉在维滕贝格大教堂的门上，拉开了基督教分裂之幕。第一批新教徒与马基雅维利一样，对人类本性持极度悲观的态度，认为人类是堕落的，其行为具有兽性倾向。但他们也认同马基雅维利关于个人选择和自利力量的理念，相信人类可以通过恰当的个人选择塑造自己的命运。[1]

在同一时期，西班牙探险家胡安·庞塞·德莱昂（Juan Ponce de Léon）发现并探索了佛罗里达。美洲大陆让欧洲人认

识到，自然财富比他们原本想象的更丰饶。哲学家逐渐将科学和发现视为开启自然宝库的钥匙。然而，这种新兴的全球探索也让人们意识到，国家必须在支持和保护长途海运贸易和帝国利益方面发挥主导作用，因为上述领域对于个人和公司而言过于昂贵和复杂，超出了其独立承担的能力。16世纪和17世纪的经济思想家反复强调，财富生产需要国家投资与私人企业相结合。

彼时的欧洲正处于科学革命的转折时期，这场革命将引领人们发现支配从行星运动到血液循环等一切事物的自然规律。在这样的环境中，16世纪的经济思想界涌现出大量关于自然市场运转机制的创新理论，也就不足为奇了。货币数量论、收益递减规律、进入壁垒、通货膨胀、劳动生产率和企业家精神等自由市场概念先后出现，当时所有的先锋经济思想家均认为，上述概念有赖于某种形式的国家参与。

到16世纪30年代，欧洲遍地都是来自德意志和波希米亚矿区以及葡萄牙和西班牙帝国的黄金。西班牙舰队载着一船又一船从新世界运来的贵金属，在塞维利亚的瓜达尔基维尔海岸或佛兰德港口安特卫普登陆。大量黄金固然意味着更多财富，但也造成了通货膨胀甚至货币短缺，破坏了波希米亚、马德里、巴黎和伦敦等地的经济稳定。[2]

为了应对这种突如其来的冲击，哲学家开始探究货币及其价值决定因素，认识到了市场力量在其中发挥的核心作用。早期的经院哲学家已经把握了个体行为创造定价与价值的市场机制；后

第五章 国家干预下的英国自由贸易

来的经院哲学家，尤其是西班牙经院哲学家则进一步指出，无论是国家还是王室法令，都无法完全控制货币价值。彼时，西班牙萨拉曼卡大学和葡萄牙埃武拉大学出现了一个法律思想学派，致力于阐释市场机制。16世纪50年代，西班牙巴斯克的神学家马丁·德·阿斯皮利奎塔（Martín de Azpilcueta）提出了货币数量论，指出货币的价值取决于货币流通量（金属货币增加使得货币价值降低，而这种通货膨胀反过来又会导致货币短缺）以及人们认可的货币购买力。[3]

市场力量决定货币价值的认知引出了人们对货币借贷的新思考。长期以来，基督教和经院哲学家认为金钱是邪恶的。有观点指出，根据亚里士多德的《政治学》，金钱是"不育的"，如果没有商品交换，就无法产生财富。因此，不应该让它"繁殖"，赚取利息有违自然法则，甚至和偷盗没什么两样。还有一种观点认为，金钱是虚无的，而虚无等于邪恶。金钱本身没有用，只有实物才有价值，金钱仅仅反映了实物的价值。由于金钱是虚无的，赚取利息——创造财富——无异于某种形式的黑魔法。此外，放高利贷也被视作邪恶的犹太人的勾当。然而，倘若货币的价值是由数量和效用决定的，那就意味着赚取利息并非罪恶或盗窃行为，而是市场机制的一个关键环节。鉴于此，新教经济思想家迅速迈出一大步，终结了古老的高利贷禁令。

德国新教加尔文派的改革家马丁·布塞尔（Martin Bucer）对放贷获利行为的支持最为有力，他不仅攻击天主教对高利贷的禁令，而且挑战了金钱本质上"不育"的观念。[4] 布塞尔以及当时越来越多的神学家均认为，只要让商业在纯粹的基督教背景下进行，就会产生积极作用。他帮助人们消除了这种对金钱的偏见（但不是消除对犹太人的偏见，事实上，布塞尔希望将犹太人从市民群体和商业活动中驱逐出去）。1547年，由于宗教冲突，布塞尔向英国新教寻求庇护，得到英王亨利八世的接见。1549年，他成为剑桥大学的钦定讲座教授，并在那里撰写了《论基督的国度》（On the Kingdom of Christ）一书，陈述自己对借贷的看法。他指出，如果借贷双方一致同意，且没有"滥用"利率，则该行为具有经济效益。布塞尔引用西塞罗和圣安布罗斯的观点，称赚取利润是为了基督教社区的利益，"以便为上帝的子民购买和平"。他对运用商业手段提升公民生活的兴趣表明，基督教思想开始朝世俗世界转向。"金钱也是上帝的礼物，上帝要求我们正确地使用它。"他在《论高利贷》（Treatise on Usury）中如是说。如果金钱能帮助基督徒过上好日子，且符合西塞罗国泰民安的首善目标，那么让金钱增值有何不可呢？[5]

加尔文派在法国有很大的影响力，而当时的法国是西欧人口最多，可能也是最富有的国家。孰料，在自1562年起持续超过35年的法国宗教战争中，法国天主教极端分子攻击新教徒甚至天主教温和派，城市和工业崩溃，国家几乎倾覆。为了寻找能平息宗教冲突、重建国家的理论，一些法国思想家接受了马基雅维利的观点，并视之为稳定国家和社会、创造有利市场环境的关键所在。

法国法学家、历史学家、自然哲学家让·博丹便是其中一

第五章 国家干预下的英国自由贸易

位。他在宗教战争白热化的阶段撰写政治论文,宣扬绝对君主制不仅可以维护政治和平,还可以发展法国经济。他的论述是对圣巴托洛缪大屠杀(1572年)的回应。在这场大屠杀中,天主教狂热分子在巴黎杀死了数百名信奉新教的高级贵族,全国范围的遇害者成千上万。这场史无前例的暴行令法国遭受重创,暴徒摧毁了城市和商业,政局摇摇欲坠。绝对主义是博丹对宗教派系和内乱的回应。他认为,如果想要经济自然运转,国家就必须稳定社会,重建市场。他用马基雅维利的观点论证国家稳定及权力的重要性,同时更明确地指出,国家可以推动财富增长,并允许市场以一种自然体系运转。当然,博丹与马基雅维利的身份截然不同,博丹是蜚声海内外的学者、律师、王室顾问,可以毫无顾忌地畅所欲言。

博丹在《共和六论》(*Six Books of the Republic*,1576年)中解释说,专制君主制是应对侵蚀政体的"激情"的唯一手段。博丹不赞同马基雅维利对不道德行为的辩护,但在政治稳定高于一切这一点上,他与马基雅维利的看法是一致的。仇恨和狂热的宗教信仰使政体失去和谐,破坏了商业和财富。与在他之前的很多市场理论家一样,博丹也借鉴了西塞罗的思想,认为崇尚德行、尊重法治的贵族可以践行斯多葛式的适度治理,让经济恢复自然平衡。[6]

博丹承袭了马基雅维利的观点,即国家要稳定,必须先富强。他也同样将富可敌国的寡头阶级视为对市场机制的威胁。"少数人过度富有"和"大多数人极端贫困"不可避免地会引发内乱。唯有强大的国家才能治理贫富悬殊的"瘟疫"。不过，博丹与西塞罗一样，认为试图创造"平等"也是一种危险的妄想。他指出，经济需要增长，一个健康的国家若想通过激发人们的信心和信任来创造理想的市场环境，就需要公平的税收制度和宽松的债务制度。此外，依照罗马的模式，国家还应通过扩大殖民地的方式筹措资金。在博丹看来，好政府意味着有效的公共财政管理。他认为，国家应尝试通过"统计人口"来理解公共资产净值，以估算劳动生产率和可预期的城市产业规模。事实证明，这种早期经济人口学模式对理解市场至关重要。[7]

在博丹身上，我们看到了16世纪经济思想的复杂性。他固然坚持强调国家在稳定经济和保障市场条件方面的重要作用，但与此同时，身为那个时代最杰出的货币理论家，他也对市场机制贡献了开创性的观察性分析。1568年，处于职业生涯早期的博丹针对欧洲的通货膨胀问题，写了《对马勒斯特洛伊特先生悖论的回应》(Response to the Paradoxes of Monsieur de Malestroit)一书，充分论证了货币数量论。他在书中指出，货币价值受流通中的货币量的影响。[8]

马勒斯特洛伊特是王室顾问兼会计师。他在1566年提出，货币的价值是固有的，通货膨胀危机的根源在于贬值、硬币纯度和剪硬币（修剪金币和银币的边缘）。马勒斯特洛伊特认为，300年来，商品的价格并没有发生变化，通货膨胀是由硬币本身的质量问题造成的。博丹则认为，硬币的内在价值有限，它们的大部分价值来自市场力量。作为一名历史学家，博丹研究过关于硬币价值的档案数据，发现大量来自德意志和西班牙矿区以及新大陆的黄金白银造成了稀有金属供过于求。引发通货膨胀的是硬币的数量，而非质量，改变货币的官方定价、打击剪硬币行为并不能阻止通货膨胀。如果金银数量的增加令货币贬值，而政府又无力控制金属流入，那么国家就必须出手干预，以帮助经济增长。增加贸易是对抗通货膨胀、促进货币流通、稳定货币价值的唯一途径。[9]

博丹的《对马勒斯特洛伊特先生悖论的回应》代表了最早的以数据为导向、对货币和市场功能所做的实践研究之一。继经院哲学家之后，他提出数量是价值和价格变动的决定因素。流通中的硬币越多，它的价值就越低。谷物亦然。（博丹还提供了大量历史证据，说明一个人拥有的黄金越多却越贫穷的悖论如何可能。）他借用波兰天文学家尼古拉·哥白尼的行星运动因果理论，指出价格的变动如同行星运动，从而解释了物品的丰富度可能导致价格下降的原因。体积和速度是控制行星绕日旋转方式的自然力量。哥白尼认为，行星和货币遵循同样的规律，博丹则回应了这一强有力的类比。[10]

博丹用西塞罗死于马克·安东尼之手这一著名事件说明，人类世界同自然界一样，并非永远和谐。国家有责任确保这些冲突不会恶化成大规模动乱（例如罗马共和国的衰落或他那个时代的宗教战争），避免随之而来的货币崩溃风险。博丹确信，凭借上帝的神圣意愿和人类斯多葛式的审慎，温和的天主教君主将战胜极端主义派别，把平衡、和平和繁荣重新带回法国。[11]

马基雅维利、经院哲学家和博丹启发了萨伏依的耶稣会教士、哲学家、外交官乔瓦尼·博特罗（Giovanni Botero）的经济理念和政治思想。博特罗最重要的观点之一是城市促进了工业，刺激了市场。与乡村不同，城市是发现、创新和制造的中心，有大量资产积累，形成了一个不断创造财富的动态过程。这意味着国家必须以城市为重心，进行管理和投资。博特罗与马基雅维利一样，认为国家必须为自身的生存和繁荣做出艰难的抉择，他也是第一个使用"国家理性"这一术语表述该观点的人。后来的经济史学家将法语中的"国家理性"与现代重商主义概念相联系，意指王公或领导者必须在其权力范围内尽一切可能提高国家的经济实力，哪怕那意味着需要囤积黄金或补贴工商业。不过，博特罗并不认为国家有能力单独管理经济；相反，国家需要同商人合作，为实现生产最大化创造合适的条件。[12]

博特罗一方面发展了西塞罗的观点，指出要集中所有力量稳定国家，造福民众，但另一方面，他偏离了西塞罗重农业轻工商的贵族思想。他用人类工业的无限可能性取代了取之不竭的农业和矿产财富，描绘出欧洲各地的城市通过将发展重心从农业转向城市财富继而走上富裕之路的蓝图。在他的设想中，这些城市拥有大学、法庭和地方工业，为培养公民技能创造了条件，而技能反过来又进一步刺激了工业。[13]

博特罗指出，实现这种可能性的关键是人类在创造财富过程中展现出的精妙和他们所使用的权宜之计。精妙固然可以指在政治问题上采用马基雅维利式的情感伪装，但它也可以指工匠的

"娴熟之手",以及他们在劳动中源源不断创造出的、为社会带来更多财富的新"装置"和"技术"。博特罗目睹了工匠的"勤劳"如何"远胜""自然"、农业,甚至矿产。在他看来,大自然效率低,作为财富的驱动力是有限的。他指出,威尼斯和荷兰共和国强大的经济中心便是城市因创新而富强的极好例证。他写道,城市经济通过制造业和全球贸易为其增值,对农业原材料的依赖越少,财富创造就越高效、越宽广。[14]

那不勒斯哲学家安东尼奥·塞拉(Antonio Serra)也运用市场分析阐释工业较之农业的优胜之处。他在《国家财富与贫困简析》(*Short Treatise on the Wealth and Poverty of Nations*,1613年)中详尽地指出,农业产品收益递减,推高了生产成本,因而至多只能产生有限的盈余。农业无法创造出足够的财富来进行大规模投资。唯有制造业,因其"产品倍增,收益倍增",才能生产出不会迅速贬值的耐用品。他解释说,随着产量的增加,成本将会下降,从而有可能在提高工资的同时降低商品价格。这就是收益递增的机制。因此,竞争性的工业市场具有巨大的潜力——至少在塞拉所描述的收益递增产生了后来被称为"进入壁垒"的寡头和垄断机制之前是如此。[15]

同大多数意大利城市居民一样,塞拉认为,要想让这种制造战略发挥作用,国家必须出台支持工业发展的法规和标准。正因如此,现代经济学家往往将塞拉归为"重商主义者",而非倡导自由市场的思想家,但这显然误解了他的真实意图。塞拉比当时的人们更了解市场机制,对贬值、边际成本以及如何为商业投资累积资本有着敏锐的认知，他只是在试图解释一个事实：在意大利北部稳定的商业城邦，如威尼斯、热那亚和米兰，社会环境的稳定使得制造业和贸易行业的生产力远远高于农业。

意大利是16世纪商业发展的众多中心之一。彼时，同样是借助国家干预和自由市场政策的平衡，英国也在崛起。在法国，内战削弱了散布在广袤的农业封建领地上的大型贸易城市，而在英国，却有越来越多的城镇变成制造业和贸易中心。1550—1570年，南安普敦的商店数量翻了一番。到16世纪70年代，该镇有300家商店，提供1 000多种商品，其中布料100多种、鱼钩1 000多种，铁和煤几乎无限量供应。16世纪下半叶，英国人口增长了近30%，城市密度也随之增加，且面积不断扩大，乡野边界节节退缩。[16]

英国的经济发展伴随着受法律保护的商业合同和信贷在全国范围内的增长，这对市场的成长至关重要。当货币需求量增加导致货币短缺时，英国人将目光转向信贷业务，社会各方面的债务都开始增加。这种普遍存在的债务绝不能简单地等同于商业道德下滑，事实上，它是市场发展的标志。很快，一个庞大的贷款、债券和合同网络开始运转，带动市场流动，刺激了商业的进一步成长。1560—1640年，基于信贷的经济活动越发活跃，催生出更多贷款和有见证人的新合同。人与人之间在经济领域内的信任持续加深，即便是最谦逊的英国商人，也会夸口能在短期内获得大笔贷款。合同数量的增加还提高了英国人的计算能力，普通会计知识随着人们对投资体系的信任而传播。1558年，尼古

第五章　国家干预下的英国自由贸易

拉斯·格里马尔德（Nicholas Grimalde）在新译西塞罗的《论责任》时借用了当时的一句时髦话："忠诚是正义的基础，它体现在言行举止之间，是真理，是决心。"[17]

贸易、信托和信贷的繁荣也催生了一批影响深远的英国经济著作。英国议会议员、剑桥学者、先锋市场思想家托马斯·史密斯爵士（Sir Thomas Smith）在《论英格兰王国的共同利益》（*A Discourse on the Common Weal of This Realm of England*，约1549年）中指出，政府需要解放农业市场，同时高度监管工业，以刺激城市制造业。史密斯认为，议会在古老的公共农业用地上圈地的做法破坏了农作物生产，进而破坏了城市的财富。他赞同基于工业供求的国际市场体系理念，针对国家应如何帮助创业的工匠这一问题也提出了自己的主张。他相信活跃的市场具有自我扩张的内在力量，但同时引用西塞罗的观点称，国家必须帮助甚至"强迫"城市工业以"奖励"和法规双管齐下的方式发展。史密斯认为，农业需要自由，但工业需要国家监管，并支持国际市场的发展。工业发展带来了国家财富的流动，"城镇和城市里将涌现出大量工匠，不仅有我们已经熟悉的裁缝，还有制帽匠、手套匠、造纸匠、玻璃匠、指针匠、金匠、铁匠、床单匠、制针匠和别针匠"。所有这些行业和买卖都相互支撑，构建出一个推动经济增长的市场体系。[18]

英国政府现在不仅支持英国的工业，还支持英国市场向殖民地扩张。1579年，女王伊丽莎白一世资助了弗朗西斯·德里克的环球航行计划。1595年，她又特许沃尔特·雷利率远征队沿奥里诺科河而下，在现在的委内瑞拉境内寻找克里斯托弗·哥伦布口中的通往天堂之路。雷利在《探索广阔、富饶、美丽的圭亚那帝国，以及被西班牙人称为黄金之国的伟大的黄金之城马诺亚》（*The Discovery of the Large, Rich, and Beautiful Empire of Guiana, with a Relation of the Great and Golden City of Manoa Which the Spaniards Call El Dorado*，1596 年）一书中描述了哥伦布那次探险约 100 年之后重走远征路的旅行，并声称自己找到了无尽的财富——"黄金之母"。[19]

虽然很多英国人认为国家必须参与帝国的建设，但他们也试图从推动市场持续生产的自然法则层面去理解亲身经历的这一切。盎格鲁-佛兰德商人、佛兰德贸易专员杰勒德·德·马利纳（Gerard de Malynes）在《商人法》（*Lex Mercatoria*，1622 年）中就法规和自由在商业建设中的作用提出了一个相当精妙的观点。他引用了《圣经》和斯巴达、克里特、迦太基和西塞罗的法律，以及让·博丹的著作，主张国家必须从战略层面支持贸易。[20]

与博丹一样，马利纳也将现代思想中对立的自由市场和重商主义放在一起讨论，提出了兼顾国家干预和自我调节的自由市场机制的经济理论。根据自然法，如果自然因素以某种方式起作用，或按照某些固定的原则运转，那么人类行为和贸易就应该反映这种原则。但这种"反映"并不是自发的，它需要人类的监督和维护，以免系统偏离正轨。马利纳将贸易描述为一个炼金的过程，好比运用科学可以将石头和化学元素转化成黄金和灵丹妙药。在某种程度上，的确是炼金术这种原始科学让人们以为钱能生钱。不仅如此，它还让马利纳和其他思想家相信，黄金和财富创造是自然过程的一部分，不仅可以被哲学家理解，而且可以被科学家利用。[21]

马利纳同意博丹的货币数量论，不过他走得更远。在他看来，一系列自然因素和人为因素，例如时间的流逝、贬值、数量以及王室在铸造和监管合规铸币方面的权威，都会影响货币价值。马利纳在《自由贸易的维护》(*The Maintenance of Free Trade*，1622年)中警告说，如果一个国家的硬币因贸易失衡而过多地流入另一个国家，则其工业将受到打击。如果英国人购买了太多荷兰布料，英国的黄金就会流入荷兰，以至于没有足够的货币用于贸易。作为一名重金主义者，马利纳认为，一个国家所持有的铸币和贵金属数量应等于国家财富，此乃工业发展和自由贸易的基础。马利纳的看法与当时的国际形势不无关系。彼时，英国正面临货币短缺问题，商人没有足够的铸币开展贸易或纳税。他认为，正是由于货币短缺，英国在扩大布料业的投资上受到限制。[22]

与此同时，马利纳认为，政府必须保护羊毛商人免受潜在的、具有破坏力的外国竞争威胁。只有政府征收关税，"英国商人"才能获得公平的定价环境，从而支持与外国的"自由贸易"。从现代自由市场思想的角度来看，这一主张似乎颇为矛盾，但它恰是对英国货币短缺问题的回应。17世纪早期的英国经济思想家并非不理解自由放任式财富创造机制的老古板，相反，他们是在试图将贵金属引流回国内，以便恢复贸易，发展工业。马利纳和其他商人视国家为唯一能够达成此目标的力量，因而他们也认为国家是经济自由和稳定的必要保障者。关税将带来足够的资金，令国内贸易得以发展，从而使英国在国际市场自由参与竞争，并占据上风。[23]

马利纳并不是唯一有此想法的人。英国的经济领袖大多认为，国家可以在创造自由贸易环境方面发挥重要作用。在这批人当中，最知名的是东印度公司负责人托马斯·孟和商人爱德华·米赛尔登。对于这二人而言，国家保护主义能够刺激自由贸易的想法是顺理成章的。因此，尽管经济史学家长期以来一直认为他们是重商主义理论家，因为他们坚持要求王室通过关税手段保护英国的航运业和制造业，但我们也需要将他们视为自由市场思想家的先驱。

托马斯·孟认为，实现自由贸易最可靠的途径是允许市场定价，同时由政府保护和促进英国工业的发展。在17世纪20年代经济萧条时期，作为东印度公司的负责人，托马斯·孟采取了自由主义与保护主义相结合的政策，以帮助王室扭转贸易失衡的局面。由于用珍贵的白银换取奢侈品的做法受到公众的抨击，托马斯·孟以该贸易能使英国富强为由为自己的失职辩护。只有在"购买和支付活动"的推动下，"商品的有序流动"才能令英国货币增值，即可以用较少的货币购买更多的东西，从而阻止金钱流出王国。托马斯·孟承认自由贸易有助于调节货币危机，但他觉得这还不够。他认为，为了增强英国自由贸易的实力，需要市场解决方案和国家干预双管齐下。他支持对那些与本国工业形成竞争的外国商品征收一系列关税，坚持英国的航运只能使用英国的船只，比方说东印度公司的船只。这或许与如今的自由贸易相去甚远，但对于托马斯·孟和当时的其他商业领袖而言，贸易自由首先意味着要创造与荷兰人抗衡的最佳条件，而荷兰人的优势相当明显。[24]

爱德华·米赛尔登在《自由贸易，或令贸易繁荣的手段》中表达了类似的观点。他反对垄断，认为贸易是一个自然延续和不断发展的买卖体系。他认为，市场给定的货币价值与铸币能够购买到的"商品"有关。然而，与托马斯·孟一样，米赛尔登的自由贸易观念也受到了残酷的国际市场现状和英国尚未成为经济大国这一事实的影响。他认为，英国的工业相当脆弱，必须得到保护。垄断固然不健康，但国家应该对贸易实施监督。他写道："那些不受规章和政府约束的贸易就如同在船底挖洞的人，而那些人自己还在船上。"没有政府监管，"不懂行、没规矩的人"就会破坏贸易，损害信任和价值，干出以次充好、鱼目混珠的勾当。[25]

17世纪20年代和30年代，天主教和新教势力间的宗教战争蹂躏着法国和德意志各邦，间接帮助英国夺回了贸易市场，但斯图亚特王朝的查理一世与清教徒议会和军事领袖奥利弗·克伦威尔之间的对立又引燃了英国内战，并很快威胁到国内工业。英国的奢侈品贸易大幅下滑，国际航运受阻，来之不易的商业优势被荷兰共和国夺走。1651年，清教徒掌权，议会通过了《航海条例》，英国制造商和贸易商保护市场免受外国竞争冲击、从立法层面建立反荷兰商业巨头阵线的长期努力达到高潮。[26]

《航海条例》规定，只有英国船只才能进入国内，这保护了民族工业，却也将英国同荷兰的竞争推向白热化。1652年，英国内战刚结束不久，第一次英荷战争爆发，随后两年的斗争并没能给英国带来决定性的胜利。尽管英国人在1653年的斯赫维宁根战役中获胜，但他们既没能击溃荷兰舰队，也没能封锁其海岸线。鉴于荷兰的商业主导地位依旧，英国的政策制定者采纳了托马斯·孟和米赛尔登的建议，建立关税制度，以帮助民族工业振兴。他们还寻求国家援助，以挑战荷兰在从印度、非洲到北美洲的全球贸易中的统治地位，尤其是在奴隶贸易方面。

综上所述，不断扩张的商业资本与政府立法的结合，加之商人对政府施加的强大影响力，令英国走上了商业崛起之路。这种政府与商业层面的合作运转良好，到17世纪中叶，英国已成为先进的商业国家，商人阶级拥有不可小觑的话语权，并与政府携手完善了关税法。17世纪英国经济的强盛是在国家的支持下实现的。对于促成这一结果的人们而言，自由贸易当然意味着限制外国竞争，以及在对无尽资源的争夺中保护本国尚不成熟的产业，帮助其确立竞争优势。至此，英国开启了虽缓慢但稳健的世界商业大国之旅。但首先，它必须赢得同荷兰和法国的竞争。[27]

第六章

荷兰共和国的自由与财富

> 上帝创造了人,"自由且自主",因此,个体的行为以及对其财产的使用不必服从于他人意志,而是取决于其自身……因此,俗话说:"在涉及个人财产的事务上,每个人都是管理者和仲裁者。"
>
> ——胡果·格劳秀斯,《捕获法释义》,1603 年

1576 年,荷兰人奋起反抗世袭的西班牙统治者——西班牙国王腓力二世。国王的军队洗劫了重要的贸易城市安特卫普,该城近半数人口向北逃往阿姆斯特丹,后者随即取代安特卫普成为新的国际贸易中心。1581 年,北部七省脱离西属尼德兰,成立了荷兰共和国。荷兰共和国的国家权力分散在各个省市,奉行加尔文派,宗教相对宽容,政府掌握在商人阶级手中。作为新共和国的领导者,这些商人自然而然地将国家愿景建立在自由市场的创新理念和积极的亲商政府基础之上。

即便英国的商业实力稳步增强,也未能动摇荷兰在欧洲经济

中的主导地位。所谓的荷兰黄金时代孕育了复杂精妙的经济学思想，尤以自由市场思想为盛。这种思想在事后看来或许早得不合时宜，但它其实与英国和法国的经济思想类似，都要求政府深入参与经济活动。然而，政治和帝国经济的现实并不总能完全契合荷兰共和国思想家所拥护的自由理想。同历史上其他很多时期一样，荷兰的自由市场理念与更为复杂的国家干预现实并存。

在荷兰共和国成立之际，荷兰最重要的人文主义者之一西蒙·斯蒂文（Simon Stevin）从布鲁日搬到了莱顿。斯蒂文出身普通商人家庭，在莱顿上大学期间结识了奥兰治的莫里斯亲王，也就是沉默者威廉之子拿骚伯爵，后来的奥兰治亲王。1585年，莫里斯成为荷兰共和国的执政，任命斯蒂文为首席顾问。此后，莫里斯长期主政，直至1625年去世。在位期间，他将运河、堤坝、沟渠和泄洪闸等重要的水利工程都交给斯蒂文管理，任用他为军队的军需官，还帮助他创办了位于莱顿的工程学校。在此期间，博学多才的斯蒂文撰写了影响深远的会计手册《献给君主的会计学》(*Accounting for Princes*，1604年)，指出政府必须由精通商业技艺的人管理。[1]

斯蒂文解释了复式记账法对商业公司的重要性，并强调了国家和市政管理部门在荷兰国内市场建立信任的必要性。他指出，在健康的商业共和国里，所有成员都应具备财务知识。一旦每个人都能看懂资产负债表，他们就能自信地做生意，做财务审计，进行自我管理和相互监督。他向亲王保证，与亲王雇用的官僚和税吏相比，商人更懂得如何管理财务，同样，精通会计学的君主也可以自己查阅国库账簿，而不必单纯地听信司库之言。[2]

斯蒂文和荷兰共和国的领导者相信，宽容的态度是激发市场信心、吸引外国人的关键。八十年战争（1568—1648年荷兰独立战争）期间，加尔文派的纺织品制造商为躲避西班牙对荷兰的攻势，纷纷逃往北部的共和城市寻求庇护。到1609年，阿姆斯特丹的加尔文派教徒人数已经与天主教徒人数持平，此外还有不少犹太人和路德宗教徒。所有人都拥有投资和创办企业的权利。宽容与信心，再加上金融知识、透明度和效率，刺激着已然丰富多彩、快速成长的市场文化。[3]

不出所料，荷兰的市场随之扩大，并开始利用大量可燃泥炭（泥煤）以及无尽的水能和风能开展生产。1592年，荷兰建造了庞大的风车系统，并将其应用于木材切割等工业。风车是荷兰公共投资传统的产物，多达70名投资者可以持有一架风车的股票。这种公民投资、公私合作共同兴建公共基础设施的悠久传统可以追溯到中世纪由私人捐助的公共工程，它从多方面为荷兰共和国奠定了商业基础。[4]

到17世纪中叶，荷兰已经跃升为全球最发达的经济体。荷兰的农民意识到，经济增长不仅以农业为基础，而且要依靠工业，单纯的农耕产出无法与以工业生产为目的的种植相媲美。于是，他们开始以进口小麦为食，将自己的农田留给制造业所需的作物。他们不仅种植根部可以用于制造红色皮革、纺织品染料的多年生茜草，还建立了先进的烟草产业，在乡村种植烟草，然后将其运往阿姆斯特丹进行加工和包装。[5]

另一方面，国家通过强大的市政管理机构主动推动经济发展，积极签订对本国有利的贸易协定。面对咄咄逼人的荷兰外交官员，愤怒的法国人和英国人以关税作为回应。但荷兰拥有无可比拟的市场环境，加之控制了北海、波罗的海和汉萨同盟城市间的通道，且国际市场对荷兰的工业产品需求旺盛，在整个17世纪，荷兰共和国的经济主导地位无可撼动。[6]

一如早前的佛罗伦萨，荷兰依靠行会发展工业，控制质量。艺术家、面包师、银行家、裁缝、制革匠，都有各自的行会。为了吸引外国纺织品制造商，代芬特尔等城市给出多项特权和垄断政策，甚至用现金补贴和关税手段保护新兴产业。特色地方经济由此建立。以豪达市为例，该市有2万居民，其中4 000人从事陶制长烟管的制作。直到今天，该市仍有一家烟管制造商。[7]

荷兰共和国的船队规模超过了当年的威尼斯，甚至超过了法国和英国的总和，且拥有全欧洲最熟练、素质最高、最有效率的商船水手。一艘200吨的荷兰福禄特船只需9~10名水手，而类似的英国船只则需要30名水手。16世纪90年代，随着西班牙贸易禁运的结束，荷兰人开始在非洲沿海航行。到1634年，他们已将航线延伸到西印度群岛，占领了阿鲁巴岛、博奈尔岛和库拉索岛，并将其作为奴隶贸易的滩头阵地。[8]

荷兰商人在西班牙和葡萄牙帝国设立贸易站，形成虹吸效应，盈利规模在整个欧洲无人可及。1599年，雅各布·科尼利厄斯·范·内克（Jacob Cornelius van Neck）将香料生意拓展到东印度群岛，获利399%。由于新公司在荷兰各省数量激增，荷兰人开始担心白热化的内部竞争有可能对贸易造成实际伤害。有鉴于此，荷兰最重要的领导人之一、首相约翰·范·奥尔登巴内费尔特（Johan van Oldenbarnevelt）要求荷兰七省的所有公司联合起来，组成一个对外贸易同盟公司。1602年，在他的帮助下，荷兰东印度公司成立。公司章程体现了奥尔登巴内费尔特的观念，即私人资本与国家利益的结合最有利于共和国的发展。该公司的任务不仅在于建立贸易垄断，更要维护国家利益。它与英国东印度公司类似，是一个由国家创办、被赋予了垄断特权的私营企业，且拥有自己的海军和陆军。公司内部文件显示，立法机构不仅对包括荷兰东印度公司在内的众多公司进行监督和规范，而且在17世纪20年代的奴隶贸易政策制定中发挥了重要作用。荷兰政府参与公司决策，与公司分享档案和情报，帮助其进行战略规划。也就是说，荷兰与英国和法国的情况一样，均是在国家与私营部门的合作中催生出帝国企业和首批大型全球公司的。[9]

荷兰东印度公司成立后不久，1602年，荷兰政府与公司股东共同发起了一项大型市场建设项目。在公司的协助下，奥尔登巴内费尔特和荷兰当局在阿姆斯特丹设立了第一家真正意义上的证券交易所，以促进联合东印度公司的股票交易。该公司也成为首个公开上市的公司，其股份可在全欧洲买卖。这个既具有开创性又成熟的市场绝非自发形成的。为了建立市场信心，稳定贵金属货币和存款的价值，确保向联合东印度公司付款。1609年，阿姆斯特丹当局在市政厅里成立了一家汇兑银行，即阿姆斯特丹银行，并监督其运行。[10]

荷兰东印度公司的章程规定，任何荷兰公民都可以购买该公司的股份，且"只要货物售价的5%被兑现，即可获得股利"。该公司由17名大股东和约60名最大的无限责任投资者共同管理。荷兰公民无须借助于公司的合伙人，可以直接通过买卖股票的方式自由地投资或撤资。荷兰股票市场既是商业创造力的胜利，也是对市场信任的回报。有史以来第一次，投资者相信公开出售的纸质股票能够代表一定的所有权。[11]

公众对新公司的投资热情空前高涨。荷兰东印度公司的资金达6 424 588荷兰盾，为英国东印度公司的10倍。投资者的钱得到充分利用，公司造船（英国东印度公司的船只是租用的），派遣军队前往莫桑比克、果阿、摩鹿加群岛（今马鲁古群岛）和安汶，同西班牙和葡萄牙争夺利益，实现公司章程中所描述的庞大帝国构想似乎指日可待。[12]

荷兰东印度公司体现了企业家精神与审慎的国家管理的有效融合，以及市场原则与政府法规的平衡运用。荷兰的领导人通过建立信任达成了这一目标。本着开放政府的精神，荷兰东印度公司在章程中载明，每6年进行一次全面的公开听证会或审计，并公布公司账目和审计结果。作为一家私有企业，它对股东负责，而股东有权向国家申诉。1620年，该公司没有向股东支付股利，并面临内幕交易的指控。公司内部私下交易获得的利润，以及资产负债表中未包含股本的操作，使得表面上的公司资产大于实际情况，回报率从平均 18% 下跌至 6.4%。公众舆论开始倒戈，公司股票的买卖不再是基于财务数据，而是被市场传言左右。第一家公开发售股票的资本主义企业眼看就要因秘密交易和会计欺诈毁于一旦。[13]

1622 年，股东的抗议终于促使亲王莫里斯下决心对公司进行审计。显然，只有投资者对国家监管的稳定性和公共性有信心，"自然的"市场机制才能可靠地发挥作用。因此，国家元首进行了一次私人审计，终结了公司管理层的腐败，并着手重建公众对公司的信任。由此，荷兰东印度公司的高利润和高回报还将持续一个世纪。[14]

自 1581 年成功脱离西班牙哈布斯堡王朝宣布独立，荷兰共和国便开始寻求进入曾将其拒之门外的西班牙和葡萄牙市场及贸易站。荷兰东印度公司的计划是主导亚洲贸易。海盗在荷兰人骚扰和窃取伊比利亚半岛的珍宝、滋扰其贸易中扮演了重要角色。1603 年 2 月，荷兰船长雅各布·范·海姆斯凯克（Jacob van Heemskerck）在新加坡东海岸袭击并俘获了葡萄牙船只"圣卡塔琳娜号"。此前，海军部曾直接命令海姆斯凯克不要参与挑衅行动。然而，"圣卡塔琳娜号"上珍宝的价值比荷兰法律更有说服力。该船载有 1 200 捆稀有的中国丝绸和数百盎司[1]麝香，

---

[1]　1 盎司 ≈ 28.35 克。——编者注

这批货物若被运回阿姆斯特丹，赏金价值将远超300万荷兰盾（约合30万英镑）。当然，范·海姆斯凯克夺取葡萄牙船只的行为并不合法。尽管荷兰海事法庭最终裁决"圣卡塔琳娜号"上的货物为合法战利品，但这种彻头彻尾的强盗行径为大多数股东所不齿，正在积极开拓新帝国市场的联合东印度公司因此面临挑战。[15]

荷兰共和国加入伊比利亚帝国贸易的渴望催生了当时最具影响力的自由市场哲学。在"圣卡塔琳娜号"丑闻闹得沸沸扬扬之际，荷兰东印度公司要求范·海姆斯凯克的表弟、著名人文主义法律奇才、当时才20多岁的胡果·格劳秀斯写一篇文章来捍卫公司的利益。他们想让他证明，公司运用海盗手段打入西班牙和葡萄牙帝国市场的做法合情合理。格劳秀斯是知名学者和政治家的儿子，11岁时就被享有盛名的莱顿大学录取。在校期间，他迷上了古典学，对西塞罗的作品情有独钟。后来的事实证明，格劳秀斯的一生与这位伟大的罗马法学家一样多姿多彩。他从列文斯泰因城堡的监狱里逃脱，藏在书籍里逃往巴黎（这只箱子如今仍在列文斯泰因展出），遇海难却奇迹般生还，并步入政坛。他凭借自己的人文主义素养，成为那个时代最重要的法学理论家和加尔文派神学家。

格劳秀斯的《捕获法释义》（*Commentary on the Law of Prize and Booty*，1603年）对自由市场思想影响深远，也开启了他作为现代自然权利理论奠基人的生涯。《捕获法释义》运用公认的自然法逻辑为荷兰人袭击甚至入侵葡萄牙帝国领土的行为辩护。这部作品篇幅长，行文专业，或许并非联合东印度公司所期望的那种宣传文稿，但它为格劳秀斯日后的写作设定了框架。他借鉴西塞罗的观点，认为道德和自然法则是普遍的，任何人只要运用理性，就可以弄明白。"残忍且背信弃义的"葡萄牙人试图控制全球海洋，造成了道德伤害。此外，格劳秀斯指出，葡萄牙人不允许荷兰人与其帝国各地原本的居民开展贸易，剥夺了荷兰人的自然权利，是犯罪行为。因此，荷兰人夺取的葡萄牙船只是正当的战利品，该行为是"善意的"。既然主权是一种自然权利，不专属于基督徒，西班牙帝国的原住民就有权利和自由选择荷兰人为贸易伙伴。鉴于荷兰的坚船利炮，这种主张原住民有自由不服从伊比利亚半岛的说法似乎无可辩驳。[16]

1609年，格劳秀斯将该书的第12章《自由之海》以匿名的形式单独发表。此举满足了荷兰东印度公司的要求，也是他作为法律学者的首次公开亮相。无论从哲学还是宣传角度而言，这都是一次了不起的颠覆。格劳秀斯提出了关于自然、海洋和个人自由的基本观点，为后来17世纪塞缪尔·冯·普芬道夫、约翰·洛克以及其他欧洲自然和人权理论家的思想奠定了基础。

格劳秀斯主张，自由源于自然，而自然是上帝为万物创造的。西塞罗认为，人类通过共同协议创造了所有权的概念，格劳秀斯则认为，有些东西，无论对于人还是国家的所有权而言都过于庞大。他引用西塞罗的《论责任》指出，尘世间的物质"来自自然，供人类共同使用"。例如，覆盖了整个世界的海洋是"无限的"，既不能被占有，也没有哪个国家可以对其无尽的鱼类资源主张所有权。换言之,对渔业而言,不存在什么"外国人",因此,英国和葡萄牙针对荷兰渔民的水域禁令是对海上自由贸易这一自然权利的侵犯。[17]

格劳秀斯再次引用西塞罗的论述,称无论是哪个国家,只要干涉了这种自由,都会招致一场正义的战争。这一观点即格劳秀斯的国际法巨著《战争与和平法》(*The Rights of War and Peace*,1625年)的核心。他坚信,在制定国家间法律时,个体拥有选择自身行为的自然权利。从自然法脱胎的"国际法"明确规定,只要不妨害他人,个体就拥有积极的自由去做他们选择做的事情。这一点至今仍是私有产权的根本所在。"无穷无尽"的自然界的任何部分皆不能被任何国家占有,唯有位于国界之内的有限事物,如"湖泊、池塘和河流",才能归属于个体或国家。[18]

格劳秀斯在《战争与和平法》中的论点,以及他为荷兰东印度公司所写的文章,其核心都在于为奴隶制辩护。与法国法学家让·博丹一样,格劳秀斯也认为通过正义的战争俘获奴隶是合法的。他声称,沦为奴隶远比死亡好得多,因为"生命比自由更可取"。上帝给了那些在战争中被俘的人一个"自由的"选择:他们可以选择死亡,抑或接受作为"俘虏"的新身份。在市场机制无情的道德与经济算计中选择死亡或做俘虏,是囚犯自己的选择或自然权利。当然,此处的俘虏仅限于原住民。[19]

格劳秀斯显然知道联合东印度公司是靠贩卖奴隶赚钱的,他也同样知道,那些奴隶并非真正的战俘。他主张将奴隶制当作对待欧洲战俘的方案，我们对此或许不能理解，然而这一主张的确可追溯到罗马法，且在欧洲历史上得到了实际应用，直至1000年前后农业封建制度取代农业奴隶制度。封建制度固然远不似奴隶制度那么残酷，但保留了后者的很多强制因素。封建社会的基础在于劳动者自由地签订协议，选择用受奴役来换取领主的保护，这与格劳秀斯在处理海外问题和战俘时所运用的罗马法逻辑相通。于是，奴隶制就这样不容置疑地被写入了格劳秀斯的自然法和权利观念中。诚然，这是在战争与和平的逻辑下对于自由选择的一种反常解读，但它符合靠奴隶赚钱的联合东印度公司的利益。[20]

除了为奴隶贸易辩护，格劳秀斯的作品不仅威胁到西班牙王室，也影响了与荷兰更友好的贸易邻邦。苏格兰人威廉·韦尔伍德认为，格劳秀斯之言旨在偷窃苏格兰各岛屿及"狭窄海域"（英吉利海峡和爱尔兰海）周围的渔业资源。不过，也有不少英国思想家意识到，格劳秀斯的主张完全可为1599年成立的英国东印度公司所借鉴，服务于帝国版图的拓展。1609年，殖民主义鼓吹者理查德·哈克卢特（Richard Hakluyt）翻译并出版了格劳秀斯作品的英文版，或许意在用同样的论点为英国的殖民扩张辩护，一系列相同主题的作品也随之出现。[21]

格劳秀斯虽然在作品中明确提出了自由海洋、自由贸易、个体经济和政治权利理论，但现实却晦暗得多。荷兰东印度公司一方面依靠国家和自身蛮横的军事力量追求自由贸易，另一方面在涉及奴隶贸易时却忽视了格劳秀斯的人权和自由概念。结果，海洋成了所有强权国家的自由乐土。英国和法国最终取代荷兰，成为印度洋上的霸主，以卡特尔的形式维持着自身的殖民势力。

不过，荷兰在海外的经济实力消长并没有引发本国经济思想家的担忧。17世纪中叶，荷兰的贸易地位达到巅峰，该国最重要的经济理论作品是信奉新教的布料制造商、经济学家、自由市场和共和主义理论家彼得·德拉考特（Pieter de la Court）的《荷兰共和国的真正利益和政治准则》（*The True Interest and Political Maxims of the Republic of Holland*，1662年）。德拉考特在作品中阐述了堪称当时最成熟的自由市场理论之一，声称政治自由和自由贸易高于君权。这部作品是在大议长、事实上的首相约翰·德·维特（Johan De Witt）的支持下写就的。它对君主制进行了有力抨击，并通过详细论述指出，政治和宗教自由、自由贸易和自由竞争、制造业和航运业都是自我调节的经济体系的一部分。德拉考特直接引用英裔荷兰商人、作家杰勒德·德·马利纳的《商人法》，断言商人的优势高于王公。[22]德拉考特言简意赅地指出，君主政体不利于经济增长，荷兰的居民"因政治体制可能受到的伤害，莫过于被君主或至高无上的领主统治"。"伯爵"争权夺势令政局动荡，"佞臣"破坏了使国家富强的因素，即"航海、制造业和商业"。[23]

在德拉考特看来，"水产和小买卖"不足以维持国家的经济。财富不是来自农业和自然资源，而是来自"制造业"。唯有工业，通过把产品变成商品并在国际市场上销售，才能创造真正的财富。就此而言，自然终究要为商业目的服务。荷兰制造业和航运业成功的关键在于"节俭和优良的农牧业"高效地利用了水利资源。仅仅收集自然界的产品是不够的，还必须通过制造业和复杂的市场分销体系进一步处理。[24]

德拉考特称，荷兰的经济体系之所以能有效运转，完全得益于居民的"自由状态"。个人、宗教和经济自由乃是创造制造业财富的"真正推手"。他认为，荷兰共和国之所以繁荣，是因为宗教机构没有控制大量财富。他声称，荷兰公民不仅应摆脱行会的束缚，而且应摆脱荷兰东印度公司的垄断。他还指出，共和国的成功同样有赖于以宽容的态度接纳外国人，为他们提供自由生产和创造的保障。正是有了贸易自由以及个人和宗教自由，阿姆斯特丹才成为世界商品市场的中心。[25]

荷兰的"仓库"里存放着帝国的财富，技术高超的制造商可以将原材料加工成商品，并将其迅速装载上船，然后以惊人的速度完成运输流通。甚至高税收也不会妨碍这一过程的运转。在与西班牙交战期间，荷兰共和国轻松地控制了另一个对手——英国。这里的自由吸引了欧洲各地的人才。德拉考特知道，几乎所有国家都与荷兰针锋相对，对荷兰的贸易政策极为不满，但他仍声称，荷兰的"利益"是为了所有荷兰盟友的"共同利益"，为了各国"互惠互利"。德拉考特的傲慢腔调没能让荷兰的贸易伙伴相信荷兰的商业政策是公平的。在政治、殖民和贸易利益的刺激下，1665—1667年、1672—1674年，英荷战争两度打响。1672—1678年，法国入侵荷兰。[26]

荷兰共和国享受着无与伦比的经济成功，直至1672年这个臭名昭著的"灾难年"。那一年，约翰·德·维特试图压制荷兰最有权势的贵族奥兰治亲王威廉三世，以便控制共和国。而当时的威廉即便面对好战的法国国王路易十四的入侵，仍努力维护自己在整个荷兰的权威。威廉利用法国打算扶持自己当国王的谣言，要求担任军队终身总司令。随着共和国逐步陷入困境，是年7月9日，威廉成为荷兰执政，这公然威胁了约翰·德·维特和德拉考特的权威。7月23日，多德雷赫特的奥兰治党人抓捕并拷问了约翰·德·维特的兄弟科内利斯·德·维特，指控他密谋反对威廉。威廉命令约翰·德·维特为保释兄弟支付巨额罚款。当约翰抵达多德雷赫特时，本以为可以安抚愤怒的奥兰治党人，结果却遭袭遇刺。暴徒谋杀了两兄弟，将他们斩首，将其尸体悬挂分食。而威廉对该暴行未予以否认。[27]

随着奥兰治亲王势力的崛起，荷兰共和国及其自由走向衰落。威廉大举借贷，用于建立军队，巩固自己的权力。但除此之外，他还有更大的计划。他开始秘密谈判，谋求成为英国的新教国王，最终推翻信奉天主教的詹姆士二世。1688年2月23日，威廉和他的妻子——詹姆士的妹妹玛丽，成为新不列颠的立宪君主。然而，如果说光荣革命标志着英国宪政自由和经济扩张时代的开启，那么它也敲响了荷兰共和制的丧钟，并让荷兰失去了在全球贸易中的主导地位。[28]

法国和英国取代荷兰共和国，成为欧洲的商业领袖，展开了一场激烈竞争，这场竞争一直持续到19世纪。陷入君主制泥潭的荷兰无法真正与英法在商业、科学、国家实力和工业上匹敌。最终，荷兰式自由既没能让德拉考特信心满满的预言化为现实，也没能催生具有决定性意义的自由放任主义运动。关于自由市场思想最有力、影响最深远的阐述，将在英法两大国的持续较量中诞生。

第七章

让-巴普蒂斯特·柯尔贝尔与国家创造的市场

欲重振商业，必先行二事：确定性与自由。

——让-巴普蒂斯特·柯尔贝尔，

《与英国贸易备忘录》，1651 年

17 世纪中叶，在荷兰和英国争夺国际商业主导地位之际，沉睡的巨人法国渐渐苏醒。1660 年，法国人口约有 2 300 万，令人口仅 500 万的英国和人口 180 万的荷兰相形见绌。然而，这个庞然大物却几乎被内战掏空。继宗教战争之后，又有 1648—1653 年的投石党运动，即强大的贵族阶级与王室中央权威间的抵牾引发的一系列战争。战乱最终以王室的胜利收场，但当法王路易十四 1661 年掌权时，君主制已有名无实，商业也停滞不前。17 世纪初，法国曾是欧洲羊毛生产的领头羊，但到了 17 世纪 40 年代，其羊毛产量急剧下降。法国的商船和海军、殖民地、贸易网络和制造业基础均大幅落后于荷兰和英国。大型商业城市里昂、波尔多、马赛和鲁昂，在经历一次又一次宗教冲突和内乱之后，匠人尽失，整个法国处于明显的竞争劣势。[1]

年轻的路易十四雄心勃勃，却无奈囊中羞涩，急需寻找新的收入来源。由于富有的大地主贵族和高级神职人员不必纳税，国家财政完全依靠向农民征税和几十年间商业的缓慢发展。这远远不足以支撑太阳王的抱负。正如那不勒斯经济学家安东尼奥·塞拉所言，农业收成并不可靠，至多带来有限的盈余和不均衡的税收。一个现代王国需要工业、创新和经济扩张。

1661年，路易十四选择让-巴普蒂斯特·柯尔贝尔为他事实上的首相，后者的审慎和外科手术般精准的行政能力、铁腕无情与忠诚，以及对工业和贸易的深刻了解深得国王赏识。柯尔贝尔与古老的佛罗伦萨商业传统有着不解之缘。他的家乡兰斯是香槟区的首府，也是由中世纪勃艮第的巨大财富和佛兰德的市集催生的里昂-佛罗伦萨布料贸易线上的一环。与早期的佛罗伦萨商人一样，柯尔贝尔家族的财富来自羊毛贸易、金融和政府工作。身为一名训练有素的会计师，柯尔贝尔时常忧心忡忡地感叹法国既没有商业技能，又缺乏完善的法规，无法与荷兰和英国竞争。同样令他沮丧的是，法国王室的收入依赖于农业，而非工业。他写道，"古罗马、亚洲的王国、法国和西班牙"等大国，由于没有"发展商业"，结果走向了没落。他指责法国经济只关注农业，"削弱了工业"，认为法国需要一块新"招牌"，要树立起工业、创新和奢侈品大国的形象。因此，柯尔贝尔试图汲取意大利的技术优势和文化影响力、西班牙的帝国力量、荷兰与英国的商业实力，缔造一个足以傲立全球舞台的法国。[2]

　　自职业生涯之初，柯尔贝尔就认定自己的使命是通过今天所谓的发展经济学让法国实现工业化转型。在此过程中，国家必须出手扶持商业和工业，使之更具竞争力。当然，柯尔贝尔并不指望法国的商业实力能在自己的有生之年超过荷兰。他知道，荷兰和英国已经花了数十年发展公司和制造业，拥有先发优势，更不用说英国还起草了《航海法》，以保护本国贸易增长。如今轮到法国，行动必须更快，步子必须更大。而这一点，法国能做到。柯尔贝尔意识到，法国拥有英国所没有的工具：国家权力和中央集权。斯图亚特王朝曾试图推行绝对王权，但与议会发生了冲突，最终失败，导致詹姆士二世被威廉三世取代。在英国，国王和大臣无法通过法令的形式制定大规模的经济政策，但在法国可以。柯尔贝尔采用原始威权主义的方式，将法国带入了早期的工业时代，形成了一套特殊的市场建设模式。

　　柯尔贝尔的核心主张之一是，在法国有能力进入国际自由市场之前，需要先建立起稳定的国内市场环境。鉴于市场条件尚不成熟，借助国家力量势在必行。柯尔贝尔曾在1651年抱怨内乱让法国"失去了商业技能和优势"。商人没有"运输货物"的"自由"和"信心"。法国是个封建农业大国，实行中世纪式的国内税收制度，地方特权、地方法院、地方关卡、封闭的省级市场，在柯尔贝尔看来，这一切都破坏了贸易发展。他认为，没有信心和自由流通的手段，商业就无法运作。他希望打通法国的国

第七章　让-巴普蒂斯特·柯尔贝尔与国家创造的市场　　093

内市场，同时兴建基础设施，提振商业信心。[3]

经济增长面临的另一个挑战是过分活跃的法律体系和黑幕重重的债券交易市场。柯尔贝尔认为，上述问题"抑制"了商业发展，破坏了信任。此外，法国商人和行会不负责任的态度不仅拉低了行业标准，也纵容了侵权行为。柯尔贝尔试图绕过地方藩篱，设立国家工业标准，统一产品尺寸、名称和质量，尤其是布料。这些新规将由国家监管机构通过强制性制度保障实施。17世纪70年代，他还要求所有市长和行会会长"不断温习我针对工厂和制衣厂制定的规章和指示，以便有序地贯彻执行"。柯尔贝尔坚信，统一的标准可以树立信心，有了更好的基础设施的支持，便可盘活各城市和地区间的贸易。[4]

柯尔贝尔还制订了一项如今仍有争议的大型计划，以加强法国薄弱的工业基础。他推动商业的方式很像意大利商人，甚至与荷兰城市长期以来用补助金吸引外国工人的做法也有几分相似。柯尔贝尔开办了享受国家补贴的新工厂，例如哥白林挂毯厂和圣戈班玻璃厂，吸引荷兰制造商到鲁昂开展布料贸易，邀请荷兰工程师帮助修建运河。他为这些新来者准备了类似于现代免税开发区的优惠措施，由国家支付工资，提供资金，甚至给予垄断特权，以帮助他们开展生产和开发新技术。[5]

柯尔贝尔对开办羊毛加工厂和丝绸厂尤其感兴趣，希望引进新的纺织技术，振兴亚眠等城市的纺织业。他兴建了若干个港口，扶植为法国殖民企业服务的航运业。他扩大了印度、北美洲、非洲和法属西印度群岛现有公司的规模。有了这一系列举措，法国终于可以在殖民地扩张、奴隶贸易和糖料作物种植园方面与西班牙、葡萄牙、荷兰和英国一较高下，朝全球商业帝国的目标迈进。

创新并不是柯尔贝尔唯一的关注点。他借强化国力之名大肆使用间谍和冷血的内部警察，将造假者和出版小册子反对国王的人统统扔进监狱。从现代视角来看，柯尔贝尔的这种做法颇令人困惑，他似乎既是有远见的市场开创者，又是早期专制政府的倡导者。但对他而言，这两种身份并不冲突。

长久以来，关于柯尔贝尔的成就一直存在争议。尽管如此，统计数据显示，他的改革确实推动了制造业发展，为长期的经济增长奠定了基础。由于他力主升级纺织技术，在鲁昂和亚眠等传统的布料生产城市，纺织学徒的人数倍增。得益于他对亚眠羊毛丝线混合织物给予的补贴，大批专业工匠涌入该市，提升了当地的织造质量和生产能力。17世纪80年代，里尔等制造业中心出现了800多个与纺织相关的新职业。这股势头虽然温和，但不容忽视。正是在这一时期，法国人成功地发展了羊毛、丝绸和棉质斜纹布工业。柯尔贝尔主导的工业出口与佛兰德、荷兰和英国形成竞争，他引进的技术将在18世纪法国的经济扩张中发挥关键作用。鲁昂产区的棉布产量以每年3.2%的速度增长，到18世纪80年代，年产量已达80万匹。[6]

柯尔贝尔的经济计划并没能取得爆炸性的全面成功，远远不及英国的增速。不过，虽然英国在煤炭、金属、棉花和船舶生产方面处于领先地位，但法国也在羊毛、帆布、蕾丝和里昂丝绸等柯尔贝尔重点扶持的领域展现出了强劲的实力。18世纪，出于对上述领域竞争的担忧，英国甚至力排自由放任主义，制定了一系列贸易保护主义政策。据估计，英国的人均生产力比法国高20%，但在整个18世纪，两国的贸易额基本持平。对于一个在1650年就已失去商业竞争力的国家而言，这可谓成绩斐然。[7]

与如今一样，彼时的国际商业环境也是危机四伏，常常导致直接的战争。柯尔贝尔当然认为，法国需要一支强大的海军与荷兰、英国、西班牙和葡萄牙等海上强国抗衡。然而，他虽背负着军国主义者的恶名，但他的信件和政府内部文件中的所有证据都表明，他认为战争不利于经济增长。他反对路易十四同荷兰交战，除非到了万不得已的地步。相比之下，他更倾向于通过威慑手段和贸易协定解决问题，坚信用这两种方法可以成功地打破荷兰和英国的主导局面。柯尔贝尔写道，法国需要运用外交途径打击荷兰和英国，找到"安全与自由"，这将给法国带来"商业自由"。[8]

荷兰人是柯尔贝尔的心头大患。彼得·德拉考特的自由市场言论固然动听，荷兰事实上却奉行侵略性的民族主义贸易政策，且拥有强大的海军。柯尔贝尔时常抱怨"法国商业的糟糕状况"，以及400万英镑贸易逆差都是拜与荷兰的条约所赐，那些条约以牺牲竞争对手的利益为代价，为荷兰赢得了贸易自由。他觉得，荷兰对法国的入侵，尤其是对法国各种出口商品的劫掠，例如控制法国在波罗的海富庶地区的葡萄酒和烈酒贸易，侵犯了法国的自然权利。此外，荷兰还禁止有实力的法国商人和工匠进入该国市场。柯尔贝尔深知，彼时的法国尚不足以与荷兰抗衡，断绝与荷兰的贸易往来只会阻碍法国的发展。因此，他的应对之道不是设置贸易壁垒，而是精心设计贸易协定，以期实现两国间的互惠。为此，他认为政府应招募有经验的商人来参与行政管理，撰写商业条约及相关法律。[9]

柯尔贝尔建设法国工业的战略在一定程度上基于他对英国1651年《航海条例》的理解，在他（以及后来的亚当·斯密）眼里，这项条例是英国获得发展优势的关键所在。他还声称，荷兰人设立关税是为了抑制法国的贸易和制造业。1670年与荷兰的漫长谈判未能令他满意，他抱怨对方将法国商品一概拒之门外，同时试图扼杀里尔市的工业。不仅如此，他觉得荷兰人还一心要控制法属西印度群岛的贸易，迫使法属岛屿的居民购买荷兰商品。[10]

鉴于荷兰人在法国一些边境城市，甚至在法属殖民地排挤法国商人，柯尔贝尔认为，法国的保护主义关税是合理的。因此，他要设法鼓励法国人在法国境内开展自由贸易。他建议安的列斯群岛的居民武装起来，抵御荷兰人的干涉，以便"完全自由地"做生意。法属安的列斯群岛殖民地实行奴隶制，他在给当地总督让-查尔斯·德·巴斯的信中写道，"商业自由"不能由法国西印度公司独占。为了实现柯尔贝尔所谓的"普遍利益"，这种自由必须覆盖所有法国商人。柯尔贝尔的经济自由实质上是国家赋予的一种特权，仍带有中世纪色彩。在这一概念下，自由与农奴、契约仆人、罪犯或奴隶无关，仅限于贵族、法国商人和持有国王

第七章　让-巴普蒂斯特·柯尔贝尔与国家创造的市场　　097

颁发的护照的自由定居者。因此，经济自由与其说是普遍的自然权利，毋宁说是国家赋予的特权。然而，尽管有种种局限，它依旧勾画出了自由贸易的愿景。[11]

经过柯尔贝尔的多方努力，法国终于跟跟跄跄地挤入全球商业大国之列。它固然不似英国那般成功，但至少在18世纪初超过荷兰，成为英国的主要贸易伙伴和竞争对手。柯尔贝尔控制亚洲贸易的尝试大体上以失败告终，但法国仍得以在加勒比海地区固有的奴隶和制糖殖民地继续扩大生产，并在同英国和荷兰的竞争中占得优势。法国还成功地主导了地中海的黎凡特贸易。事实上，单单从英国人赞赏、效仿他的诸多做法这一点，便可看出柯尔贝尔在经济上的成就，而这也正是他希望的。他认为，别国学习法国经验的意愿乃是激活市场的关键。如果其他国家对法国及其产品有信心，就会购买法国产品，进而刺激国内经济。就此而言，柯尔贝尔在很大程度上帮助法国建立起了一些经得起时间考验的东西：时至今日仍魅力不减的奢侈品牌和优势领域。[12]

然而，市场建设不仅仅意味着经济发展和改革，也关乎信任与信心。自由市场在很大程度上基于认知和选择。人们购买某种东西，往往是出于某些奇怪的且经常自相矛盾的情感和处境，例如需要、可用性、价格、欲望、迷恋、信仰和信心。有些商业情感是理性和客观的，有些则不然。柯尔贝尔想到了一个从价值和想象两方面为法国市场注入信心的计划，他要综合利用品牌效应和监管手段，为法国塑造一个强大的商业形象。

为此，他颁布了若干商业法规和标准，对违反者予以严厉处罚。柯尔贝尔委派得力干将、警察局局长加布里埃尔-尼古拉·德·拉雷尼监管巴黎的市场和街道，包括肉铺、裁缝店、妓院、街灯和印刷厂，规范贸易行会，以确保其成员遵守法规。他重拳打击国外印染织物的非法流通，因为这些走私货充斥国内，抑制了法国本土产业。意大利人、荷兰人和英国人利用法国商业监管漏洞牟利已久。针对这一现象，柯尔贝尔建立了一套认证体系，为法国布料的质量背书，这给国外市场带来了信心。英国人试图伪造法国王室印章，德·拉雷尼便查缴了数千匹进口布料。他还力保法国在毛纺工业领域成为英国的强劲对手。[13]

在柯尔贝尔看来，除了对商业建设和海外殖民地贸易实施监管和保护，树立法国的声誉同样重要。因此，宣传（用今天的话说叫包装）就成了他建设法国商业市场计划中的关键环节。他定期选派受人尊敬的学者担任项目代言人，以提升法国作为知识、文化和技术创新中心的声誉。在1663年组建法国东印度公司之际，柯尔贝尔请法兰西学院院士、学者弗朗索瓦·沙尔庞捷（François Charpentier）撰文论述东印度贸易的历史和作用，意在刺激法国商界，同时向国外竞争者发出挑战。沙尔庞捷按照柯尔贝尔的思路指出，法国已落入"危险的惰性"，战争和动乱破坏了这个王国的繁荣。商业"与人文学科一样"，可以通过重点关注的方式"培养"出来。因此，沙尔庞捷呼吁读者驶入蓝海，探索发现新"财富"。"发明家"创造财富，他如是说。[14]

柯尔贝尔还聘请耶稣会学者、阿夫朗什主教、法兰西学院院士皮埃尔-丹尼尔·于埃（Pierre-Daniel Huet）撰写商业史著作，将路易十四统治下的法国与罗马帝国的辉煌时期相提并论。在《古代商业和航海史》（History of Commerce and of the Navigation of the Ancients，1763年）一书的序言中，于埃阐述了柯尔贝尔利用国家"优势"的途径，并以此说明商业对国家的重要性。他解释说，如果法国人打算参与商业竞争，就必须借助大航海建立起庞大的帝国。罗马之所以成功，是因为贸易和帝国这两大要素；法国可以遵循该模式，成为新的商业化的罗马。[15]

柯尔贝尔认为，"重建"信心和确定性的基础在于国家财政管理和会计的质量。他希望清除那些无能、"腐败"、不会用细致的账簿衡量负债或折旧情况的政府官员。17世纪70年代初，他在担任首相的头一个十年里成功地暂时消除了法国公共财政赤字。亚当·斯密后来赞叹，柯尔贝尔对公共账目的管理是建立市场社会的关键。[16]

柯尔贝尔在1663年的《法国财政事务备忘录》中延续了马基雅维利、博丹和博特罗的主张，指出一个国家唯有"财富得到良好管理"，才能生存。也就是说，大臣必须运用财务能力治国理政，高效地征收税款，管理收入、支出、资产和负债。这种良好的管理可以树立信心，推动贸易发展，并进而——如他时常所言——实现"商业自由"。从马基雅维利的国家愿景，到荷兰人对会计的重视，再到英国的保护主义，柯尔贝尔穷尽所有经济模型和可借鉴的方法，以期为市场注入信心。[17]

柯尔贝尔将目光投向读书人，赞助了一系列书籍的出版，希望借此向法国公民灌输商业知识和信心。他委托数学家、会计师弗朗索瓦·巴雷姆（François Barrême）编写复式记账手册和关于货币兑换的著作。会计学校开始使用巴雷姆编写的实用数学手册《巴雷姆爵士的算术》(The Arithmetic of Sir Barrême, 1672年) 作为教材。巴雷姆在这本书的序言中指出, 法国缺乏专业财会人员, 即便在国家的最高层, 懂财务的也寥寥无几: "柯尔贝尔先生一直希望能为国王的所有生意保留复式账簿, 但苦于缺少熟悉该业务的人手让会计院的老一套跟上时代步伐。"巴雷姆的复式记账手册大获成功, 后来被集结成《巴雷姆全集》(Barrême Universel), 直到19世纪仍畅销不衰。[18]

1673年, 柯尔贝尔出版了他与商人和贸易专家雅克·萨瓦里（Jacques Savary）共同撰写的《商法典》。正是凭借这部法律著作, 柯尔贝尔的肖像得与摩西、吕库古、查士丁尼、托马斯·杰斐逊等22位最伟大的立法者的画像比肩, 悬挂在美国众议院画廊里。《商法典》之简明令人惊叹, 总计12条122款, 不仅提供了法律框架和贸易实践的标准, 而且规定了应如何保存复式账目, 如何填写文书, 如何组织交易会, 以及——在柯尔贝尔看来最重要的——如何处理破产和诉讼, 甚至介绍了汇票和本票的功能及用途。[19]

萨瓦里在柯尔贝尔的项目上更进一步, 出版了一本更为详细的商业手册和参考书《完美的商人》(The Perfect Merchant, 1675年), 该书堪称文艺复兴时期商人贝内代托·科特鲁利的《贸易艺术》的现代版本。萨瓦里声称, 这本书普及了商业法律、规则和最佳实例，能"给商业带来信心"。作为一本独特的商业信息汇编，萨瓦里的书也是法国宣传策略的成功典范。彼时，柯尔贝尔正想将法国打造成世界商业标准和专业技能中心，这在20年前是难以想象的。柯尔贝尔深知，在商界，事实固然重要，吹捧亦不可少。即便在他1683年去世之后，他的法典编纂计划（以及相关的宣传）仍拥有巨大的影响力。1685年，法国政府颁布了臭名昭著的《黑人法典》。亚当·斯密日后却称赞这部残酷的法典令法国的奴隶制比英国的更温和、更有效——他竟说得煞有介事。[20]

评价柯尔贝尔，当然少不了提起留存至今的凡尔赛宫和路易十四时期的学院。历史学家认为，文化是路易十四追求"荣耀"、为自己塑造太阳王形象的手段之一。柯尔贝尔修建凡尔赛宫、创立王家科学院的确美化了路易的形象，但这只是事情的表面。柯尔贝尔希望这些机构能够真正提升法国的商业信心。如果法国拥有最好的科学家、最美的艺术和建筑、最动人的时尚商品，就能促进法国产品的国际交流。柯尔贝尔深谙形象与市场信心的内在关系。[21]

柯尔贝尔意识到，可以利用科学知识为商业服务。他在《备忘录》中提到，科学、艺术和文学领域的"巨匠"能为王国带来"声誉"，吸引外国消费者和贸易。因此，他直接致信欧洲各地的著名科学家和历史学家，如彼时身处斯德哥尔摩的荷兰人尼古拉·海因修斯（Nicolas Heinsius）和住在温莎的艾萨克·福修斯（Isaac Vossius），转达路易十四对其"成就"的欣赏以及予以大笔"奖金"的愿望,并表示,如果他们愿意将重要的作品献给太阳王,毫无疑问,陛下将继续出于共同的利益给予嘉奖。[22]

1663年,著名学者、建筑师、卢浮宫东翼的设计者克劳德·佩罗(Claude Perrault)开始与柯尔贝尔携手计划创建王家科学院。佩罗在给柯尔贝尔的信中说,该计划不仅是为了路易十四的荣耀,也是为了给法国科学界提供"发布成果"的舞台,彰显其实力,让法国"享誉世界"。该计划的第一份说明显示,包括化学、解剖学、几何学、天文学和代数在内的研究领域的相关成果具有实用价值,可以应用于法国商业和金融企业。该计划的目标是让王家科学院成为实验和公共教学中心,让科学权威为王室服务,并将其成果展示给全世界。[23]

1666年,在荷兰数学家、物理学家、天文学家和发明家克里斯蒂安·惠更斯(Christian Huygens)的帮助下,柯尔贝尔在昔日路易十三的首相、枢机主教马萨林的府邸内设立了新的王家图书馆和科学院。惠更斯在同年写道,科学院将着手测量、划定子午线和经度,这些测量结果将被运用于"测算地球的大小……[并]为绘制更精确的地图提供方法"。新绘制的官方地图不仅可以提升导航精度,而且有助于法国主张更广阔的殖民地领土。在惠更斯的一长串天文学和实用科学实验清单中,还包含日后将被视为柯尔贝尔最伟大成就之一的内容:"借助钟摆一劳永逸地确立尺寸测量的通用方式。"惠更斯概述了自己的计划,即发明一种可作为"航海钟"的实用摆钟,供出海执行殖民任务的船只计算经度。[24]

　　惠更斯说服柯尔贝尔,王家科学院最重要的任务之一将是出版自然史学书籍,用"通俗"易懂的语言向公众解释科学实验。1665年,柯尔贝尔开始赞助德尼·德·萨洛(Denis de Sallo)创办国有科学期刊《学者杂志》(*Journal des sçavans*),该期刊日后将使得法国成为可信赖的科学权威之源。按照出版方的规划,该期刊将追踪文坛或国际学术界的"新动态",专注于"有用的"东西,报道"每年发生的重大事件"。该刊物为法国赢得了国际声誉,即便后来路易十四忙于战争、政治和宗教压制,欧洲各地的学者仍将这份期刊视为科学、哲学、数学、力学以及被称为"艺术与工艺"的工程学领域的高地。[25]

　　柯尔贝尔指示王家科学院着手编撰一本大型的机械和工业图解百科全书。这一做法表明,他将实用商业知识与理论知识置于同等重要的位置,从而提升了应用学科的地位。惠更斯和佩罗等人都为此提交了创作计划。柯尔贝尔的百科全书项目在18世纪产生了空前反响,指引着艺术、科学和技术的未来发展方向,因而对于法国的经济扩张至关重要。[26]

　　这些科学出版物为法国赢得了工商业领袖的声誉,尽管有些夸大其词。柯尔贝尔的策略取得了成功。在17世纪70年代的英国人眼中,法国的商业力量已超越荷兰,而这在1661年是无法想象的。1668年,柯尔贝尔派自己的兄弟、克洛西侯爵夏尔·柯尔贝尔作为驻伦敦大使。夏尔在那里大展风采,并以每年23万英镑私人款项作为交换条件,成功说服英国国王查理二世秘密支持法国针对荷兰的商业行动。在短短几年内，让-巴普蒂斯特·柯尔贝尔就让这个国家成为一个真正的商业强国，甚至领导者——至少从表面上看是这样。[27]

著名的英国日记作者、海军部秘书塞缪尔·佩皮斯（Samuel Pepys）对克洛西侯爵柯尔贝尔印象深刻。他和其他人都知道，这位侯爵在其兄长的授意下秘密打探英国的工业和海军项目。这让人对让-巴普蒂斯特·柯尔贝尔多了几分敬畏。佩皮斯也是柯尔贝尔商业宣传手册的狂热读者。他在1669年1月30日的日记中写道，自己"开始阅读一本关于航海的法语书"。根据该书判断，法国海军及其海上贸易能力将很快超过英国，这令他不免担心。这本书正是弗朗索瓦·沙尔庞捷为宣传东印度公司成立所著，它显然起了作用，让佩皮斯觉得法国已然完成了向贸易大国的转变，成为英国最重要的竞争对手。法国的技术专长也令佩皮斯羡慕不已。他在17世纪90年代的海军纪要中指出，法国拥有最好的造船工艺、船只、港口和水手，并提到了柯尔贝尔在1671年颁布的造船规范和1673年颁布的大帆船制造规范。佩皮斯认为，这些书表明，法国海军比英国海军先进得多。他感叹道："我国海军规范中的任何可取之处，早已在法国海军中司空见惯。"柯尔贝尔的策略和宣传击中要害。[28]

至1683年去世时，让-巴普蒂斯特·柯尔贝尔已成功地为法国打开了英国市场。法国甚至对英国形成了贸易顺差。这对于英国商人而言是个危险的信号，他们觉得法国占了上风，必须设

第七章　让-巴普蒂斯特·柯尔贝尔与国家创造的市场　　105

法阻止。正是由于各国都想获得竞争优势，17世纪自由贸易协定的谈判步履维艰。[29]

然而，已经有迹象表明，柯尔贝尔试图将法国转变为商业国家的做法引起了太阳王的不悦。路易十四鄙视商贾，认为他们是庸俗的暴发户，因而取消了柯尔贝尔的不少改革措施。他不仅没有致力于促进与现有最大的贸易伙伴英国之间的自由贸易，反而诉诸战争，不顾柯尔贝尔的反对，于1672年入侵荷兰。

路易不满足于在海外发动战争，又走上了内战的暴力之路。1685年，也就是柯尔贝尔去世后两年，路易废除了为保护在法国占少数的新教徒而颁布的《南特敕令》。超过20万名法国新教徒继而遭受酷刑，被迫改变信仰，遭到镇压、监禁或驱逐。由于知道柯尔贝尔基于贸易理由反对宗教压迫，残酷的路易便命令柯尔贝尔的儿子塞涅莱侯爵负责强制改宗行动。法国的新教徒背井离乡，逃往荷兰、丹麦、英国、德意志和美洲殖民地。这对于法国的商业不啻一记重创。新教胡格诺派的商人和工匠带走了柯尔贝尔斥巨资开发的专业技术，玻璃工匠、银匠、细木工匠和各类商人凭借自身的技术受到欧洲各国君主的欢迎。事实上，该法令正是法国没有钟表制造优势的原因所在，信奉新教的钟表匠都逃到了加尔文派控制的日内瓦，使得那里时至今日仍是世界钟表贸易的中心。

与经济史学家长期以来的看法相反，事实上，柯尔贝尔的主张受限，扩大自由市场的前景黯淡，应归咎于路易十四。这个身处华丽的贵族宫廷中心的国王并不在乎普通商人的利益。他的短视也令他停止了对海军的资助,减少了对殖民地的关注。眼下,他只盯着战争。1688年,他发动了九年战争(也称"奥格斯堡同盟战争"),野心勃勃地跨过莱茵河,提出了扩张边界和领土的要求。为了抵抗路易的侵略,英国、荷兰共和国、奥地利哈布斯堡神圣罗马帝国、西班牙、葡萄牙和萨伏依等国结成联盟。再加上公开反对路易的胡格诺派的影响,信奉新教的王公贵族开始将太阳王视为持久的威胁。自由贸易的希望在漫长的战争和饥荒中消失殆尽。

1693年,法国北部农作物歉收。在战争税和食物短缺的双重压力之下,饥荒演变成伤寒大流行,由沙门氏菌引发的肌体腐烂和腹腔发热夺去大批生命。1693—1694年大饥荒造成130万人死亡,死亡率远高于正常水平。感染了伤寒的士兵不得不带病作战。国家财政陷入混乱,大规模死亡在民众中造成恐慌,整个法国在路易心血来潮挑起的战争和灾难性的后果中挣扎。路易发现自己无法成功入侵荷兰共和国或英国,便不断骚扰两国在世界各地的商人,对英国殖民地以及从西印度群岛到印度的贸易航线构成威胁。1697年,九年战争终于结束,各方均损失惨重。威廉三世宣布英国与法国处于长期敌对状态,英国商人也将这个邻国视为军事和商业上的威胁。

这与柯尔贝尔的意图背道而驰。柯尔贝尔以协议与平等贸易的共同利益为基础构筑的平衡的自由贸易梦想已被法国的暴力战争和大规模死亡取代。为了与过往决裂,后来倡导自由市场的法国改革者将路易十四不明智的破坏之举归咎于柯尔贝尔,把这位早已作古的首相当成了靶子。柯尔贝尔的主张和他在经济史上的地位被扭曲，被路易后期的失败统治遮蔽了光泽。然而，与自由市场思想发展趋势对立的并非柯尔贝尔的经济政策，而是路易十四的好战、专横和愚蠢给这位重臣蒙上的扭曲阴影。

第八章

太阳王的噩梦与自由市场的憧憬

> 我们的美德往往是伪装的恶习。
>
> ——拉罗什富科公爵,《箴言集》(*Maxims*),1665 年

九年战争结束时,法国同其他经历了 20 多年几乎连续不断的冲突的欧洲国家一样,已疲惫不堪。路易十四震慑了西属尼德兰,并利用自己的影响力追捕和迫害逃亡至邻国的法国新教徒难民。残暴成性的法国战争部长卢瓦侯爵在欧洲大陆乃至全球推行暴力统治。为维持战争开支而征收的额外税款让法国人陷入无边的苦难,大多数民众长期处于饥饿状态。

一边是似乎永无休止的暴力和苦难循环,一边是法国工业的崛起,不少哲学家被迫回望过往,寻找他们认为更自由、更和平、更繁荣的模式。受西塞罗及古老的贵族农耕价值观启发,一些法国思想家开始抛弃财富只可能来自城市、创新和制造业的观点,试图在农业文明和斯多葛派道德观的基础上推动经济增长,发展出一套新的自由市场模式。

第八章　太阳王的噩梦与自由市场的憧憬

事后看来，这场改革运动竟是由柯尔贝尔的后继者领导的，这似乎颇为吊诡。在17世纪之交，柯尔贝尔的子侄组成了宫廷内最强势的团体，意在为即将到来的改革时代量身定制一套柯尔贝尔主义路线。他们认为，路易十四破坏了柯尔贝尔最根本的方针，忽视了有效的政府管理，放弃了对自由市场及和平的追求。故此，柯尔贝尔家族的后人设计了一系列政策，出版了众多书籍。这些政策和书籍日后点燃了18世纪自由市场运动的火花。

17世纪下半叶，越来越多的思想家开始对人性和人类社会产生异常悲观的看法。这或许不足为奇。战争和压迫令一些哲学家得出愤世嫉俗的结论，认为自利支配着人类的一切，这个充满了苦难与泪水的尘世不可能存在真正的美德和无私行为。自西塞罗首次提出罗马大地主贵族之间的爱、责任和友谊是市场交换的催化剂与保障以来，哲学家从未停止关于情感与经济关系的论辩。

基督教思想家曾把对天国救赎的渴望引入市场组合，坚称个体的自由意志和用尘世财富换取天国财富的愿望是维系神圣机制运转的力量。现在，哲学家要寻找一种更实用的经济和政治制度，以驾驭人们并不高贵的激情，令其为大众的福祉谋利。与其为宗教信仰或贵族的军事荣誉而战，不如将人类的欲望化作市场交换的动力，通过商业协议实现理性自利。[1]

英国政治理论家托马斯·霍布斯在1651年出版的著作《利维坦》中已经提出了利己乃政治和经济生活之基的观点。他承袭奥古斯丁和马基雅维利的看法，认为恶乃人之本质，每个人都是"他人的敌人"，人们对"利益"、"名誉"和"自我保护"的固有渴望挑起了永无宁日的纷争。自然法赋予人类不惜一切代价保护自己的生命和财产的权利。要想摆脱这种因争夺财富而起的无尽纷争，唯一途径是人们在政治上达成共同的"契约"，和平地进行商业交换。与绝对论者让·博丹一样，霍布斯也认为，个人必须将个人自由交给绝对君主，后者将审慎地"维护共同利益"。[2]

法国贵族拉罗什富科公爵是17世纪最负盛名的自利主义哲学家之一。他的作品宣扬了个人机会主义驱动商业社会和市场的观念，成为自由市场思想中绕不开的一环。拉罗什富科公爵对西塞罗关于爱与友谊驱动交换的说法持怀疑态度，赞同奥古斯丁和霍布斯的观点，认为人类行为的出发点不是仁慈，而是对自身的关切。因此，他试图弄清欲望以及他所谓的"自爱"是如何影响人类的一切行为的。他相信，在更理想的条件下，人们可以借助斯多葛派的戒律找到美德。但若被独断专权、道德败坏的君主统治，道德自由就无法实现。拉罗什富科公爵尤其反对路易十四的王室专制主义对古老的贵族农耕美德的破坏，把凡尔赛宫比作新贵谋取荣誉和特权的"证券交易所"。他抱怨说，在路易的世界里，所有行为和友谊"完全以自利为出发点"。[3]

尽管如此，拉罗什富科公爵仍抱有希望。他相信，这些自私的情感如果得到恰当的引导，就可以为公共利益服务。他写道："因我们的错误行为而受到指责的自利思想，往往也可以因我们

第八章　太阳王的噩梦与自由市场的憧憬　　　111

的良好行为而得到赞扬。"他的这番话道出了现代市场思想的一个基本信条。自利"令贸易得以开展，我们之所以付钱，不是因为觉得应该结账，而是为了让人们更愿意向我们提供贷款"。通过这种方式，贪婪和欲望创造出一股强大的交换力量，促使人类变得诚实，哪怕只是为了保护自身利益。[4]

路易十四强硬的天主教立场遭到了以天主教詹森派信徒为首的众多教派的批评。与拉罗什富科公爵一样，这些人也在寻找一种能驾驭自利主义并将其引入正途的制度。受17世纪初佛兰德的伊普尔主教科尼利厄斯·詹森（Cornelius Jansen）启发，法国詹森派信徒不仅寻求精神世界的完满，还试图寻找一种可以减轻原罪、改善世俗生活的制度。詹森派信徒信奉圣奥古斯丁的理念，相信上帝创造了一个完美的世界，可这个世界却被人类的罪恶破坏。他们对路易的贪婪和自恋忍无可忍，认为自我维系的商业市场提供了将人类的罪恶和欲望转化成美德的最佳可能性。他们深信，奇迹的年代已经逝去，"上帝隐而不显"。上帝不会降临拯救人类，只会任由人类赤裸裸地被自身的罪恶本能吞噬，唯有少数被选中的人方能通过神的恩典获得救赎。受詹森派思想的影响，一些法国思想家，例如著名法国剧作家让·拉辛彻底脱俗遁世，独自在斗室里追求奥古斯丁式的虔敬与自我克制。不过，这种绝对的纯粹主义并没有多少号召力。对于大多数人而言，若完全放弃作恶和自利，则根本不可能在社会中生存。事实上，在路易十四统治下的法国，不进入政府内就无法发挥作用。因此，一些人希望至少能找到某种途径来规范这个由人类贪婪与私利主导的世界。[5]

罗马法专家、著名的詹森派信徒让·多玛（Jean Domat）以古老的佛罗伦萨理念——商业是令国家富强的社会之善——为基础，炮制了一个基督教版本。他剖析了市场纾解甚至消除罪恶的机制，为自由市场思想设计出符合基督教教义的概念框架，并产生了深远影响。他撰写的罗马法概论《自然秩序中的民法》（*The Civil Law in Its Natural Order*，1689—1694年）享誉全球，清晰地阐述了市场依照人类欲望和情感自由运转的机理。多玛承袭了西塞罗的理念，认为自然界的永恒规律可以被人类认知，且这种规律一旦自由运作，就会触发能够约束个体逐利倾向的动态市场体系。

在多玛看来，劳动是上帝对失去伊甸园"纯真状态"的人类"施加"的一种惩罚。人类必须通过劳动创造"物品"和"商业"财富，以便善用上帝的惩罚。按照多玛的理论，上帝将"公共物品"置于凡间，"人类"可以将其"转化"为"农业、商业、艺术、科学"和其他各种"生活所需"。这些"东西"就变成了社会"契约"或合同的基础。人们通过交易履行自己的"义务"，不仅不会造成公共"混乱"，反而可以通过该行为将能量从诸如"不诚实、两面派、欺瞒、诈骗和其他各种有害、错误的"负面"契约"中引导出来。市场就像一股水流，可以在一个通过商业交换抵消罪恶的系统中将人推向美德。经由这种方式，上帝的劳动惩罚将转化成为国家的公共利益创造财富、支付"税金"的公民优势。多玛的这个体系将古老的基督教神圣救赎市场有效地转变成一个完全世俗的幸福与公民美德市场。他断言，法律的目的

第八章　太阳王的噩梦与自由市场的憧憬　　　　　　　　　　113

在于允许个体通过贸易获得满足与救赎，从而从宗教层面为商业社会提供了正当理由。⁶

如果说拉罗什富科公爵和多玛等哲学家寻找的是将个体恶习转化为公共美德的公式，那么，一些直接参与路易十四政务的人则在寻找或可治愈国家顽症的秘方。来自鲁昂的詹森派税务员、自由市场和经济均衡理论的先驱皮埃尔·勒皮森·布阿吉尔贝尔甚至直接向路易的财政大臣提出了自由市场的解决方案，其中就有柯尔贝尔的外甥和事业继承者尼古拉·德斯马雷茨（Nicolas Desmaretz）。

布阿吉尔贝尔在柯尔贝尔打造的最成功的商业区之一、繁荣的羊毛加工重镇鲁昂担任警察局局长。他利用在自家的贵族领地和行政辖区内收税的经验，以可实际应用于国家政策为目标，开创性地提出了关于自我维系市场的现代概念。他认为法国的经济困境是错误判断的结果，因此开始围绕经济的自我驱动这一主题撰文著述。他在 1695 年出版的《法国详情》(Detail of France) 是第一本纯粹阐述自我维系市场机制的综合性经济思想论著。他在书中指出，法国虽有货币流通，但并没有从中创造财富，因为它要么只为富人的利益服务，要么被税收吞噬。对农民征收的不公平的惩罚性税收令消费停滞，破坏了农业生产，降低了货币的价值和流通程度，阻碍了财富创造和市场本身。⁷

布阿吉尔贝尔的很多看法不无道理，尤其是他认为市场需要有消费群体做基础。但他认为，财富归根到底是建立在农业之上的。这名带着传统眼光的贵族没能看到足以对英国商人构成威胁的鲁昂羊毛产业的经济实力。相反，他与西塞罗一样，认为一切财富源于农业，认为货币的价值来自农业生产。与此同时，他反对封建经济的不公平。他认为，要想让市场发挥作用，必须让农业劳动力得到更多报酬。的确，法国庞大的农业经济当时已衰败不堪，占法国人口绝大多数的农民在路易的横征暴敛下饱尝饥饿与痛苦。

布阿吉尔贝尔建议对贫穷的农业劳动者取消税收，从而令货币能"像血液一样"重新进入流通领域，在整个经济体中自由流动。作为以税收改革促进经济增长的先驱，布阿吉尔贝尔认为，对穷人的不公平税收给自然市场体系造成了"人为干扰"。他主张取消不向贵族征税的政策，提出按照财富多寡征收人头税。换句话说，他想对不劳动的富人——贵族和富有的神职人员——按照其各自的收入征税，同时降低农业劳动力的税收。若贵族纳税，穷人免税，定能引发消费和增长的良性循环，改善民众生活水平，提高农民的劳动条件和生产能力。[8]

布阿吉尔贝尔将市场视作一种只需适当平衡便可自己产生财富的体系，这与让·多玛早期的经济均衡理论相呼应。他指出，减轻税收的最佳途径是停止战争。布阿吉尔贝尔是第一个明确地将和平主义与自由市场思想相关联的人，他认为战争造成了饥荒，破坏了农业生产，加重了税收，损害了贸易和健康的市场机制。如果国家能够保持和平，停止对农业征税，自然市场体系就有望自行运转。就某种意义而言，布阿吉尔贝尔颇具先锋色彩的理想主义自由市场计划如同西塞罗主张的反转版本：他寻求解放农业生产，以便为穷人创造财富，进而造福所有人。[9]

布阿吉尔贝尔绝不止步于空谈。身为高级税务员，他可与财政部以及柯尔贝尔的外甥尼古拉·德斯马雷茨直接沟通。这位系统化自由市场经济理论的先驱与柯尔贝尔在财政部的继任者之间的会面表明，柯尔贝尔的继任者对新观点持开放态度，而非如经济史上的某些谬传所言。

德斯马雷茨曾以财务官员的身份在柯尔贝尔身边工作，接受教导，并将舅舅的方法铭记于心。柯尔贝尔显然对外甥的表现相当满意，选择他作为自己的接班人。1703 年，德斯马雷茨成为财政大臣，1708—1715 年又担任总审计长。他的使命是在执行路易十四命令的同时维护舅舅创建的工业和政府监管体系。他不偏向任何特定的经济意识形态，却出人意料地接受了布阿吉尔贝尔的自由放任主义思想。布阿吉尔贝尔最初将自己撰写的阐述自由市场思想的作品寄给柯尔贝尔家族一名大权在握的好友，即 1699—1708 年担任总审计长、1701—1709 年担任战争部部长的米歇尔·沙米亚尔（Michel Chamillart）。沙米亚尔也是鲁昂的总督，或许正因如此，他回复了布阿吉尔贝尔，就如何"将理论变为现实"提出了自己的想法。沙米亚尔后来与德斯马雷茨分享了自己同布阿吉尔贝尔的书信。这些信件的空白处潦潦草草地写满了实践布阿吉尔贝尔理论的各种可能方式。由此可见，这两名大臣尽管最初持怀疑态度，但终究认同了这名鲁昂税务员的自由放任主义思想。[10]

从德斯马雷茨的回应中，我们可以清楚地看出，后来人将柯尔贝尔主义视为自由市场思想对立面的陈词滥调是不准确的。柯尔贝尔和德斯马雷茨并非现代经济史学家口中的所谓重商主义者。柯尔贝尔家族改革项目的特点在于对自利主义的谨慎调配、对市场建设的信念，并将商业管理技能（例如会计和海事管理）和法律、外交专业知识引入政府工作。

1704年，布阿吉尔贝尔开始给德斯马雷茨寄送《法国详情》摘要，希望这位大臣能够听取自己关于放开粮食贸易和改革税制的想法。布阿吉尔贝尔试图说明，倘能如此，自然的天意安排将会使法国经济运转。耐人寻味的是，他称德斯马雷茨为经济"发条装置的最高调教者"。可见，如果说布阿吉尔贝尔相信具有自我维系能力的市场体系就像时钟一样工作，那么他同样相信，需要有大权在握的政府官员来设置时钟。德斯马雷茨执掌国家财政，有权释放国家财富，以创造更多的财富，然后更公平、更有效地征税，让市场自行运转。此外，这名自由放任主义的早期倡导者还在信中为自己的儿子谋求一官半职。[11]

德斯马雷茨对助手坦言，布阿吉尔贝尔的信中有一些有趣的想法，不过他也在信件的空白处抱怨说，鉴于国家目前的财政状况，这些提议不切实际。然而，到了1705年，绝望的德斯马雷茨开始重新审视布阿吉尔贝尔的税收建议，并承诺给予郑重"考虑"。德斯马雷茨显然左右为难，最终，他采纳了布阿吉尔贝尔的部分建议，却背离了建议的初衷。法国深陷灾难性的战时财政困境，德斯马雷茨只能推行一项短期普税制度，即什一税。唯一的问题是，他将这项税收加在了已有的税收之上，这意味着虽然

第八章 太阳王的噩梦与自由市场的憧憬

富人要交税，但穷人比以前交得更多。德斯马雷茨对布阿吉尔贝尔解释说，路易的战争吸干了他能筹到的每一分钱，留不下一点儿余地给理想主义。柯尔贝尔的外甥固然想尝试放任自由放任的改革，但他们必须耐心等待良机。[12]

上述自由市场哲学渗入柯尔贝尔接班人执政方式的例子并非个案。事实上，在17世纪末，柯尔贝尔家族已接过了自由市场思想的先锋大旗。德斯马雷茨也不是该家族中唯一与他人携手推动自由市场改革的人。柯尔贝尔的女婿同康布雷大主教弗朗索瓦·费纳隆过从甚密，后者是狂热的自由放任主义理论家，也是当时最有影响力的作家之一。

费纳隆在1689—1697年担任路易十四的顺位继承人、年轻的勃艮第公爵的家庭教师，与王室成员朝夕相处，时常得以接触到国王及其家人和臣子。除了具有演说布道的天赋，费纳隆也称得上是17世纪宣扬自由放任思想的作家中名望最高的一位。他是路易十四的首席神学家雅克-贝尼涅·波舒哀的门生。波舒哀常在凡尔赛宫的王室小教堂里布道，提倡宗教专制主义政治理论，奉行偏狭的宗教政策。1685年《南特赦令》被废除后，路易派遣波舒哀和费纳隆前往法国西南大西洋海岸的拉罗谢尔一带传教，让新教徒改宗。正是在执行此次任务的过程中，费纳隆对使用暴力的军事手段强迫人们改宗的做法以及路易的政治和经济政策大失所望。

费纳隆在宫廷中人缘甚好，与柯尔贝尔的女婿、第二代圣艾尼昂公爵保罗·德·博维利埃（Paul de Beauvilliers）关系密切，并由此结识了德斯马雷茨。博维利埃的另一名好友吕伊纳公爵夏尔-霍诺雷·阿尔贝（Charles-Honoré d'Albert）则在宫廷中新近得势，此人也是柯尔贝尔的女婿，按其家族的另一个头衔通常被称为谢弗勒斯公爵。柯尔贝尔的两个女婿博维利埃和谢弗勒斯公爵在宫中位高权重，德斯马雷茨执掌财政部，再加上1696年被任命为外交部长的柯尔贝尔的侄子托尔西侯爵让-巴普蒂斯特·柯尔贝尔，柯尔贝尔家族在路易十四的宫廷和政府高层中组成了一个无可撼动的小团体。从他们的往来书信中可以看出，这个家族团结一致，一方面支持费纳隆的主张，一方面也在巩固着自身的利益。在博维利埃和德斯马雷茨的带领下，这个手握大权的小团体共商国策，试图恢复柯尔贝尔的良善政府（好政府）管理，建立更自由的市场。[13]

博维利埃还负责王室子孙的教育，这使得他在王室中拥有不可小觑的影响力。路易十四意识到这些人主张一致，便召集柯尔贝尔集团的主要成员托尔西侯爵、博维利埃和德斯马雷茨举行正式会议，让他们任命费纳隆为路易7岁的孙子、未来的王位继承人、勃艮第公爵的家庭教师。博维利埃和费纳隆觉得有望借助这名小王子通达改革之路，并实现自身的野心，于是打算基于柯尔贝尔的政治主张为年轻的公爵制订学习计划。1697年，博维利埃和费纳隆开始着手实施这一计划，委托编纂了一套统计学巨著《肖尔纳统计表》（The Tables of Chaulnes），以期向王储说明如何通过一系列政府改革释放经济，进而增加法国的人口，扩大贸易。该书通过柯尔贝尔的旧统计学方法来计算、测量、绘制王国所有财富和司法管辖区的地图，重点关注市场建设。它也可被视作一项改善税收制度的计划，要求将每一种形式的应税财富都记录在案。[14]

1699 年，柯尔贝尔家族因勃艮第公爵的教育之故大力支持费纳隆撰写小说《忒勒玛科斯历险记》（*The Adventures of Telemachus*）。它就农业自由市场思想给出了当时最清晰的表述，获得了极大反响，成为 18 世纪的畅销书，启发了莫扎特和亚当·斯密等众多名人。这本小说用奥德修斯之子忒勒玛科斯的冒险和教育故事填补了荷马史诗《奥德赛》中缺失的部分。在整个故事中，忒勒玛科斯自始至终有一位睿智的导师门特陪伴。据费纳隆所言，这位导师就是乔装下凡的智慧女神密涅瓦（古希腊神话中称"雅典娜"）。[15]

这部作品与其说是对路易十四的赞美，毋宁说是对其统治和凡尔赛宫廷的控诉，以及对自由贸易的呼唤。它描述了忒勒玛科斯学习成为明君的道路，其模式与路易截然相反。费纳隆心目中的理想君主反对战争、谄媚、奢华、跟风弄潮和不实用的宏大建筑。他坚持正义，对臣民仁慈而慷慨。他赞同西塞罗的观点，相信友谊与忠诚里包含"美德"和善意的交换。国王本人应秉持基督教斯多葛式的价值观，"热爱正义……忠诚、节制和无私"，应敦促民众投身"严肃的"农业生产。[16]

在费纳隆看来，有德之君重视"所有公民的自由"。他警告说，最"专横"的统治者恰恰最羸弱，那些靠威吓实施统治的人就像"人类的瘟疫",他们"高高在上",被"恭维谄媚"包围,"无法亲眼看见真相"。此外,避免战争是明君不可推卸的责任。[17]

《忒勒玛科斯历险记》融合了费纳隆的西塞罗式王室美德观和一些粗浅的柯尔贝尔主义经济主张。与柯尔贝尔一样,费纳隆也谈到需要以"航海"、储备充足的"军火库"和"海洋帝国"为后盾发展良性贸易。在谈及柯尔贝尔的商业法规时,他指出,必须有完善的"规则"来限制"破产",并对商业账簿进行审计。他说,"惩戒"可以让商人不敢铤而走险,用不诚实的投机行为窃取他人的财富。但费纳隆反对基于奢侈品消费的工业经济。在目睹宫廷里的种种愚蠢行为后,他强烈呼吁国王禁止"奢靡淫乱""音乐""酒会",停止修建宫殿。人,不分贵贱,都应亲近土地,勤奋劳作,坚韧不移。他不希望法国人把钱花在"外国制造"的"东西"上,例如"昂贵的刺绣、金银餐具""美酒与香水"。费纳隆警告说,"奢侈之风会毒害整个国家",造成贫富悬殊,让"恶习"被"当作美德颂扬"。[18]

费纳隆设想了一种在"简单且明确的"法规框架之下的自由放任经济模式。在他看来,最重要的是个人必须能够自由地从事他们选择的贸易活动。这种自由将吸引外国人,把更多财富带到法国。接受过专业培训的国家行政管理人员可以维护自由贸易,帮助成立"公司",以开展对于缺乏必要知识的商人而言过于复杂的项目。明君的责任在于确保所有人的自由和财富的自然创造。[19]

第八章　太阳王的噩梦与自由市场的憧憬

费纳隆引用了或许出自古罗马农业贵族、保守派作家老加图的主张，劝告统治者千万不要忽视自己的土地，也不要横征暴敛。土地所有者须能自由地将所有资金用于提高作物产量，须能确保其庞大家族的成员健康地耕作，在公立学校就读，参加"体育锻炼"。制造业和贸易带来的不健康的"人造财富"应受唾弃。简而言之，费纳隆强调农业是富国的基础，"精心耕作的田地才是真正的财富"。[20]

可想而知，路易十四既没有听进费纳隆的劝告，也没有理会柯尔贝尔家族的任何人。费纳隆的自由市场改革建议胎死腹中。路易后期的统治甚至可以被视作对柯尔贝尔及其事业接班人真正抱负的当头重击。路易因费纳隆的批评而勃然大怒，于1699年将他逐出宫廷，并发动了西班牙王位继承战争（1701—1714年）。费纳隆警告过的噩梦降临了。路易的战争令法国同时与英国、荷兰共和国、奥地利大公国，随后与西班牙和萨伏依为敌。据军事史学家估计，有70万~120万人死于这场战争，而此前1693—1694年的大饥荒已经夺去了约120万法国人的生命。在1709年由太阳黑子活动引发的大寒潮期间，法国又有约60万人死亡。人口锐减数百万的法国陷入贫困、饥饿和绝望。

1712年，接受过良好教育的勃艮第公爵因陪伴患麻疹的妻子而被感染。公爵三个儿子中的两个亦被公爵传染了这种疾病，父子三人均殒命。奶妈将公爵的小儿子隔离起来，这个幸存者就是后来的路易十五。1715年，路易十四死于腿部坏疽，年仅五岁的曾孙继位。路易十四的健康状况如同其政权的隐喻：他的王朝已经从内部腐烂了，留下一个千疮百孔、饥荒破产的法国。他出殡那天，街上空空荡荡，没有人为他哀悼，甚至有人私下庆祝。

路易十四践踏了柯尔贝尔的遗产，随之破灭的还有商业自由和经济增长的希望。所幸，纵然失败，柯尔贝尔最重要的改革措施仍有些许留存。尽管法国还是个农业社会，由贵族和绝对君主统治，但法国的工业生产得以持续，并在世界商业舞台上与英国竞争。法国不仅依旧是全球两大科技强国之一，而且成为欧洲启蒙运动的摇篮，这场科学与思想界的波澜壮阔的运动日后将成为现代自由市场思想哲学的中枢。法国经济思想家将借助哲学家孟德斯鸠男爵夏尔-路易·德·塞孔达所说的"温和"商业，以互惠互利的贸易取代自利的敌对本能，进而寻求一条通往和平与繁荣的长久之路。换言之，自由贸易将成为嫉妒、战争和贫困的解毒剂。就此而言，法国将对英国的经济哲学产生深远影响，因为在这两个国家里始终存在着同一种信念：如果人类能通过解放农业市场的方式适当地利用自然，那么市场就能平静地创造奇迹，产生无尽的财富。[21]

第九章

行星运动与英国自由贸易的新世界

> 贸易本质上是自由的,它能找到自己的渠道,为自身的路线提供最佳指导。一切给它定规矩、指方向、设限制、做约束的法律,或许可满足私人的某些特殊旨趣,却鲜能促进公众利益。
>
> ——查尔斯·戴夫南特,
> 《论东印度贸易》(*An Essay on the East India Trade*),1696年

16世纪初,波兰数学家、天文学家尼古拉·哥白尼为理解宇宙运行提出了日心说模型,认为行星按照既定的运动规律围绕太阳旋转。20世纪的哲学家路德维希·维特根斯坦称哥白尼的发现是关于自然界运作方式的"新观点"。倘若行星是按照看似智能设计的既定模式做圆周运动的,那么社会和经济运行也一定如此。在一个将自然视为神圣秘境的世界里,这是一种令人振奋的想法。17世纪的哲学家孜孜不倦地研究永动系统,希望找到某种力量,将类似于行星运动的平衡带入人类事务中,从而建立

起俗世间的和平与繁荣。他们看到，在星空中，在自然的季节交替里，在人体内，在人类法律和经济市场中，永恒的运动无处不在。[1]

17世纪上半叶，佛罗伦萨的绅士天文学家伽利略·伽利雷延续哥白尼的研究，坚信可借助严格而客观的数学定律将基础物理学应用于行星系统。伽利略试图通过惯性定律理解行星运动，认为是惯性使行星保持原有的运动方向，从而始终围绕太阳旋转。伽利略的发现在17世纪上半叶产生了巨大反响，但他并非唯一投身动力学研究的科学巨擘。1628年，英国医生威廉·哈维发表了《动物心血运动的解剖研究》(Anatomical Account of the Motion of the Heart and Blood)，指出心脏以永动循环的方式将血液输送到全身；人体如同星系，是一个运动、流转的有机体。伽利略和哈维的研究启发了法国哲学家勒内·笛卡儿，后者在《论世界》(The World，1633年)中阐释了事物遵循自身的自然规律、在相互作用下运动的机制。他认为，运动的动力并非来自上帝，而是来自小物体或微粒间的机械相互作用。[2]

在英国自然哲学家、数学家、天文学家艾萨克·牛顿看来，自然界遵循物理学的永动法则，其运转方式是可预测的。这使得他对上帝的神圣行为有了新的认知：上帝并非自然运动的直接参与者，而是监督者。例如，上帝并未创造闪电和风暴作为惩罚手段，彗星也不预示着什么；相反，这些都是伟大的自然机械体之中永恒运动的一部分。牛顿坚信，自然现象遵循恒常不变的物理

第九章 行星运动与英国自由贸易的新世界

定律，而这些定律可以通过数学为人类所认识。他甚至主张行星的规律也是社会和市场的规律。如果人们能够理解其驱动机制，就可以让它们按预期运转。[3]

牛顿认为，一旦人类理解了自然的过程，就可破译获取无尽金银的秘密。他根据古老而神秘的炼金术传统推断，大地通过"植物之灵"的力量获得生机，它本身就是一个会呼吸、需要"重新焕发活力"来维持生命的"巨型动物"。他深信地球内部有一股神秘的能量，来自含硫和汞的"哲人之石"。这种想法并非无稽之谈。针对无神论者提出的宇宙混沌，因而并无神圣安排的观点，牛顿撰写代表作《自然哲学的数学原理》(*Principia mathematica*，1687年）予以驳斥，阐述了行星引力运动和日心说的数学原理，指出整个宇宙系统本质上是一个基于清晰模式构造的机械系统，说明上帝干预了创造过程。[4]

与牛顿同时期的德国新教哲学家戈特弗里德·威廉·冯·莱布尼茨也在探寻宇宙的驱动力。这位微积分和现代物理学的开山鼻祖认为，上帝创造的人类生活和自然界如同一只具有无限运动可能性的复杂钟表。在德语中，"钟摆"一词也有"不安"或"不宁"的意思。在莱布尼茨看来，正是这种不安宁引发了运动。宇宙是一切事物的无限总和，在"一个预先建立的和谐系统"中循环。他形象地说，想理解这种永不停息的运动，其难度不啻走入"环环相扣的迷宫"。[5]

17世纪的哲学家猜测，自由的人类道德选择创造了社会和经济运动，一如万有引力推动着行星，个体行为可以驱动世俗机制的想法进而成为自由市场思想的基础。英国哲学家威廉·配第在其关于经济和社会统计的著作《政治算术》（*Political Arithmetick*，1672年）中概述了个体如何影响整体经济的新概念。配第的一个主要观点是，财富可以用人类劳动效率和自然资源价值来衡量。他认为，某些劳动为社会创造了更多财富，并通过估算英国各阶层人口的经济生产率，计算出一份国民净资产的基本资产负债表。[6]

配第称，那些担心英法贸易逆差的人从根本上误解了国家财富。英国的经济不应从总产出或我们如今泛称的国内生产总值（GDP）来理解，而应看英国的人均生产净值，因为尽管英国的总产值低于法国，但人均生产率更高。为了证明自己的理论，他比较了两国的贸易数字、各行业人均产值和税收收入。法国在商业上仍然对英国构成威胁，且直到七年战争（1756—1763）为止，其经济总量，尤其是在制造业方面仍胜过英国。但配第正确地认识到，按照现有的发展趋势，英国的经济总量早晚超过法国。[7]

配第指出，法国的经济疲软要归因于天主教对个人劳动生产率的阻碍。他引用古老的反天主教的论点，批评教会凭借其强势的经济角色和大量教士、修士和修女吸收了资产，却没有创造商业财富，大大拉低了人均生产率和法国的整体经济。在配第看来，法国的宗教自由要靠新教实现，如此可减少低效的神职人员的数量，从而提高生产率。取消对贷款的限制、降低活跃行业的

第九章　行星运动与英国自由贸易的新世界

税收也将起到刺激工业的作用。[8]

配第相信市场效率的力量，赞成自由放任主义政策，但同时也认为，如果社会和经济的发条装置不能自行运转，人们就必须采取相应的措施，且在大多数情况下要由国家出手。人类已然从伊甸园堕落，无法达到完美状态，因此能否进入上帝的自然体系取决于人的行为。配第举例说，爱尔兰人倘若没有足够的生产力，就丧失了主张所有权的权利，英国就从道义上有权征服他们，获取他们的土地。他声称，将爱尔兰天主教徒的财产分配给更高效的英国圣公会教徒可以让爱尔兰更富裕。他参加了奥利弗·克伦威尔对爱尔兰的征服，与英国军队一起掠夺爱尔兰的土地，残酷地把当地人民推入贫困的深渊。他将爱尔兰当作17世纪殖民征服的实验室，将土地分给英国的军事移民，并对没收的土地及其潜在生产力展开经济调查，声称这些经济数据是治国理政不可或缺的资料。然而，这些统计工具最大的用处或许是为他自己强占土地的行为辩护。配第不是通过自由贸易，而是通过掠夺发家致富的。这个服装商的儿子最终霸占了5万英亩（约202平方千米）土地，摇身变为富有的地主士绅，还成了牛津大学布雷齐诺斯学院的杰出校友和副院长。[9]

政治理论家约翰·洛克认为，人类社会按照理性原则自我组织，该观点体现了牛顿的机械运动理论和配第关于个体可以通过自由选择创造经济效率的想法。洛克坚决反对专制政体，成为当时最有影响力的宪政理论家和个人权利理论家。正是对斯图亚特王朝和波旁王朝的绝对君主制及其对个体权利的践踏的痛恨，促使洛克写下了《政府论》(Two Treatises on Government, 1689年)。他从西塞罗的作品和基督教主张中汲取灵感,指出私有财产是政治自由和市场运转的关键所在。亚当从万物共享的伊甸园堕落,对私有财产和人类劳动的需要由此而生。[10]

在洛克看来,私有财产让土地所有者得以根据个人选择实现经济生产最大化。他们可以自由地选择购买什么,与谁做生意,从而创造了市场条件。与此同时,洛克认为自由意味着一个人可以做自己想做的事,但不得伤害他人或侵犯他人的财产。换言之,个体必须顾及公共利益。"自然律"约束着人类,既赋予人们通过民选政府、契约和法律来规范货币和交易行为,保护个人财产的权利,又要求人们担负起维护良善、有效管理的责任。财产所有者有责任为公共利益进行生产和交易。[11]

洛克的法治理念保护了政治、宗教和经济自由,同时也为国家监管留下了相当大的空间。事实上,洛克不是没有看到社会进行自我调节的可能性,但相信原罪论的他认为,当人们无可避免地落入失败境地之时,政府必须有所作为。正是人类的堕落才使政府有存在的必要,因为伊甸园的共同生活已然不复。洛克指出,政府是一种契约,法律由"多数人的决定"产生,"契约和协议明确了劳动和生产创造的财富"。因此,签订契约可刺激财产所有权的动态发展。洛克并不排斥国家对经济或私有财产的干预,只要这种干预行为是按照宪法规定的程序经由议会做出的。在他看来,这是自然律在政治层面的体现。[12]

但洛克并不认为所有人都可以享有自由。那些尚未发展出私有财产、农业和贸易的社会没有自由可言，唯有生活在有私有财产和契约受法律保护的基督教社会的人，才能充分享受自由。他指出，没有所有权和契约概念的社会必须通过强制力完成转变，通过殖民化来扩大和激活市场。尽管美洲的奴隶和原住民生而拥有自然意义上的自由，且"印第安人"比欧洲人更"优雅得体"，但他依旧认为，这些人必须学会订立契约，建立基于所有权的社会，以便获得真正的自由。原住民固然拥有"大自然提供给所有人的"丰饶土地和自然资源，但他们没能为更大的利益开发财富，发展农业和商业，因而浪费了自然财富。有鉴于此，北美洲原住民需要一个殖民政府来纠正这种道德和经济上的失败，迫使他们参与市场活动。为此，基督教殖民国家需要有力的强制手段，一方面安抚殖民地居民，一方面保护私有财产，并确保其得到原住民和欧洲人的有效利用。不过，洛克没有充分解释被夺去了土地的原住民如何能够凭借自身的权利成为财产所有者。[13]

洛克的哲学是17世纪末矛盾重重的英国经济思想流派的一部分。该流派认为，对内施行宪法法治、对外扩张殖民地是创造财富的关键。英国保守派经济学家、哲学家、税务官和议会议员查尔斯·戴夫南特是这种自由贸易手段的积极鼓吹者，他以无出其右的雄辩和坦率为英国人的个人自由和帝国的坚船利炮辩护。戴夫南特坚守着旧观念，认为自由贸易固然有赖于贸易"环节"和"链条"，且是最有利、最自然的经济方式，但国家仍需"适

时地看顾整体"贸易。¹⁴

戴夫南特担心与法国交战会让国家陷入债务的泥潭，进而滋生腐败，导致由职业债权人阶层把持的寡头政治。为了摆脱根深蒂固的寄生金融阶层，他提出了通过殖民地贸易偿还国债的解决方案。戴夫南特秉承业已过时的马基雅维利式政府观，主张要确保国家富裕，避免负债，以维护自由和透明度，抵御寡头统治、暴政和腐败的持续威胁。¹⁵

戴夫南特对内捍卫政治自由和市场，对外主张采用强硬手段，以创造财富。如果说洛克面对帝国和奴隶贸易的道德困境选择三缄其口，那么戴夫南特则以自由市场帝国经济学的名义厚颜无耻地大肆鼓吹其合理性。他在《论东印度贸易》一书中解释说，英国通往和平、繁荣和政治自由的道路要径直穿过奴隶种植园和殖民地贸易。在他眼里，用劫掠远方领土的手段换取英国人的自由是理所当然的。他后来撰写了一份详细报告，阐述通过组织严密的股份制公司有效开展非洲奴隶贸易如何成为英国财富和"国家优势"的基础。他宣称，"贸易在本质上是自由的，它能找到自己的渠道，为自身的路线提供最佳指导"。亚当·斯密后来也认为这种说法不无道理。¹⁶

戴夫南特认为，英国的帝国自由贸易区可以降低工业产品和消费品价格，同时提高民众的生活水平。种植园既可以低廉的成本生产基本物资，又可作为国内"工业品"的重要补充市场。就此而言，蓄奴种植园将成为"宗主国取之不尽的宝藏"。印度地区的贸易是该计划不可或缺的一部分，尤其是它可使丝绸价格

第九章　行星运动与英国自由贸易的新世界

降低25%。为了维护该贸易区，需派遣"常驻军"和海军，让印度伟大的莫卧儿王朝统治者不敢"冒犯"英国人。荷兰人和胡果·格劳秀斯已经指出，维持自由的外贸体系必须借助武力。现在，英国将运用这种商业策略转型为有史以来最强大的全球帝国。从在加勒比海地区经营种植园，到掠夺印度和其他富饶的殖民地，帝国政府用横跨全球的军事化自由贸易区推动着国内的工业革命。[17]

从某种意义上说，戴夫南特的《论东印度贸易》是对柯尔贝尔老套路的借用。戴夫南特认为，政府必须在解放贸易和支持经济方面积极地发挥作用。他建议国家动用立法权兴办工厂，以低薪雇用穷人，降低制造成本，从而生产更廉价的商品。与此同时，他相信自由贸易的力量，相信贸易运转遵循动力学定律。但戴夫南特早期的一般均衡理论只是单方面有利于英国。他指出，降低英国国内物价、出口昂贵的奢侈品将最大限度地为国家带来繁荣。他还主张为英国本土市场建设相对廉价的地方奢侈品工业，并认为这既不会消耗国家财富，也不会破坏社会美德。

洛克和戴夫南特的观点契合了当时的科学和政治环境。1688年，光荣革命爆发，奥兰治的威廉和他的英国妻子玛丽推翻了她的兄弟——具有专制倾向的詹姆士二世，确立君主立宪制，颁布了《权利法案》，从真正意义上开启了英国的全球商业时代。争夺全球经济霸权的斗争在英国和法国之间愈演愈烈。颇具讽刺意味的是，两国对经济主导地位的争夺将成为新一波经济和政治思想运动的催化剂。它们在商业和工业领域的斗争越激烈，哲学家就越渴望借助西塞罗对农耕文化与和平的信仰，以及永动与财富创造的概念，实现自由贸易的理想。[18]

第十章

英法贸易战、债务和天国之梦

> 因此,每一部分都充满恶行,但整体却是乐园。
>
> ——伯纳德·曼德维尔,《蜜蜂的寓言》,1714 年

西班牙王位继承战争对自由市场思想的形成起到了举足轻重的作用。哲学家渴望结束战争,找到一种建立持久和自我延续的和平的方法。他们希望找到一种既能创造财富,又能避免国与国之间嫉妒与纷争的体系。但在当时,最迫切的问题是每个国家都多少面临的公共债务:到战争结束时,英国的债务总额创纪录地达到了 5 000 万英镑左右,法国的国债和其他各种债务则高达惊人的 23 亿法国里弗(当时 1 英镑约合 13 法国里弗),是 1675 年的三倍,约占国民产出的 70%。[1]

经济学家开始着手寻求市场解决方案,以便应对这一空前的公共财政挑战。到 18 世纪初,英法两国的主要经济学家均希望找到一种模式,用换取垄断特权作为回报让私有企业承担公共债务。这听上去或许并不像自由市场的解决方案,但从很多方面

而言的确如此。它基于这样一种假设：经济学家和企业家如果能够合理利用美洲无限的自然财富，就可借助这一新兴的殖民市场体系解决政府和税收无法解决的债务问题，同时推动整个经济发展。

此时的英国正处于金融革命时期。为了获得更好的信贷条款来应对英法战争，威廉三世的政府于1694年成立了英格兰银行，以合理的贷款利率管理债务，并为信贷市场注入信心，为创业项目筹措资金。正如约翰·洛克所言，社会需要借助信仰和认同体系来建立市场信任。然而，英国的债务却越来越多，从1688年的100万英镑攀升到了1697年的1 900多万英镑，其中包含7%的年金、流动负债、抽签还本债券（也称"彩票贷款"），以及来自英格兰银行、南海公司和东印度公司的贷款。即便有了新银行，国债仍是一个棘手的问题。[2]

此外，英国还处于政治动荡之中。1707年，英格兰和苏格兰联合组成大不列颠王国。1714年，玛丽二世的妹妹安妮女王驾崩，继承人空置，触发了光荣革命宪法制定的《王位继承法》。按照该法案，王位归属于女王在世的最亲近的新教徒亲属，即汉诺威选帝侯、不伦瑞克-吕讷堡公爵乔治·路易，也就是大不列颠的乔治一世。1714年8月1日，乔治登基，接过大不列颠王冠，同时也继承了巨额国债。[3]

为了应对复杂的新经济形势以及似乎无法遏制的债务增长，内阁大臣、企业家、哲学家、炼金术士和早期科学家开始寻找能

第十章 英法贸易战、债务和天国之梦　　　　　　　　　　　　　　135

创造无尽财富的神秘配方，以解决无休止的金融危机。他们将希望寄托于美洲的财富。受绅士探险家沃尔特·雷利爵士对他沿着奥里诺科河航行的描述启发，寻找黄金国的想法成为18世纪初经济思想的一个重要组成部分。以剑桥大学为中心的国际学者团体"哈特利布圈"（Hartlib Circle）相信，"炼金术和科学"具有"点燃隐秘资源"的力量。一些人试图在美洲发现隐秘的资源，另一些人则认为，通往财富的道路在于洞悉市场机制的秘密。为此，他们研究信贷、概率甚至赌博。计算风险和意外事件，预估所有的可能性，理论上都可以帮助投资者设计安全可靠的投资策略。[4]

这些想法很快得到了公众的回应。1707年，伦敦街头出现了一本匿名的小册子，书名很奇特，叫《可行性说明或给图隆的建议：一项着眼于东印度公司贸易和王室收入，可改善美洲西南地区贸易，并将每年的贵金属收益增加到约300万，且只需得到鼓励就可获得回报的友好投资建议》(*An Account of What Will DO; or, an Equivalent for Thoulon: In a Proposal for an Amicable Subscription for Improving TRADE in the South-West Part of AMERICA, and Increasing BULLION to About Three Millions per Annum, Both for the East India Trade and the Revenue of the Crown, Which by Consequence Will Be Produced if This Is Encouraged*)。这本小册子认为，美洲是"金银的唯一源头"，谁拥有了它，谁就拥有"全世界的物质财富"，并控制"整个国际贸易"，英国必须抢在法国之前占领西印度群岛。国家

应该帮助"项目执行人",也就是有冒险精神的企业家拿下美洲,如有必要,不惜动用武力。如此,英国即可控制所有财富,并进而打造一支无可匹敌的海军力量,建立全球帝国。[5]

在这种社会氛围之下,英裔荷兰讽刺作家、医生、经济哲学家伯纳德·曼德维尔撰写了《蜜蜂的寓言》一书。该书以批判和满怀希望的视角总结了英国商业社会,是早期自由市场哲学最清晰,也最具颠覆性的作品之一。曼德维尔循着马基雅维利、霍布斯和拉罗什富科公爵对人性的悲观看法,描述了一种被罪恶困扰的商业文化。在国家这个蜂巢中,律师、商人、神职人员、地主士绅无一例外地"谎话连篇、奢侈无度、骄傲自大",同"骗子、寄生虫、皮条客、小混混、扒手、造假币的、江湖郎中、打卦算命的"没什么区别。他甚至编顺口溜似的写道:"各行各业都行骗,哪个职业不耍奸。"他认为,"自私"驱动着人类的行为。[6]

然而,曼德维尔也断言,个体的恶行并不完全是坏事,它推动了蜂巢中财富的集体创造:"因此,每一部分都充满恶行,但整体却是乐园。"曼德维尔称,个体恶行是公共利益,恶行和"诡计"如行星般"和谐"共存,创造出财富和"辉煌"。他认为,从发展角度而言,英国需要一种积极的贸易平衡。为此,国家必须出口商品,而非消费奢侈品。但能够激发出市场活力的潜在动力是贪婪。这真是个骇人听闻的观点。就连柯尔贝尔也认为,商人要有西塞罗式的正直诚实。但无休止的战争和贸易纷争已让很多人厌倦,以至于以曼德维尔为代表的一干人莽然重拾过时的詹森派信条,以为把罪恶纳入贸易体系,就能造出人间天堂。[7]

第十章　英法贸易战、债务和天国之梦

与英国一样，法国也在为债务和失败的经济体系寻求神丹妙药。这个国家已被饥荒摧毁，几近破产。1714年，柯尔贝尔的外甥、财政大臣尼古拉·德斯马雷茨正千方百计地寻找应对法国实质性破产的方法。所有的改革都停滞不前，他仍在试图从困苦不堪的法国民众身上榨取每一分税收。这个国家没有国家银行，税收基础薄弱，因为法国的贵族不会定期纳税。德斯马雷茨不得不孤注一掷。他听说过著名的苏格兰经济理论家、赌徒约翰·罗（John Law，在法语里，他名字的发音近似"王牌"），曾提出在苏格兰建立国家银行、发行纸币的计划。1705年，罗出版了一本非同寻常的小册子《论货币与贸易》(Money and Trade Considered)，指出一个国家拥有的货币越多，能促成的贸易就越多。他主张印刷纸币，因为纸币虽不能等同于财富，却是创造财富的催化剂。[8]

罗富有远见地洞悉了现代市场工具。他提议将纸币与白银和土地价值挂钩。彼时，阿姆斯特丹、纽伦堡、斯德哥尔摩和伦敦的银行已经开始发行基于铸币储备的纸币。罗的理论与这些实践相符。货币必须稳定、可信赖，且足以支撑英国的高经济交换率和增长率。与贵金属铸币不同，纸币可避免被腐蚀或剪角问题，因此，罗认为，纸币更稳定，更能激发市场信心。[9]

在创办苏格兰国家银行、发行纸币的项目失败后，罗将自己的计划提交给了法国政府。他从柯尔贝尔外甥的身上看到了市场改革的决心。德斯马雷茨想把罗的计划呈给路易十四，但老国王已病入膏肓，这显然不是实施创新的好时机。1715年，路易

十四驾崩,机会的大门向罗敞开了。尽管当时德斯马雷茨已卸下官职,但罗在此期间与路易十四的侄子、奥尔良公爵菲利普二世成了朋友,后者随即担任年仅5岁的王位继承人路易十五的摄政王。罗向摄政王提出了一项更加野心勃勃的计划,而摄政王出于对资金的渴求,决意冒险一试。[10]

苏格兰人罗和法国摄政王在巴黎的名流赌场相遇。罗是个不折不扣的赌徒,既喜欢研究赢钱概率,又沉迷于风险。不过,对于即将成为法国财政大臣的人而言,同时具备这两种特质可不是什么好事。1716年,奥尔良公爵特许罗创办私有通用银行(Banque Générale),并授权其根据黄金储备量发行纸币。政府将接受纸币冲抵税收。1718年,罗的通用银行被改组为王家银行,不仅开展存贷款业务,还从政府手中获得了利润丰厚的殖民地烟草贸易垄断权。同年,罗成立新的西部公司(原先的密西西比公司),将塞内加尔和几内亚的奴隶贸易公司合并。1719年,罗的公司收购了法国东印度公司和中国公司,成立国际金融集团——永久印度公司(Perpetual India Company),通过包括贩奴在内的殖民地贸易大发横财。摄政王希望罗的垄断集团能为国家管理资金,并带来急需的资金。[11]

1720年,奥尔良公爵任命罗为财政大臣,这正是柯尔贝尔和德斯马雷茨曾担任的职务。这名苏格兰赌徒一跃登上了法国的权力巅峰。他成功合并了王家银行和永久印度公司,作为对殖民地贸易垄断的回报,合并后的公司将接手政府债务。这笔交易看似解决了法国棘手的财务问题,但罗的公司必须迅速获取大笔资

第十章 英法贸易战、债务和天国之梦　　139

金，才能履行交易。罗已经取得了摄政王的信任，现在，他还需要说服公众为他的新项目投资。

乍一看，这个所谓的"罗氏体系"与自由市场毫不相干。然而，罗的货币理论和公司接手国家债务的奇特想法至少可以被视作以市场为基础对债务管理做出的回应。赌徒罗深谙画饼之术，知道想象力对支持信贷和推动市场的重要作用，用对美洲财富的憧憬说服公众投资他的银行和公司股票。密西西比河谷就是罗的黄金国，是法兰西的美洲梦。罗参考勒内-罗伯特·卡弗利耶（René-Robert Cavelier）对密西西比探险的描述，出版了由制图师吉约姆·德利尔绘制的精美地图，展现了路易斯安那广袤的处女地，并聘请王家科学院的学者撰写赞美法国新世界自然财富的书籍。[12]

法国神父让·泰拉松（Jean Terrasson）的《创造无限》（*The Treatise on the Creation of Infinity*，约1695—1715年）是支持罗将路易斯安那的财富奇迹夸大的宣传策略的代表作。它宣称地球是"无限的"，对于那些前往美洲的人而言，财富也是无限的。这部手稿在巴黎广为流传，大受欢迎。泰拉松断言，国家经济不需要专家、财务经理和会计师来指导。相反，只需信念的驱动，经济就会步入自我调节的系统。王家银行将向所有愿意投资罗的公司的人提供贷款，从而将"整个国家转型为商业实体"。这一全国性的投资计划将得到永久印度公司的担保，纸币带来的经济效益将为其提供动力。通过这种方式，财富得以普泽大众，所有社会成员都可以享有股权。该投资不会有任何风险，因为所有困难都将由"开明"且无所不能的摄政王本人托底。[13]

罗声称,他已经设计了一个完美的市场计划,该计划由信贷、稳定的货币供应、密西西比的无尽财富以及着眼于降低税收的商业友好型专制王室政府推动。但问题在于,这是个不折不扣的庞氏骗局。罗玩过了头,发行的纸币量超出了银行的贵金属储备价值,且出售的股票价格与公司的实际价值不符。该计划的忠实信徒泰拉松对种种致命缺陷视而不见,于1720年5月18日发表了为罗氏体系所做的最后一份辩护。与此同时,罗的对手持续购入股票,推高后来被称为"密西西比泡沫"的股票价格,然后悉数兑现,以耗尽银行储备。他们的攻击奏效了。纸币远多于现金储备,罗氏体系崩溃。

1720年5月21日,法国政府下令将股价由每股9 000里弗降为5 000里弗,但遭到大股东们的反对。恐慌随之而来,王家银行门外和位于巴黎老城区中心的著名股票交易街坎康普瓦大街均发生暴力抗议。政府宣布纸币作废,王家银行倒闭。12月,自我调节市场的首创者约翰·罗逃离法国,前往布鲁塞尔,然后辗转到达威尼斯,在那里以赌博为生,直至1729年去世。斯坦利·库布里克1975年拍摄的讲述18世纪赌徒兼冒险家的电影《巴里·林登》就是以他为原型的。至于股东,他们的钱都打了水漂。[14]

经历了罗氏事件后,摄政王找来政府金融专家、专业会计师帕里斯兄弟,试图平衡账目,管理国家飙升的债务。短暂的财富梦化作资产负债表,触目惊心。克劳德·帕里斯·拉·蒙塔涅(Claude Pâris La Montagne)在给摄政王的密函中警告,罗氏计

第十章　英法贸易战、债务和天国之梦　　　　　　　　　　　　141

划背后的理念导致了腐败，唯一的解药是增加透明度：复式记账法的"忠实的表格"能提供"看得见摸得着的扎实计划"，可以为国家财政提供"总体把控"。他指出，健全稳固的公共财政管理是"公共利益"的基础。在帕里斯·拉·蒙塔涅看来，一个创造财富的市场体系不可能建立在美洲黄金梦之上，而要从账务平衡中寻找，如果能保持合理平衡，市场体系就可以自己的方式运转。然而，公众并不想看枯燥的资产负债表，他们要的是美洲梦。罗虽然失败了，但他揭开了自由市场思想中的根本问题：自由市场往往受激情和欲望驱动，而非确凿的证据。让·多玛和伯纳德·曼德维尔认为，自由市场在贪婪和自利等"私人恶行"的刺激下可以自行运转。他们错了，私人的恶行可以带来财富，但也可能导致崩溃和经济灾难。[15]

　　鉴于英国的财政以及政治和商业阶层的复杂性，尝试用类似的计划去管理英国公共债务似乎难以想象。但英国同样垂涎美洲的财富，希望借此撑起信贷市场。用一个体系解决所有财政问题，这样的美梦着实迷人。1711年，英国首任国库总管兼财政大臣罗伯特·哈雷（Robert Harley）与约翰·布伦特（John Blunt）联手成立了南海公司。布伦特曾是彩票发起人，也是另一家股份公司和银行的董事。王室向该公司授予贸易垄断特权，其地理范围囊括传说中的财富之源，也就是整个南美洲的东海岸（从奥里诺科河到火地岛）以及整个西海岸。1719年，南海公司效仿罗的做法，为所有政府债务持有人配股。就这样，英国政府债务也变魔术般地成了南海公司的股份。[16]

强势的辉格党政客、未来的首相罗伯特·沃尔波尔希望通过市场发行债券，让投资者"可以利用这一有利的机会，分享公共信贷蓬勃发展的优势"。这笔既可偿还国债，同时又能为投资者带来股利的交易被誉为现代金融的奇迹。然而，一如法国的情形，预期收入并未兑现。该公司凭借虚假的利润报表换来投机性的繁荣。为了支付股利，南海公司超发股票，其做法与罗采用的庞氏骗局逻辑如出一辙。[17]

可想而知，1720年8月，股价暴跌，整个体系崩溃，投资者损失惨重，其中不乏大贵族和政府大臣，就连艾萨克·牛顿也因高位投资损失了两万英镑巨款。这名阐释了行星运动系统的天才，身为英国造币厂厂长，其成就曾让许多人相信市场会像万有引力定律一样发挥作用，到头来却因一个基于自我维系的、永不崩溃的市场承诺而跌回人间。[18]

尽管如此，罗认为法国需要国家银行和纸币的观点是正确的。尽管遭遇了前所未有的失败，但对市场机制的深入理解和信念仍让人们抱有希望，希望能在某个光明的日子里最终找到创造财富的完美秘诀。显然，甚或太显而易见，一种自我维系的自由市场哲学将在凡尔赛宫——路易十四破产的梦境中复苏。

第十一章

法国人的自然崇拜和启蒙经济学的创生

土地是一切财富之源。

——理查德·坎蒂隆,《商业性质概论》,约 1730 年

到 18 世纪中叶,全球两大经济体——法国和英国均遭遇了股市崩盘的重创,且仍未摆脱一连串劳民伤财的战争梦魇。借用苏格兰哲学家、亚当·斯密的导师大卫·休谟的话说,两国都陷入了不甘在商业上输给对方的"嫉妒性恐惧"。值得一提的是,尽管法国在财政和外交领域处于下风,但它仍主导着羊毛贸易。得益于柯尔贝尔的工业政策和鲁昂、里昂两地的制造业硕果,法国的出口规模已超过英国。更令人惊讶的是,虽然法国面临财政和外交的双重困境,且没有国家银行,路易十五却能设法以与英国政府相同的利率借款。[1]

不过,法国的经济前景不容乐观。罗的项目引发的混乱令法国失去了纸币和王家银行。建立市场机构和信任的努力付诸东流,民众信心崩塌,令法国政府无法建立有效的资本和股票市场

来偿还其几乎无法维持的债务。主张农业主导型社会的哲学家和贵族希望农业凌驾于工业发展之上，让正在崛起的商业阶层遭受了挫折。法国出现了一批重农学派经济学家，他们重拾西塞罗的古老信条，认为社会等级制度和经济不过是自然发条装置"因果"机制的反映，狂热地相信只有政府对工业征税，让农民在不受税务和法规约束的环境中生产，自由农业才能创造财富。[2]

农业自由市场思想展现了阶级意识历史上一个不同寻常的时刻。在那些依旧笃信土地等级制和农耕文化主导世界的人的眼中，农业自由放任是应对专制政府和崛起的商人阶层威胁的天然解药。1720年的大崩溃让法国人对经济的信心跌至新低，经济哲学家不仅带头反对罗的计划，而且对催生了该计划的金融环境也厌恶至极。他们不信任国家银行、纸币和早期主权债券等金融工具，试图设计一种能够自我驱动的、基于农业的经济体系，因为在他们看来，农业承载了社会美德。彼时，商人尚未完全控制法国的社会或经济，这些18世纪初期的自由市场改革者决心捍卫农业在经济中的主导地位。

西塞罗和牛顿自然崇拜思想的拥趸在法国组成了一个强大的自由市场游说团体。18世纪30年代初，爱尔兰裔法国自由市场经济学家理查德·坎蒂隆撰写了一本基础性的农业经济著作《商业性质概论》。该书先以手稿形式流传，在他逝世后于1755年正式出版。坎蒂隆的作品倡导了一种简化的机械观点：免除农业税和相关法规就可产生资本，并转化为经济增长。19世纪的经

第十一章 法国人的自然崇拜和启蒙经济学的创生

济学家威廉·斯坦利·杰文斯和20世纪的经济学家约瑟夫·熊彼特均将坎蒂隆视为早于亚当·斯密的第一位系统经济学家。在他们看来，任何类似经济均衡理论的东西都可以被称作系统经济学。但其实，坎蒂隆只是众多误解了创新与工业的财富创造潜力的思想家之一，他认为解放农业是创造富裕社会的唯一途径。[3]

坎蒂隆出生在一个爱尔兰地主之家，18世纪早期移居法国，在西班牙王位继承战争中通过向军队提供资金和装备发了财。他很早就投资了罗的项目。事实上，股价被推至高点与他的投机行为不无关系。他及时卖掉了股票，赚得盆满钵满，然后声称自己只不过是有先见之明，意识到罗氏体系会崩溃。那些听信了他的花言巧语购买股票的人却破了产。此后，大富豪坎蒂隆游历欧洲，后来在伦敦定居。很多人认为他是个骗子，直到去世前，他仍未能摆脱投资者和债权人的诉讼，甚至有传言说他为了躲避债权人的追索，在伦敦的宅子里自导自演了一场致命火灾。[4]

坎蒂隆也是农业劳动理论的先驱。17世纪的经济哲学家威廉·配第视人口和生产率为国家财富增长的驱动力，而坎蒂隆则将其完全归功于农业劳动，声称"土地是一切财富之源"。坎蒂隆认为，农业劳动力成本是其他所有成本、价格和价值的基础。作为首要经济驱动力的农业如不再受税收、法规和制度的限制，就能创造财富，并带来市场均衡。在他看来，建立经济均衡意味着确认谁是最重要的资本生产者，并给予其享受完全自由放任政策的特殊地位。他的观点事实上是一种现代土地贵族理论：地主是财富创造过程中的领导者，他们"独立"于国家，国家则要依赖他们。"领主和大地主"不仅是不受政府权威约束的近乎神圣的角色，也凌驾于工商业的低级"企业家和机械师"之上。[5]

坎蒂隆对自由贸易的信念仅限于农业，主张对制成品贸易实施监管。换言之，他提倡的自由放任主义只适用于他认定的经济赢家。他希望外国买家用黄金购买农产品，从而使得农业劳动的重要性超过工业劳动，用压低制成品价值的方式保护农业。鉴于当时工业财富在英国经济中的比重，这一主张显得相当奇怪，但坎蒂隆对农业的偏重是根深蒂固的。他认为，从理论上讲，一切市场力量归根结底都是由农业劳动力成本引发的，坚称所有市场价格的计算必须回溯到农民在农业生产过程中产生的租金和成本。只有确定了农产品价格，数量和供求关系才会对定价发挥作用。[6]

坎蒂隆运用自己那套不太科学的统计方法，根据农业生产所需的劳动量计算农业产出净值，又计算了这些产品中有多少被土地所有者用于劳动生产、租金和维护。他在计算中没有考察商业因素，也没有比较农业和制造业的劳动生产率。他的自由市场模型着眼于农业，忽视了数百年的城市历史和商业统计数据。不过，尽管存在种种缺陷，这一早期劳动价值论仍为后来影响深远的经济思想奠定了基础，并为亚当·斯密、大卫·李嘉图和卡尔·马克思等一批人借鉴。

坎蒂隆认为原材料决定了制成品的价值，却没有展示工业如何为原材料增加价值。他坚称，"企业家"（商人和工业家）是管理制成品定价的中间人，他们综合农产品的内在价值和市场需

第十一章　法国人的自然崇拜和启蒙经济学的创生　　　　　　　　　　147

求，得出最终售价，但其自身的劳动和技术没有任何价值。坎蒂隆坚持认为，无论"企业家"多么重要，他们对商品价格的影响都微乎其微，商品价格完全基于农业劳动力价格。他甚至声称，贸易和制造业固然起到了让农产品进入市场的作用，并能影响其定价，但它们事实上分走了土地所有者的资本，因此在经济净值中的贡献为负。工业是农业的补充，但也是农业的累赘，若允许工业主导经济，就会削弱农业和国家财富。他错误地认为，如果国家不干预市场，让地主自由从事农业生产，经济就会呈指数级增长。[7]

坎蒂隆的书在后来的农业自由市场思想家中产生了巨大反响。但与他同时代的其他经济学家在提倡农业经济自由的同时，仍承认工业、商业和金融业是经济增长的核心要素，并不认同农业比工业更富成效的想法。约翰·罗的前秘书、法国经济学家让-弗朗索瓦·梅隆将柯尔贝尔关于市场建设的旧有观念与自我延续的经济体系的主张相结合，在作品《商业政治论》（*Political Essay on Commerce*，1734 年）中重申了纸币对提升经济发展、增强商业活动的重要性，这部作品颇具影响力。但他也认为，市场必须由国家来维系和协调，比方说，国家要为度量衡建立统一的标准。[8]

梅隆相信"商业自由"，他指出，既然商人无论如何总能设法绕开法规和条例的限制，那么不如索性支持自由。与此同时，他对自由商业的看法带有西塞罗和洛克的色彩，认为自由并非"允许人们按照自己的想法行事"，而是授权人们为"总体利益"

工作。他警告说，无商不奸，对商人一味放任是"不明智的"。政府必须对进出口商品做出选择，以确保制造业所需的宝贵的自然资源不流向海外。换言之，梅隆认为，若能在自由和以支持国家经济战略为目的的政府监管之间达成平衡，市场便可发挥作用。[9]

梅隆进一步指出，为了确保法国在欧洲经济中占据主导地位，有必要成立若干国有垄断企业。政府必须拿出一套类似于罗的设想但比它更适宜的举措，以建立一个信贷资本体系，促进经济增长。在自由、信贷、货币、利率和贸易之间找到合理的平衡，是为法国吸引更多投资的最佳方式。梅隆希望政府能够创造一种"普遍适用于所有人"的经济手段，让法国富裕起来。不过，他也承认，建立这样一种市场体系绝非易事，不可能有一刀切的通用模式。他提醒人们，法国不是一块"白板"，这个国家受其历史和具体国情的制约，设计一套成功的经济体系必须考虑到法国的特殊情况。[10]

与此同时，另一些思想家则在寻求一种类似于万有引力定律和行星运动定律的更普遍的经济手段。法国哲学家孟德斯鸠在名作《论法的精神》（1748年）中提出，繁荣来自和平，社会和国家都要以和谐的方式自我管理。他进一步指出，"商业的自然效应就是带来和平"。各国通过贸易合作分享共同利益，可令彼此"温和"相处。[11]

1752年，在这股启蒙哲学和经济思想的影响下，法国商务大臣雅克-克劳德-玛丽·文森特·德·古尔奈（Jacques-Claude-

第十一章　法国人的自然崇拜和启蒙经济学的创生　　149

Marie Vincent de Gournay）决定创办一个由经济学家组成的"圈子"，以应对法国面临的商业挑战，探寻建立市场机制的不同路径。古尔奈出生在法国圣马洛，曾在西班牙为家族公司打点国际贸易。除了有经商的实际经验，他还接受过柯尔贝尔政府留下的商业法管理培训。此外，他相信管理一个国家的商业要依靠稳定的经济政策。他知道法国需要改革，需要更多的政治和经济自由，为此，他邀请了不少年轻的经济学家加入他的圈子。[12]

古尔奈虽支持一定程度的政府干预，但信奉"自由放任、放任自流"，也就是让商业随心所欲，任其自由发展。著名哲学家、经济学家、利摩日地方行政长官、未来的财政大臣、奥恩男爵安-罗伯特-雅克·杜尔哥写道，古尔奈的思想可以被概括为两个词，"自由和保护，但更主要的是自由"。古尔奈还创造了"官僚主义"这个讽刺语，意为"用办公桌来管理政务"。他批评政府的条条框框和不透明的作风，希望公众舆论和需求能够推动市场，但立场介于柯尔贝尔主义和自由放任主义之间。[13]

古尔奈的圈子聚集了一批专注于经济思想研究的哲学家，出身纺织品制造世家、担任国家货币监察长的金融家弗朗索瓦·韦龙·德·福尔勃奈（François Véron de Forbonnais）是这个圈子的主要成员之一。他反对农业财富理论，推崇柯尔贝尔的政策，主张放松国家经济监管。他相信商业自由，认为除非有推动工业发展的明确目标，否则国家不应干预经济。他在《商业要素》（*Elements of Commerce*，1754 年）中对坎蒂隆的观点进行了深入批判。福尔勃奈指出，财富既来自农业，也来自制造业，但制造业和商业才是财富创造的真正源泉。与柯尔贝尔一样，他也认为，一旦在一定程度上实现了贸易平衡，就可以让市场自由运转。[14]

福尔勃奈对不受监管的自由贸易是否可行持怀疑态度。他认为，应根据各国的需要制定符合国情的贸易政策。他建议国与国之间发展平等互惠的交易体系，让双方都受益。他并不相信市场能够自发地做到这一点。若政府间签署了周全、互利的贸易协定，就可消除关税，让市场自由流通。如果各国政府及商人能够携手缔造"完美的商业平衡"，就可为各国带来和平与繁荣。[15]

福尔勃奈指出，倘若在工业生产高峰期出现农业生产下滑的情况，发达国家可以借鉴荷兰的模式，从海外购买农产品。他引用柯尔贝尔的观点，坚信对于一个国家而言最重要的是发展艺术和科学，从而提升国民信心、专业知识和制造业水平。与坎蒂隆相反，福尔勃奈认为，土壤里长不出经济天才，相反，要靠国家对教育、特定领域创新和制造业的投入和保护。他以英国为例，说英国之所以能成为贸易强国，正是得益于政府对纺织品贸易的精心扶持。[16]

但即便是这种自由开明的柯尔贝尔主义国家工业发展观，也面临巨大的哲学阻力。如果说古尔奈和福尔勃奈代表了自由放任主义的中间地带，那么古尔奈圈子里的另一名成员弗朗索瓦·魁奈则为坎蒂隆的农业模式做出了激烈辩护。魁奈是农家子弟，在创立重农学派之前曾经从医。他把坎蒂隆的观点推向了新高度，用数学方法创造了早期均衡理论，认为低税收和自由的粮食进出

第十一章　法国人的自然崇拜和启蒙经济学的创生　　151

口可以降低物价，提高农业产量，并提供更多的盈余用于农业生产再投入。正因如此，卡尔·马克思将魁奈视为资本主义和剩余价值理论的先驱思想家，而20世纪获得诺贝尔奖的美国经济学家保罗·萨缪尔森将他视为均衡理论的发明者。除了自由贸易思想，魁奈还坚信，农业是财富的唯一形式，工业和商业只不过是促进农业生产的"不育的"助手。他赞同坎蒂隆的看法，认为农业劳动价值决定了制成品的价格。这意味着，若让他来编制国家资产负债表，商业和工业都会被算作经济损失，唯有农业可以产生盈利。[17]

魁奈在凡尔赛宫里生活和工作，并撰写了大量作品论述致命的放血疗法的医学优势。他的医学背景令他相信经济运转与血液循环遵循着同样的方式。他是路易十五的情妇、风姿卓绝且热心赞助哲学家的蓬帕杜尔夫人的医生，且因此有幸被封为贵族。巧的是，这两名新贵都是在路易十四的旧宫里爬上了权势高峰。事实上，蓬帕杜尔夫人日后还为魁奈研究经济哲学慷慨解囊。她聪明、富有，善于交际，很快成为巴黎文学沙龙里的明星。她主动吸引路易十五的注意，并于1745年公开成为他的情妇，令国王陷入丑闻。但路易十五毫不避讳对这名平民女性的喜爱，授予她蓬帕杜尔女侯爵的头衔和封地，并买下巴黎市内最华丽的埃夫勒宫送给她。该建筑就是后来法国历届总统的官邸爱丽舍宫。

在蓬帕杜尔夫人得势前一年，魁奈搬进位于凡尔赛宫地下室的公寓。这位日后领导声势浩大的早期自由市场思想运动的重要人物在国王的宫殿里开始了自己的哲学创作。就这样，自由市场思想在一个极端专制的亲工业国家内发展起来，而在这个国家里，偏偏有不少自由市场的拥护者希望用哲学对抗政府。如此古怪的情形并没有让魁奈感到困扰，他热忱地相信所谓"合法专制"这一矛盾概念。受哲学家皮埃尔-保罗·勒梅西埃·德·拉·里维埃（Pierre-Paul Lemercier de la Rivière）启发，他认为自然系统能借由君主的意愿实现自我表达。魁奈说，唯有国王才有权开放粮食市场，为地主创造更多财富。[18]

魁奈不时前往巴黎拜访蓬帕杜尔夫人，在她的宅邸举办宴会，招待哲学界名流。当时最畅销的《百科全书》（1751—1772年）的主要作者德尼·狄德罗和让·勒朗·达朗贝尔，无神论和平等主义哲学家、路易十五虔诚的波兰王后玛丽·莱什琴斯卡的医生克洛德-阿德里安·爱尔维修，著名的博物学家和皇家植物园园长布丰伯爵乔治-路易·勒克莱尔，以及伟大的自由放任主义经济学家杜尔哥都是他的座上宾。作为王室情妇，蓬帕杜尔夫人既不能正式邀请这些人吃饭，也不能以自己的名义举办沙龙，因此她常常"顺便"参加魁奈的聚会，听他的客人们在优雅的气氛中就形而上学的新论点和经济学问题高谈阔论。魁奈的贵宾们一边陶醉于农业自由放任主义的哲学对话，一边享受着王室厨房的奢侈美味。更妙的是，他们的观点还能借助蓬帕杜尔夫人直达圣听。[19]

当重农学派在巴黎的沙龙里滔滔不绝地谈论农业财富高于工业财富时，海峡彼岸正呈现出另一幅截然不同的画面。第一次工

第十一章 法国人的自然崇拜和启蒙经济学的创生

业革命已经开启,蒸汽机的问世为英国经济提供了动力。1698年,英国人托马斯·萨弗里制造了一台无活塞发动机;1712年,托马斯·纽科门制造出可以连续运转输出能量的泵式蒸汽机。除了蒸汽动力,机械纺纱也在18世纪登上了舞台。1733年,约翰·凯伊发明了用于分发线轴的飞梭,加快了手工纺织的速度。1738年,刘易斯·保罗和约翰·怀亚特制造出用于羊毛纺织和棉布生产的纺纱机。到18世纪五六十年代,在魁奈和他的重农学派的拥趸纷纷著书立说之际,英国的制造商已开始在大型工厂里广泛使用水力磨坊。1750年,英国约有250万磅原棉使用手工织机加工。到18世纪80年代末,英国的织布机加工的原棉达2 200万磅。这一进步对欧洲的农业社会秩序和贵族地主构成了威胁。随着工业的发展,仍以农业为主导的法国封建社会掀起了一场争夺商业地位的战争。自由市场思想家力图为农业生产挽回优势。他们相信,农业领域的自由放任式改革可以释放大自然的潜力,让农业以雷霆万钧之势重新主导经济。[20]

1756年,在北美洲,七年战争爆发。从欧洲到北美洲和南美洲,再到印度和非洲,这场史上第一次全球冲突让法国和英国陷入了一场争夺国际贸易主导权的战争,欧洲其他列强也未能置身事外。这场战争成了法国自由市场思想的催化剂,因为它让人们意识到,农业社会正让位于一种新的商业秩序。出于显而易见的原因,反动的法国贵族统治阶级当然不愿坐以待毙。眼看权力落入商人手中,有些贵族甚至建议应剥夺工业阶层的生产工具。1756年,法国传教士、亲工业的经济学家、修道院院长加布里埃尔·弗朗索瓦·夸耶（Gabriel François Coyer）撰写了一部具有颠覆性意义的作品《商业贵族》（The Commercial Nobility），抨击贵族统治下的农业社会秩序。身为古尔奈圈子的一员，夸耶呼吁贵族放弃骑士和教士的傲慢，不再被动依赖土地，通过农业榨取财富。他警告说，法国正处于经济竞争和战争的双重压力之下，需要发展贸易，创造工业财富。夸耶不认为地主贵族是经济的驱动力，而是把他们看作寄生虫。他指出，法国的封建法律禁止贵族参与贸易，因此从经济角度而言，贵族"百无一用"。[21]

夸耶认为，与商业和制造业相比，农业及其相应的封建制度着实无益。他要求改变贵族的地位。按照夸耶的估算，如果法国能像英国那样，让贵族成为商人并工作，法国将变得富有得多。该建议是对推翻法国封建制度的实质性呼吁。夸耶的作品刊载在主流期刊《法兰西信使》（Mercure de France）上，大受欢迎，他的书也以多个版本和译本刊印。[22]

反对之声随即出现。阿克骑士菲利普-奥古斯特·德·圣富瓦（Philippe-Auguste de Sainte-Foix）迅速出版了《军事贵族反对商业贵族》（The Military Nobility Opposed to the Commercial Nobility），或称《法国爱国者》（The French Patriot，1756年），为传统秩序辩护。文学领域的对抗也接踵而至，政府封禁了所有响应夸耶号召、主张从法律上改变贵族地位的作家的作品。但推崇工商业的古尔奈和福尔勃奈继续公开支持夸耶。[23] 夸耶和他的追随者渴望经济自由，同时也希望通过工业化和商业实现社会变革。地主阶层必须对这一日益增长的威胁做出回应，而他

第十一章　法国人的自然崇拜和启蒙经济学的创生

们的回应就是更彻底的自由市场农业主义哲学。

强大的法国贵族阶层有很多特权。贵族不仅拥有大部分土地，而且除了战争时期以外不必纳税。17世纪之交，布阿吉尔贝尔和德斯马雷茨对富有贵族征税的尝试引发了贵族与中央集权君主制政府的对立，引发了关于对富人征税以保护穷人和劳工阶层问题的第一次经济学辩论。到此时，贵族地主仍然自视为唯一的财富创造者，认为一切对其征税的企图都是在进一步加剧不平等。他们拒绝接受自由市场必须建立在公平和平等的税收基础之上的观点，坚称对土地征税会破坏经济增长。[24]

自由市场重农学派的领袖魁奈强烈反对提振工业和对农业征税。他将从事商业和制造业的资产阶级商人称为"白痴"，呼吁剥夺他们的所有特权和自由。魁奈试图将重农主义转变成一场狂热的运动，制造自由放任主义农业经济社会的信徒与柯尔贝尔试图提升的商人、制造商、高级政府官员和金融家阶层的对立，因为后者主张法国的未来有赖于工业和贸易。[25]

鉴于18世纪中期工业和贸易的蓬勃发展之势，魁奈的想法不免令人惊讶。他忽视了狄德罗和达朗贝尔在著名的《百科全书》中提出的主要观点：技术、实用机械、贸易、手工业和工业现在是如此重要，以至于它们应被划入正式学科之列，与神学和哲学并驾齐驱。从很多方面而言，《百科全书》宣告了资产阶级商人阶层在西欧社会的崛起。魁奈虽受邀为《百科全书》撰稿，在经济学派和思想综述部分阐述其自由市场农业理论，但这对他而言远远不够。他希望自己的观点成为主流。

魁奈开始寻找追随者，以期把重农主义转变为一场如火如荼的意识形态运动。1757年，他将年轻的米拉波侯爵维克托·德·里凯蒂（Victor de Riqueti）邀请到自己位于凡尔赛地下室的公寓，讨论农业经济学创始人理查德·坎蒂隆的工作。米拉波侯爵出身大贵族家庭（他的父亲就是后来法国大革命时期声名狼藉的领袖之一米拉波伯爵），与孟德斯鸠是朋友，曾在《人口论》（Treatise on Population，1756年）中为贵族的财产和税收权辩护，反对政府的侵犯。坎蒂隆曾通过基于伪科学的国民财富资产负债表得出所有财富皆源于土地的结论，但柯尔贝尔用工业发展的方式予以有力回击。此次，魁奈想请年轻的米拉波侯爵协助自己撰写他的新作品《经济表》，为坎蒂隆的理论正名。这部作品日后成为重农主义和18世纪自由市场思想的《圣经》。[26]

米拉波侯爵后来回忆说，与魁奈的交谈令他在智识与灵魂层面经历了一次"皈依"自然经济宗教的体验。对农业的盲目信仰，加之魁奈自诩的科学方法，似乎可阻挡工业浪潮，赢得主流哲学家和政策制定者的信任。于是，他们立刻着手研究撰写《经济表》，试图提出一个简单的理论，即更好的土地管理可以带来农业盈余，创造大量财富，以期吸引那些想改革和扩大法国农业生产的人。[27]

在七年战争的背景下，魁奈提出的奇怪模式具有一定的吸引力。只需解放和改善农业生产，法国就能自给自足，在战争中生存，甚至变得更加富裕，这的确是个卖点。正如魁奈所言，法国的农业产量比英国低。法国的贵族拥有大片土地，对农业资

第十一章　法国人的自然崇拜和启蒙经济学的创生　　　　　　　　　　157

享有多达40%的封建权利，但往往不事农耕，不投资改良土地。魁奈希望降低农业税、取消所有农业法规的做法能够在这个阶层里树立起新的农业伦理。[28]

然而，魁奈的《经济表》并非农业改革的实用手册。魁奈基于唯有土地才能创造财富的理论，通过伪科学的方式计算法国经济产量，试图彰显自由农业市场的优势。他在《经济表》左侧的"收入"一栏里列出了对经济有贡献的内容：农业、林业、草业、畜牧业、原材料和部分制成品。他在右侧的"开支"一栏里列出了"破坏"经济的"不育类"非农业事项：制成品、仓储、商业成本和销售。《经济表》分列两侧的各项经济活动之间的箭头表明，只有农业才能创造财富，工业和商业在该表第三版计算出的所谓国家"净产值"中则体现为负值。魁奈知道劳动价值可以创造财富，也明白资本盈余的重要性，但他不理解工业生产带来的附加值和投资回报远胜于农业生产。[29]

魁奈虽为土地所有者的市场自由摇旗呐喊，但他认为，只有强大的国家才能创造和维持市场自由。重农学派希望国王成为拥有绝对权力的专制君主，能够独立行使统治权，并确保地主阶级的经济自由。魁奈以古代中国为例。他在《中华帝国的专制制度》(Despotism in China，1767年)中指出，皇帝维系了一种自然的父权和农业秩序，规训其属民专注于"农牧业"技能，从而强化了有条不紊的农耕生产。他声称，中国皇帝的绝对权力意味着他永远不可能违犯法律，也不可能做任何与公众利益背道而驰的事情，因为公众利益等同于他自己的利益。因此，魁奈认为，中国皇帝的臣民享有不受阻碍地从事农业生产的纯粹自由。[30]

在魁奈看来，法国也需要自己的全权君主，让工业让位于农业，让国家摆脱垄断和无用的监管。就此而言，殖民地的政策尤其重要。魁奈建议废除殖民垄断，将自由权利赋予糖料作物种植园主和奴隶庄园主。按照魁奈的设想，这种自由的"君主制帝国"将激发殖民者和奴隶的农业生产力，而奴隶也可以获得相应的契约，通过劳动获得自由。他认为，种植园主和奴隶的自由都将有助于法国复兴。然而，种植园主并不想失去奴隶。魁奈的设想最终只能是一个理想化的、无果而终的君主专制。[31]

重农学派对批评意见置若罔闻，哪怕该意见是来自古尔奈圈子里其他受人尊敬的成员，哪怕是针对魁奈的统计提出的具体疑问。福尔勃奈直言不讳地指出了魁奈的错误，认为法国的农业产量高于魁奈的统计，且《经济表》里的很多数据不准确。他在魁奈的全国净产值及商品和货币流通计算中发现了严重错误，对魁奈提出的农民能带来劳动成果而商人不能这一看法表示难以理解。福尔勃奈最后还驳斥了《经济表》里关于可以用"超验的经济真理"来解释经济学的观点。他不认同魁奈所谓的放之四海而皆准的普遍的经济模型，认为那些虚假的统计数据无法证明经济能在自由放任的状态下自动运行的理论。[32]

尽管受到种种批判，魁奈和他的信徒仍孜孜不倦地捍卫和传播农业自由及君主专制观念。魁奈的追随者中最突出的当数热情的重农主义者、法国革命家和反奴隶贸易运动家皮埃尔-塞缪尔·杜邦·德·内穆尔（Pierre-Samuel du Pont de Nemours）。

第十一章　法国人的自然崇拜和启蒙经济学的创生

杜邦·德·内穆尔出生在一个信奉新教的钟表匠之家,为追求个人理想离家出走,去了巴黎,加入米拉波侯爵的行列,成为重农主义的信徒。1765 年,杜邦·德·内穆尔以"自然权利"为题材撰写了一系列文章,为其后来的著作《重农主义》(*Physiocracy*,1768 年)奠定了基础。正是在这些文章里,他为劳动和财产的积极自然权利做了辩护,主张人们有权拥有土地,并通过自己的劳动获得财富。杜邦重复了洛克的观点,指出个体有自我保护的权利,只要不侵犯他人的财产或"所有权",就应享有致富的自由。政府的作用是保障个人自由和私有财产。正是抱持着这种个人权利意识,杜邦反对奴隶制,因为在他看来,奴隶制违背了所有人与生俱来的自由。不过,需要指出的是,与魁奈一样,杜邦也支持贵族封建制度。事实上,他还满心欢喜地接受了路易十五授予他的贵族头衔。[33]

在国际贸易问题上,魁奈和杜邦也站在同一阵线,坚信自由的国际粮食贸易有利于农业发展,可令各国依据各自的自然比较优势进口所需的农产品。在魁奈看来,自由贸易无关竞争,而是一种和谐共处。大自然赋予每个国家不同的地方农业资源,因此他认为,各国无须强制规定,就会按需开展进出口贸易,避免直接竞争。这是一种天真幼稚的想法。事实证明,七年战争使法国深陷贫困、债务和破产的泥潭,而英国则在工业发展道路上破浪前行。[34]

1763 年,英国赢得了七年战争,巩固了其在殖民地市场和奴隶贸易中的主导地位。与此同时，该国也正在经历第一次工业革命，发明家和制造商将手工作坊变成了使用蒸汽和水力的机械工厂、化学工厂和金属加工厂。从实践角度而言，这一转变使得重农主义成了一纸空谈。正如杜邦·德·内穆尔的后代、美洲杜邦财团的创始人日后意识到的那样，解放美国奴隶的不是大自然，而是工业制造的火炮和联邦军队的最终胜利。[35]

尽管英国的工业实力日渐强大，但重农学派及其追随者仍然固守农业可以推动经济增长的旧观念。彼时的自由市场思想脱离了经济现实，对强大的商业国家的经济政策影响微乎其微。不过，或许我们也可以在英国、欧洲大陆和北美的工业革命的黎明中瞥见柯尔贝尔主义的重生，看到国家在建立和维持复杂的经济市场方面起到的不可或缺的作用。此外，那一线曙光里还夹杂着民主的喧嚣。经历了一千年封建统治的法国人眼看着英国在君主立宪制和贸易之路上大步前进，一个专制的君主和一小群农业贵族精英可以保障整个国家经济福祉的观念开始变得难以让人信服。

第十二章

自由市场与自然

> 人生而自由，却无往不在枷锁之中。
>
> ——卢梭，《社会契约论》，1762 年

在制造业增长、海外殖民扩张、国际贸易蓬勃发展的时代，重农主义并不是一种流行的经济理论。阐述该理论的作品虽受到当今自由市场思想家的推崇，但在彼时却销量不佳。事实上，18 世纪最畅销的经济学书籍恰恰对经济可以完全自我调节的观点进行了批判。站在经济增长理论前沿的思想家一边寻找着促进工业发展的方式，一边憧憬着更自由的市场。这意味着除了自由放任的因素外，还要为国家在经济生活中设计一个更有建设性的角色。

因此，一场支持工业改革的运动在欧洲资本主义和贸易的发源地意大利兴起也就不足为奇了。意大利的哲学家探寻了一条更富柯尔贝尔主义色彩的道路，通过新的法律体系和开明的政府机构来建设市场。博学的教士、历史学家、米兰安布罗希亚纳图

书馆管理员卢多维科·安东尼奥·穆拉托里（Ludovico Antonio Muratori）受柯尔贝尔和孟德斯鸠启发，撰写了《论公共幸福》（*On Public Happiness*，1749 年）。穆拉托里的作品阐释了如何通过政府改革和立法改善社会安全、教育、健康和宗教生活，让这个世界变成一个"更幸福的"地方。一些绝对君主，例如奥地利女皇玛丽亚·特蕾莎，采纳了他的建议，支持自然科学和宗教宽容，并通过立宪制度有限度地扩大了个人自由和市场自由。意大利和奥地利的启蒙思想家与巴黎、伦敦和苏格兰的同行紧密协作，力图建立一个更公正的社会。有些意大利人将这一概念称为"社会主义"，即通过现代化的法院和法典、学校、基础设施等国家工具来构建社会和市场。（历史学家伊什特万·洪特将推崇该理念的人称为"社会主义者"。）该运动日后影响了斯密的观念。[1]

意大利国家市场建设的领军人物、那不勒斯政治经济学家安东尼奥·杰诺韦西（Antonio Genovesi）将经济视为一系列自我延续的市场机制，这一观点给了后来的亚当·斯密不少启发。杰诺韦西富有远见地指出，政府必须为市场创造环境。他不赞同劳动本身创造价格的观点，认为是无形的社会和劳动条件推动价格形成。他在广受赞誉的作品《商业课，或公民经济学》（*Lessons on Commerce, or On Civil Economics*，1765 年）中提出，公用事业、人际关系和公众信任决定了劳动和商品价值。国家应允许市场自由成长，但也需精心呵护。例如，政府要负责修建道路，

第十二章 自由市场与自然

扫清劫匪。他引用梅隆、休谟和孟德斯鸠的观点，指出财富来自富有成效的农业和制造业的相互作用。他赞同福尔勃奈的看法，认为一方面应倡导消除商业壁垒，另一方面，商人仍应遵守法规，缴纳关税。也就是说，自由市场是国家和商人之间持续而审慎的交换，建立自由市场没有什么单一路径可循，而是要秉承一种务实的态度，意识到信任和商业自由必须根据各地的实际情况来沟通、建立和维护。[2]

意大利和奥地利的工业不如英国发达。前者的国家领导人认为，必须像英国和荷兰政府那样努力刺激创新。他们抛弃重农主义思想，遵循更有柯尔贝尔主义色彩的主张，最终使意大利北部成为当时全球最富有、工业化程度最高的地区之一。在以米兰哲学家彼得罗·韦里（Pietro Verri）为代表的早期城市工业思想家眼中，重农学派是现代工业改革的障碍。韦里警告说，重农学派认为工业是"不育"的，这是经济学界的一个严重错误。工业以及拥有专业工业技能的人才是"富足"的源泉。[3]

在所有意大利经济学家中，最旗帜鲜明地反对重农主义的当数洛克作品的译者、那不勒斯神父费迪南多·加利亚尼（Ferdinando Galiani）。1759年，那不勒斯国王卡洛斯三世派遣这位杰出的经济学家前往巴黎担任使馆秘书。加利亚尼成了巴黎社交界和时尚沙龙的常客，结识了狄德罗，并向他介绍了经济研究。加利亚尼曾参与那不勒斯的货币改革，与重农学派有过深入接触，对魁奈追随者那一套无知的农业乐观主义毫无兴趣。他认为，社会必须改造自然，而不是仅仅遵循自然。他在《粮食贸易对话录》（*Dialogues on the Commerce of Grains*，1770年）中指出，唯有国家方能应对歉收、饥荒和战争时期的粮食短缺问题。[4] 他承认自然与社会是在系统中运转的，也认同制造业有赖于农业的看法。但他也指出，农业并不可靠，因此不应任由它完全控制市场体系。一次歉收不仅会影响农业本身，也会造成相关工业的停滞，令社会陷入经济和财政灾难。没有国家的仓储和粮食供应管理，农民很容易"分文不剩"，无法组织再生产。换言之，在加利亚尼看来，成功的农业体系既不能依赖自然，也不能交由市场。他坚持认为，自然灾难威力之大，唯有国家才能掌控。[5]

18世纪70年代，古尔奈的圈子里声名最响、影响力最大的法国哲学家、地方行政长官杜尔哥终于成为法国财政大臣。他不仅接受了农业自由市场原则，还率先将其应用于国家政策。然而，他的尝试与失败导致了大规模起义，也使得哲学界更坚定地反对市场可以在不受政府干预的情况下依赖于农业的主张。身为富有的贵族和财政大臣，杜尔哥相信人类和社会的进步，坚持自由派经济学观点，拥护货币数量论，反对政府垄断和国家监管。他提出了农业领域的边际收益递减规律，认为生产能力是有限的，增加劳动并不能创造更多财富，因而是无效的。他认为，社会和经济与自然界一样，也存在一种自然平衡。国家可以打破这种平衡，赋予人类创造财富的推力和自由。[6]

尽管杜尔哥支持自由市场，但他1757年为《百科全书》撰写的文章《集市与市场》却比魁奈对重农主义的一味强调精妙得多。杜尔哥在文章中称,中世纪的大型集市是一种专制垄断。伟大的法国历史学家费尔南德·布罗代尔后来将集市与资本主义的兴起联系在一起。在中世纪,集市通常设在国家和地区间贸易要道的交会处,例如法国的香槟区。农民、工匠、商人和银行家每年都会有几周时间带着他们的货物和技能会聚于此,形成一个推动中世纪经济发展的巨大商业区。杜尔哥指出,"便利性"令集市长盛不衰,也造成了它对价格的垄断。集市的参与者相对稳定,因而限制了竞争和交易量。固定的集市也使得国家能够更高效地控制商品税收。他认为,这种方式有利于税收,但无益于财富创造,是"不合理的"。[7]

杜尔哥断言,我们真正需要的不是在某个特定的地方举办一年一度的集市,而是在所有有需求的地方开展不必纳税的长期自由贸易。这种经济自由将带来社会进步。取消特权和规则,贸易就能蓬勃发展,君王或许会损失一些税收,但社会整体将更富裕。相比于重农学派,杜尔哥更懂得商人的作用。他认为,随着交易量的增加,贸易将变得更富有成效,并通过降低价格、刺激消费和生产来创造边际效用。他声称,荷兰没有设立集市,但贸易无处不在、无时不在,荷兰人也因此更富裕。或许杜尔哥并没有意识到,荷兰不仅放弃了农业,把贸易和工业作为经济的基础,荷兰政府还在政策制定和商业监管方面发挥着积极作用。[8]

在杜尔哥眼中,市场不是由个人财产所有者驱动,而是由农村劳动力驱动的。他在与杜邦·德·内穆尔合著的《关于财富的形成和分配的考察》(Reflections on the Formation and Distribution of Wealth，1766年)中，运用功利主义的劳动概念为封建贵族制度提供了具有革命意义的现代辩护，指出土地所有者虽不事生产，但他们的不作为是正当的，身为贵族的财富所有者对于经济社会而言是不可或缺的。他写道："耕种者需要土地所有者，乃是基于人类习俗和民法惯例。"他追随西塞罗、洛克和孟德斯鸠的主张，声称土地所有者虽然不亲自参与生产活动，但对于整个系统的平衡而言至关重要，因为能够驾驭法律、文学和科学，能够领导社会和农耕生产的有德精英正是来自这个阶级。[9]

与此同时，杜尔哥还运用他的功利主义农业劳动理论来批判奴隶制和殖民主义。他坚信自由应是积极意义上的，不得侵犯任何他者，财产所有权概念不适用于奴隶制，因为奴隶制的本质是"施暴者"剥夺劳动者"生产"的"产品"中的自然份额。杜尔哥进一步指出，殖民经济是不可持续的盗窃行径。他对封建制度也持相同的看法，并提倡原始的劳动分工，让自由工人变得更专业、更高效。对一名贵族、一名倡导农业经济的君主制内阁大臣而言，这些主张显得相当激进。[10]

与坐在凡尔赛的沙龙和公寓里空谈劳动理论的重农学派不同，杜尔哥以国家官员的身份深入法国社会，用实际行动推广自己的自由市场理论。1761—1774年，他担任法国中西部地区利摩日市的行政长官。得到王室直接授权的杜尔哥在这个贫穷的城市里开展税务和粮食市场改革，致力于缓解该地区的贫困状况。与仅仅关注提高产量和谷物市场流通的重农学派不同，杜尔哥试

第十二章　自由市场与自然

图让财富流向穷人，以便通过粮食市场将经济发展的成果带给全社会。[11]

重农学派批评杜尔哥对国家的依赖，杜尔哥则坚持柯尔贝尔主义的观点，认为除非国家先行大范围改革，否则市场无法发挥潜力。杜尔哥认为，在放任市场自由运转之前，首先要保护穷人免受自由化带来的直接市场冲击，因此，国家必须出手帮助那些没有工作、没有食物的人。他强迫土地所有者支持穷人，为修建公路制定专项税收，以终结带有封建性质的强制性筑路徭役。他提倡开办由国家支持的"慈善机构和工场"，为穷人提供就业机会，甚至让女性参与"公共工作"。在这一系列举措中，最重要的自然是修路，因为此举将促进粮食和其他产品的自由流通。杜尔哥甚至尝试进口粮食，以维持治下贫困地区的食物供应，为无法工作的人提供保障。他本着柯尔贝尔倡导的思想，运用手中的国家权力，帮助建立了如今蜚声海外的利摩日瓷器工业。杜尔哥这套非正统却相当务实的、杂糅了柯尔贝尔主义和重农学派思想的改革措施取得了一定成功，也激发出其更雄心勃勃的计划。[12]

1774年，杜尔哥进入柯尔贝尔创立的财政圈，有机会在更大范围内实践自己的政策。当上财政大臣后，他首先坚决叫停了国家贷款，设法降低利率，这一步行动非常成功。然而，放宽粮食贸易监管的尝试却遭遇惨败。他刚刚取消价格管制和政府补贴，废除古老且复杂的面粉和面包分销系统，就赶上了法国农业歉收。商品短缺、市场混乱、投机倒把、物价上涨和饥荒导致了1775年4—5月被称为"面粉战争"的起义。加利亚尼借机重申了自己的观点,即遭遇自然灾害时,政府必须介入。在缺少对穷困群体的援助的情况下撤销监管,改革势必以灾难告终。杜尔哥忘了自己总结的市场发展规则。[13]

在面粉战争如火如荼之际,雅克·内克尔(Jacques Necker)出版了《论谷物的立法和贸易》(*On the Legislation and the Commerce of Grain*,1775年),抨击杜尔哥和重农学派的主张。内克尔是一位非常成功的瑞士银行家、金融家、哲学家,信奉新教,住在巴黎,为法国政府提供了大量贷款。作为一名经济学家,内克尔认为自由比监管更可取,总体上倾向于自由贸易。他指出,人们应该有权利用自己的钱、劳动和职业做自己想做的事。与此同时,他也赞同柯尔贝尔的主张,坚持认为国家立法者必须制定"禁止性法律",以确保粮食贸易中对"自由的滥用"不会导致饥荒。他同意加利亚尼的看法,认为不能单纯地将粮食交给市场力量,因为自然太善变,而社会太脆弱,敏感的粮食供应需要得到政府的保护。因此,内克尔提出了一个古老的论点:市场自由固然重要,但仅适用于非必需品。[14]

尽管受到种种批评,杜尔哥的自由化改革决心并未动摇。他又试图取消带有封建色彩的强制性农民劳动和行会特权。结果,从农民到商人再到贵族,他得罪了所有人。杜尔哥的改革和宫廷密谋使得政府里的各个派系均与他为敌。1776年5月,法王路易十六命令他辞职。雄心勃勃的农业自由放任主义实验落得惨败的下场,他推行的其他现代化改革措施也随之流产。[15]

杜尔哥的失败让自由市场可无须政府干预自行运转的观点越

第十二章 自由市场与自然

发受到质疑。有些激进的哲学家认为,封建社会和文化需要的不是改革,而是革命。既然君主制下的政府部长无能为力,哲学家便回过头来在拉罗什富科公爵和曼德维尔关于情感驱动市场的主张里寻找出路,希望理解如何借助人类情感创造一个更公平的市场环境。

出生于瑞士的哲学家让-雅克·卢梭就人类情感与经济学的关系提出了强有力的论点。与杜尔哥不同,他虽然承认农业在经济中的主导作用,但反对由贵族地主主导的社会制度。他构想了一个民主、平等的农业社会,这个社会基于原始的自然状态,财富由人们共同管理,自然的果实由人们共同分享。卢梭从拉罗什富科公爵的观点中得出了对市场运作方式的看法。他不相信大自然能自发地产生健康和谐的社会和经济秩序。相反,"自然"和农业造成了社会地位差异,导致贫穷、不公正和不平等。他认为,法国经济问题的根源在于贵族拒绝纳税。法国社会惊人的不平等状况使他愤怒,促使他撰写了激进的《论人类不平等的起源和基础》(1755年)。该书基于马基雅维利和霍布斯的政治主张,清晰地划出了精英阶级的自由放任主义哲学与激进的共和民主思想的界限,并审视市场和向富人征税的问题。卢梭指出,多数派政府必须对财富、商业和地主的权力实施严格监管,这是显而易见、毋庸置疑的。在他看来,西塞罗对自然状态及其不变法则的镜像社会的推崇导致了不公正。民主政治必须介入,摧毁这种"自然的"等级制度,建立一个更公正的世界。[16]

卢梭后来成为那个时代最著名的作家、伟大的激进主义思想家，他的观点启发了以托马斯·潘恩为代表的欧美两地的革命者。他的政治著作《社会契约论》（1762年）动摇了欧洲政体的基础，为国家意识和民主观念搭起了框架。卢梭在该书里感叹："人生而自由，却无往不在枷锁之中。"与霍布斯和洛克相反，卢梭认为社会并不能让人变得更好，反而会令人们丢失原初的善良。真正的原罪是社会和财产本身。在卢梭看来，个体仅仅通过与他人的比较来定义自己，造成了个体的自私自大，并由此带来不平等。为了满足个人的骄傲，人们创造了非自然的"惯例"和"特权"，把人划分为不同等级，还因此沾沾自喜。他批判了洛克和重农学派的主张，指出私有财产和精英，以及少数派政治和经济统治乃人类的枷锁。[17]

卢梭称，人类最积极的价值存在于怜悯之中，与"理性正义的崇高格言"并行不悖。怜悯激发了共情的本能。当一个人看到苦难时，他能感同身受，从而践行"己所不欲，勿施于人"的观念。卢梭认为，如果没有这些与生俱来的慷慨，人性早已泯灭。此外，他认为财富是一种腐朽的罪恶，要用同情心、同理心和促进经济平等的政治手段来对抗。大地主贵族和农民的存在表明，现代人需要纠正传统。对洛克从基督教角度阐释的私有财产史，即伊甸园的堕落产生了私有法律的观点，卢梭予以了抨击。卢梭认为，恰恰相反，第一个发现一片土地并宣称"这是我的地"的人是"强盗"，人类的苦难和不平等应归咎于此。在他看来，对所有权的承认是走向封建主义、寡头政治和暴政的漫漫长路上的第一步，因为从此人类将自身的个人权利交给了贵族和国王。卢

第十二章　自由市场与自然

梭指出，法律不应以所有权为出发点，也不应基于文明和教化，而应是社会中大多数人以民主的方式做出的共同决定："少数人大快朵颐，饥饿的大众却缺乏生存必需品……这显然违背了自然法则。"[18]

卢梭的著作热情洋溢地反对利益驱动的市场，支持市场干预和通过激进的民主手段实现平等主义，这无异于向各派经济学家抛出了一个严峻的问题。早期的经济理论家，如马基雅维利、曼德维尔和多玛等人认为，人类的欲望是市场交换的强大驱动力，然而卢梭却彻底拒斥由个体恶习（在多玛的基督教语境中表述为"罪恶"）驱动的交换可能带来公共利益的观点。相反，他认为大众必须有意识地抵制自私自大的恶习，调动起人类的怜悯与同理心，从而创造一个更幸福、更平等、更公正的社会。

卢梭的哲学直接威胁到了当时的各派势力，包括君主、神职人员、贵族以及财富可与旧贵族比肩的新贵商人和金融家。他的思想是在社会的方方面面——尤其是农业——对民众主权的呼唤，可以被视为马基雅维利主张——不得让任何个人或寡头集团富可敌国——的极端形式，亦是对西塞罗礼仪和等级社会反映自然秩序观点的挑战。卢梭借用自己广受欢迎的作品呼吁实行农业民主化，让公众意识到他们理应在经济事务中拥有立法权。

卢梭不仅是平等主义政治激进派的先驱，他对人类情感和经济的分析日后也成为亚当·斯密的主要灵感来源。斯密从卢梭的作品中找到了思考自由市场的路径，但颇具讽刺意味的是，斯密却顺着这条路径最终证明了自由市场的合理性，彻底颠覆了卢梭的观点。卢梭认为怜悯和同理心等人类的高级情感是贪婪、骄傲和自私等市场驱动因素的解毒剂；斯密则认为市场不仅由贪婪驱动，人类的同理心、道德责任等美德也是市场的驱动力。卢梭认为，由同理心推动的激进民主是通往和平与道德社会之路；斯密则认为，以农业为基础的传统英国议会制社会体现了自然道德，在适当的条件下，它可以对贪婪与等级制度加以引导，创造出一个能够为公共利益服务的仁爱的自由市场。

第十三章

亚当·斯密与仁爱的自由贸易社会

> 正是出于对自身利益的强烈认知,他们[商人和制造商]才常常强迫他[乡村士绅]慷慨解囊,说服他放弃自身利益和公共利益,因为他们单纯而真诚地相信,他们的利益才代表公众的利益。然而,在贸易或制造业的各个领域,商人的利益总是在某些方面与公众的利益有别,甚至完全相反。
>
> ——亚当·斯密,《国富论》,1776年

与卢梭一样,亚当·斯密对贪婪不齿,也对曼德维尔的《蜜蜂的寓言》传达出的犬儒主义思想感到不安。作为格拉斯哥大学斯多葛派道德哲学教授,他不相信恶习可以变成美德。美德意味着勤奋工作,而他的工作就是要传授这个道理。斯密不同意卢梭关于人类情感纯然天生的看法,无论这种情感是贪婪还是怜悯,也不认同社会本质为恶的观点。西塞罗的斯多葛派哲学主张,个体可以通过践行自律和道德让社会变得美好,斯密对此深信不

疑。如果说我们可以从斯密的经济学著作中归纳出一个明确的观点，那就是道德对市场运转不可或缺。《国富论》清晰地表明，斯密并非现代意义上的经济自由主义者，更不是自由至上主义者。他认为，唯有强大的管理精英领导下的遵循道德规范的农业社会，才能创造和维持自由市场。

不过，大多数现代经济学家并不这么看待斯密，往往误以为他为贪婪和商业利益辩护。事实上，现代经济学家对斯密的理解脱离了现实，扭曲了他的主张，一如人们对柯尔贝尔的偏见。例如，米尔顿·弗里德曼将斯密在《国富论》里关于"看不见的手"的论述理解为呼吁将政府排除在经济生活之外。弗里德曼声称，斯密的"核心主张"是经济合作应"完全自愿"，"没有外力，没有胁迫，没有对自由的侵犯"。然而，无论是弗里德曼还是其他大多数现代经济学家，都犯了以偏概全的错误，结果把斯密从一个不信任商人和公司，推崇强大的精英政府、殖民统治、奴隶制、公共教育和特定关税的道德哲学家变成了现代公司制的自由主义代言人。[1]

平心而论，斯密近千页的《国富论》的确叫人望而生畏，他的不少引述也容易让人误以为他完全赞成自由放任主义。他在书中警告，政府"试图指导个人使用属于个人的资金"是愚蠢的。他批评政府干预个人的直接经济决策："在人类社会这个大棋盘上，每一枚棋子都有各自的运动原则，哪怕与立法机构可能想要强加其上的不一样。"他后来当了税务官，并对苛税进行了反思："政府学得最快的把戏就是从民众口袋里榨干钱财。"斯密认为，

第十三章 亚当·斯密与仁爱的自由贸易社会

生产和消费不应受任何政府的阻碍:"消费是一切生产的唯一宗旨和目的,生产者的利益固然要得到关注,但当且仅当此乃促进消费者利益之必需时。"斯密的某些话语让他看起来像个不折不扣的自由市场倡导者:"[没有贸易限制的]自然的、简单明了的自由体系会自行建立起来。每个人……都可以完全自由地用自己的方式追求自己的利益。"[2]

然而,如果我们将斯密关于市场自由的论述放在历史背景下去考察,就会发现他的观点与现代自由市场思想家的相去甚远。《国富论》是一个雄心勃勃的尝试,意在于商业与帝国双双崛起的时代调和农业寡头统治与自我调节市场的愿景。斯密认为,唯有在农业主导的社会里,在地主精英的管理之下,限制商人利益,提高人们的求知欲和斯多葛派美德,贸易才会繁荣。身为罗马道德哲学的教授,由斯密来领导这场西塞罗式的道德复兴再合适不过。

英国和法国的持续冲突令重农学派恢复农业社会、自由市场和国家间和平的希望破灭。在这场争夺国际市场主导权的斗争中,两国都采取了保护性策略,以发展本国工业。18 世纪上半叶,英国经济低迷。法国的布料生产进一步蚕食着英国经济。法国人牢牢控制着地中海市场,阻碍了英国与土耳其和西班牙的贸易。法国还主导着糖业市场,全年总出口量与英国持平,甚至超过了英国。18 世纪 40 年代,法国的海外贸易以三倍于英国的速度增长。从 1720 年到 18 世纪 50 年代,法国的出口量年增幅为

3%~5%，而英国的年度出口增量只有1.5%。放眼全球，英法的代理人之战，即奥地利王位继承战争（1740—1748年）让两个大国在政治舞台上针锋相对，而七年战争（1756—1763年）则是一场波及更广的全球商业和帝国霸权之争。这场战争从欧洲蔓延到美洲、印度和西非，寻求某种和解方案是当务之急，不少经济学家认为自由市场或能带来和平。[3]

作为一名学者，斯密认为国际学术界的互动可以证明自由交流有益于各方。法国和英国虽在战场上兵戎相见，但两国的知识分子和科学界仍自由交流。英吉利海峡两岸的主流思想家素有协作研究的传统，法国和英国也因此在争辩、友谊和学习中共同发展。托马斯·霍布斯曾于17世纪30年代在法国深造，1640年再度逃往法国，以躲避英国内战初期的政治纷争，并在那里写下了《利维坦》（1651年）。无独有偶，法国哲学家伏尔泰在流亡伦敦期间撰写了关于英国哲学、政治和生活的作品。到了18世纪中叶，来自欧洲和美洲各地的知识分子纷纷涌入巴黎的沙龙，各路哲学家在此讨论科学、政治，以及应对似乎永无休止的全球冲突和市场挑战的可能方法。英法知识交流的悠久传统对斯密的自由市场理论的形成起到了至关重要的作用。[4]

斯密在社交和学术上受其导师大卫·休谟的荫庇，这位苏格兰哲学家在法国知识界的人脉以及他关于自由市场思想的文章为《国富论》奠定了基础。可以说，休谟的著作为斯密的著作勾勒了蓝图。休谟出身没落贵族之家，自幼聪慧，在爱丁堡大学获得学位后即前往法国继续"提高"其"文学天赋"。1734—1739

第十三章　亚当·斯密与仁爱的自由贸易社会

年，休谟在卢瓦尔河谷安茹的拉弗莱什耶稣会学院学习，勒内·笛卡儿也曾是该学院的学生。学院里的不少耶稣会士都有过当传教士的经历，他们向这个年轻的苏格兰人讲述了在亚洲和南美洲旅行的故事。休谟由此对社会与民族的比较研究着了迷，浸淫在学院图书馆丰富的希腊和欧陆哲学文献以及关于法国历史、道德和经济思想的资料里。[5]

正是在拉弗莱什，休谟写下了具有开创意义的《人类理智研究》(Essay on Human Understanding)，该书在他1738年回到伦敦后得以出版。这部作品对人类的学习和认知进行了分析，堪称启蒙运动认识论的奠基之作。休谟认为，通过对伦理规范的理解可以构建起一个有道德的经济体系和社会。他阐释了古希腊斯多葛派和伊壁鸠鲁派哲学家建立持久的自然运动与行为准则的方式，并将其与托勒密和哥白尼对行星和恒星运动的理解进行比较。他认为，将斯多葛派的观点与天文学相结合，可以提供领悟人类行为与经济学的视角。这一路径后来对斯密自己的经济思想产生了深刻影响。[6]

作为一名宗教怀疑论者，休谟认为人类的进步不在于寻求理解上帝，而在于通过观察来认识和理解自然及社会的能力。他主张把未采用理性、科学思维的宗教哲学作品统统"付之一炬"。休谟从未宣称自己是无神论者，但他拒绝一切超自然的或奇迹般的解释。他声称，万事万物皆有合乎概率的自然因。[7]

休谟基于对历史的研究指出，人类可以通过自由思想、教育、艺术、科学和自由贸易避免一个失败的社会。他没有从基督教关于罪恶的角度看待生活，而是借鉴了西塞罗、罗马皇帝马可·奥勒留和古希腊斯多葛派哲学家爱比克泰德的观点，提出了一种乐观的美德愿景，这种美德基于世俗形式的公正和仁慈，将为人类带来幸福和繁荣。马可·奥勒留通过考察"违法者的角度"，提出了一种达至国内和平的哲学方法。他认为，这样做可以调节个体的虚荣心，培养仁爱之情。马可·奥勒留继承了柏拉图和西塞罗的思想，认为"艺术和科学"是完善人性的途径。实现学而有成的唯一方式是通过自由政府和"知书达理的社会"，这将成为抵御乌合之众"暴政"的堡垒。休谟遵循这些古老的斯多葛派主张，希望英国政府也能制定良善之法，促进有道德的、以农业为主导的自由贸易。[8]

休谟指出，欲使自由贸易和商业蓬勃发展，英国必须在与法国的关系中抛弃"贸易平衡问题引发的忌恨"。他认为，这种对法国的"仇恨""没有界限"，破坏了社会的幸福和繁荣。柯尔贝尔和孟德斯鸠也曾提出相同的看法。休谟预言，一旦商业社会成熟起来，自由贸易就能带来和平和商业财富。他以自己在法国的愉快经历为切入点，指出与其寻求有利的贸易平衡或没有奢侈品的世界，不如追求与法国人"开放贸易"带来的和谐或以双赢为前提的比较优势。[9]

休谟和斯密著书立作之时，1707年的《联合法案》（Act of Union）刚颁布不久，英格兰和苏格兰刚刚合并为大不列颠。此举为苏格兰人打开了通往英格兰及其殖民地市场的大门。爱丁堡和格拉斯哥成为富有的帝国贸易城市，在贸易和合同条款谈判中获得优势。休谟和斯密都亲眼见证了这一经济扩张过程，也都从中受益。1747 年，格拉斯哥通过谈判达成了一项从法国殖民地进口烟草的垄断协议。克莱德河随即成为烟草和制成品集散地，苏格兰商人用这些商品换取奴隶，这样的贸易圈是格拉斯哥人在 50 年前无法想象的。烟草、奴隶、棉花、糖和朗姆酒让苏格兰商人的钱包鼓了起来，研究机构和大学也生机勃勃。苏格兰终于尝到了财富的滋味，它充满诱惑，令人陶醉。显然，正是这种实实在在的帝国自由贸易及其对财富的承诺让大卫·休谟和他的门徒亚当·斯密均支持合并，梦想着帝国版图下的更广阔的自由贸易愿景。[10]

亚当·斯密就是在这样一个时局动荡、经济扩张、知识分子跃跃欲试的年代里长大成人的。他 1723 年出生于苏格兰古老的商业制造城镇柯尔卡迪，与爱丁堡隔福斯湾相望。他的父亲是律师兼海关审计员，在他两个月大时就去世了。他的母亲来自地主阶级。斯密就读于镇上最好的学校，在那里接受了系统的古典教育，打下了扎实的拉丁文基础。天资聪颖的斯密 14 岁进入格拉斯哥大学，师从著名道德哲学家弗朗西斯·哈奇森（Francis Hutcheson）。在哈奇森的影响与鼓励下，斯密对当时启蒙运动宣扬的古罗马伦理学、科学、言论自由以及洛克的自由主义思想产生了浓厚兴趣。1740 年，斯密获得牛津大学贝利奥尔学院研究生奖学金。不过，他痛恨那个地方，觉得那里腐朽没落，思想保守。他涉猎广泛，无奈时常被神经性颤抖折磨，于 1746 年奖学金耗尽之前离开了牛津。1748 年，斯密开始在爱丁堡大学授课，

1750年成为格拉斯哥大学的教授,讲授古典修辞学、道德哲学、法学和纯文学。

斯密的写作生涯始于1756年。当时,他致信《爱丁堡评论》(Edinburgh Review),批评卢梭关于不平等与共情的理论。斯密不认同卢梭关于人类道德与生俱来且仅出于怜悯的观点。作为一名斯多葛派信徒,斯密认为道德源自教育、社会、财产、哲学学术辩论和个人修养。在他看来,卢梭愤世嫉俗的社会观导致了"漠视善恶"的虚无主义。斯密承认商业社会存在邪恶、贪婪的倾向,同时指出,必须由拥有土地和财富、遵纪守法、接受过良好教育、具有善意和"同情心"的理性人担当公民表率,否则世界将陷入战争和"绝望"。[11]

1759年,斯密出版《道德情操论》,阐述了自己的核心思想:人们可以借助斯多葛派的道德哲学建立一个道德社会。不同于霍布斯和卢梭将情感归于先天的原始冲动,斯密承袭斯多葛派的主张,相信道德情操是可以培养的,并可创造出一个美好的社会。斯密认为,"苦涩和悲痛的愤懑之情更需要充满同情的治愈与安抚"。身处18世纪50年代末英法冲突的背景之下,斯密认为战争是人类道德缺陷的产物,他试图通过自己的作品寻找一种摆脱战争控制的哲学解药。[12]

受爱比克泰德的启发,斯密形成了拒斥贪婪的哲学观念。为了让社会和市场良好运转,有道德的人必须控制愤怒和欲望等激情,永远不要"对犯错误的人发怒"。人们必须成为"不偏不倚的旁观者",为那些犯了错的人指出其错误之处以及"如何改正"。斯密希望能找到一种方法，将个体的斯多葛式自我控制和保持公正的理念引入社会，让世界更美好。[13]

斯密的作品中带有些许基督教的腔调，但并没有提到《圣经》。从遣词造句推断，他显然相信自然神论，将上帝描述为"自然界的全知者"，创造出人类作为"他在地球上的代理人，监督他兄弟们的行为"。斯密还将上帝称为"宇宙的管理者"。但这位神并非道德的仲裁者。相反，必须对其他人的行为做出判断的恰是人类自身。斯密试图通过道德体系和牛顿式的因果律建立一个具有自我调节能力的社会。他在1773年的手稿《天文学史》（The History of Astronomy）中写道："一连串看不见的物体将两个事件联系在一起，而这两个事件的先后顺序是众所周知的。"牛顿揭示了"一个系统"，在该系统里，有一只"看不见的手"在运动中设定了一个保持理性平衡的发条装置。[14]

在斯密看来，人类的道德行为、爱和合作是保持社会机制平衡和永续运动的控制杆。他认为，自由经营的、遵循道德的、以农业为主导的贸易是劳动分工中必不可少的组成部分，有效地分配既有差异又彼此协作的制造和贸易活动可以让人们和平地共同创造财富。斯密引述西塞罗的观点称，商业"应该是国与国之间、人与人之间团结和友谊的纽带"。若个人和国家均能在经济层面开展合作，就会为所有人创造财富。这是斯密的伟大洞见。[15]

然而，斯密提出的仁爱、合作、自我调节的社会理念不会自发实现，它需要领导者和立法者。在斯密看来，这些人只能是受过教育的富裕的贵族地主。斯密早就注意到，鲜有人能真正理解治国理政的法律原则，哪怕是不完善的。他援引亚里士多德和西塞罗的话称，理想的立法者应接受过良好的教育，礼貌、仁慈，只忠于法律本身，唯有这样的人才能坚持必要的自我约束，践行民法的"科学"。[16]

一如路易十四时代的伟大批评家费纳隆在《忒勒玛科斯历险记》中描述的，由贵族统治的有德政府将带来自由与财富。斯密宣称，尽管法国可能比英国更富有，但它不具备成为商业强国所必需的道德社会，因为它没有自由的议会政府来维护"公民的安全、体面和幸福"。法国的君主制独断专横，这种政治和社会美德的缺失使得真正的仁爱无法彰显。斯密认为，英国自1688年光荣革命以来实施的精英代议制是避免"国外战争和国内冲突"，建立一个幸福、富足的国家的唯一方式，也是通往自由市场的唯一途径。值得注意的是，斯密的理论并没有考虑到英法已交战近百年这一事实，也没有经受过自由市场法则的考验。但他似乎相当乐观，相信英国有一定的道德基础，能够实现他热切憧憬的社会进步。[17]

亚当·斯密的哲学与他的个人生活经历不无关系，也离不开令他的第一本书《道德情操论》大获成功的物质环境。在休谟的帮助下，斯密孜孜不倦地搭建起一个背景深厚的朋友圈，为自己的财富与成功添砖加瓦。当斯密的《道德情操论》于1759年首次出版时，休谟和他供职《爱丁堡评论》的朋友们即敦促斯密的出版商安德鲁·米勒将这本书寄给有权有势的苏格兰大贵族——深受王室信赖的首相比特伯爵、阿盖尔公爵、曼斯菲尔德勋爵、谢尔本伯爵以及巴克卢公爵的继父查尔斯·唐森德。据休谟那些消息灵通的朋友说，"上流社会人手一本"《道德情操论》。这些权贵对斯密日后的事业及其作品的传播大有助益。[18]

1759年夏，斯密受聘担任第一代谢尔本伯爵的小儿子托马斯·菲茨莫里斯的家庭教师，自此开启了他教育苏格兰大贵族子弟的精彩生涯。他成了这些年轻人学习古典哲学、法学和罗马贵族美德的导师。作为一名长期浸淫学术圈的单身汉，斯密迷上了奢侈的生活和昂贵的服饰。彼时正是所谓的英国"寡头时代"，社会由"独立的乡村绅士"主导，而这些人大多属于占据下议院多数席位的托利党和辉格党保守派。这些世袭贵族在议会中拥有空前的权力。斯密虽对专横的社会等级制度颇有微词，但仍巧妙地爬上了苏格兰大地主社会的顶层，且如鱼得水。他日后提出的经济理念如同为这些贵族量身定制的，这或许并非偶然。[19]

在一定程度上得益于那本作为礼物的《道德情操论》，斯密又受聘成为年轻的巴克卢公爵的家庭教师和旅伴。公爵的继父为此每年支付斯密500英镑（相当于如今的10万多美元）薪酬，后来又为他提供每年300英镑的终身津贴。此外，巴克卢家族还帮助斯密谋得了利润丰厚的政府海关专员的美差。[20]

休谟一如既往地为自己的得意门生铺路搭桥，确保他能分享自己的成功。1763年，赫特福德伯爵邀请休谟出任英国驻法国大使馆秘书，这是一个非常诱人的职位。休谟在给斯密的信中写道，该邀请"带来了无量前景，令人期待"。七年战争失败后，法国正处于低迷时期。尽管如此，休谟仍感到那里的社交生活丰富多彩，花大量时间与其他著名哲学家交往，以至于几乎没时间"翻书"。1764年，斯密受富豪唐森德赞助，得以追随休谟来到欧洲大陆。他后来提到自己利用这个机会开始"写一本小书来打发时间"。据信，这本书就是《国富论》。[21]

经休谟引介，斯密结识了法国最具影响力的一批经济学家，探讨了当时的主流观点。在日内瓦，他遇到了伏尔泰。在巴黎，休谟又把他介绍给著名的法-德无神论哲学家霍尔巴赫男爵保罗-亨利·蒂里（Paul-Henri Thiry），男爵热情邀请他加入自己的社交圈。此外，斯密还结识了魁奈和重农学派。鉴于斯密是当时为数不多的不能说一口流利法语的知识分子，而法语又是欧洲精英的通用语，他在社交圈的成功令人印象深刻。他成了主流沙龙的常客，穿着崭新的巴黎时装风度翩翩地出入剧场。这也是有史以来第一次，经济哲学家呼朋唤友地活跃在欧洲大城市里。斯密与重农学派的关系最亲密，阅读了该学派重要作品的早期版本和各类手稿。魁奈、杜邦·德·内穆尔和米拉波侯爵也向斯密介绍了他们的主要观点：土地是国家财富的唯一源泉。与重农学派在一起，斯密觉得自己找到了智识的知音。[22]

1766年，斯密结束欧洲大陆之旅，回到苏格兰。一年后，他因健康原因被迫搬回柯尔卡迪，与母亲同住，并在那里完成了《国富论》。英国及其帝国是斯密的灵感之源，专制的法国则作为对照，至少是在修辞意义上而言。斯密的自由市场观念带有明显的民族和帝国色彩。当他谈到自由市场时，特指的是英国及其殖民地。他认为，在实行君主立宪制和贯彻《权利法案》的英国有望实现的东西，不可能在实行不同社会和政治制度的欧洲大陆国家实现。

斯密在《国富论》里重提财富来自农业的老调，阐述了自己的重农主义经济学理论。他赞同魁奈的观念，认为农业劳动是一切财富之源，剩余农产品是工业财富生产的基础。工业本身并不创造财富，只是转移剩余农产品的价值而已。在斯密眼中，魁奈的《经济表》是"我们这个时代最伟大的发现"，因为它展示了农产品支撑商业进而带动经济增长、实现"富足"的方式。与休谟一样，斯密也认为着眼于保护农业生产力，不应该对农业征税。他也不赞成对工业投资，认为在一个健康、自然的体系里，商业和工业利润应直接返回农业生产，因为"在资本投入相同的情况下，农民的劳动产出最多"。斯密研究了经济流动以及经济如何能达到奇迹般的平衡，但他不明白的是，将资本投入技术和工业，而不是农业，才是实现财富指数级增长的不二法门。[23]

斯密对工业和私营企业抱持怀疑态度，视其为社会的潜在敌人。他指责公司和同业公会不仅导致垄断，而且使得工人遭受恶劣的待遇。他在《国富论》里花大量篇幅对"公司"和"师傅"压低工资、破坏诚信、损害"工人"劳动的行径给出了警告，认为若工人能与"顾客"直接打交道，会更有成效。在斯密看来，企业压低工人工资，是寄生虫般的中间人。推动工业发展的不是发明家、公司和投资者，而是工人自身。如果工人能够摆脱公司的束缚，就可以换来工资的全面上涨和社会的进步。[24]

与魁奈一样，斯密也认为经销商和制造商事实上在财富创造的初始过程中毫无贡献。他断言，"工匠和制造商的劳动""从未给从土地里生产的初级产品增加任何价值"。商业阶级只有通过对农业的再投资才能"增加他们那个阶级的收入和财富"。斯密指出，唯有农业获得更多资金，商业才能扩展，工业才能发展，"勤劳穷苦的工人"的工资才能增加，他们的家庭才能获得"健康的"饮食、体面的衣服和舒适的住所。因此，如果解放了农业生产，让地主阶级主导社会，就能缔造充满仁爱的有德社会，那只"看不见的手"就会引导商业遵循农业道德规范。[25]

"看不见的手"在斯密的作品中出现了三次：一次在《道德情操论》中，一次在《天文学史》中，一次在《国富论》中。每次使用都语义含糊，甚至带着批判的色彩，以至于历史学家艾玛·罗斯柴尔德（Emma Rothschild）认为他对这个隐喻的使用颇有些"讽刺意味"。斯密不喜欢人之于系统如同棋盘上被摆弄的棋子这种看法。相反，他认为社会中的人具有自主性，而道德可以促使人们做出有利于集体的行为。不过，斯密也不相信，如果任由商人自行决定，他们能做出合乎道德的经济选择。在他看来，商人是自私的，倘若他们做了什么好事，那是因为他们"被一只看不见的手牵引着达成了原本无意实现的结果"。这只将商人从本能的贪婪中拉出来的"看不见的手"就是社会，它在不那么无形的精英地主阶级的领导下，通过精心设计的税收制度，重农抑工，释放自然之力，从而创造国家财富。只有农民和与农业紧密相关的劳动者不需要社会的道德鞭策，他们在农业生产中已经形成了劳动分工。这种分工并非出于智慧的洞见，而是来自在斯密眼中与生俱来的东西：功利性交换的"人性倾向"。社会的领导者必须通过在政治上支持农业部门来创造经济均衡。他指出，通过这种方式，可再现西塞罗倡导的罗马美德。[26]

社会领导者必须确保政治不被商人控制，否则就会形成垄断，破坏市场。斯密认为，柯尔贝尔给予商人和工业家过多权力，这着实是个错误。他误以为是商人的影响导致柯尔贝尔颁布了庞杂的政府法规，甚而高估了"城镇工业"的价值，低估了农业。斯密是第一个使用"重商主义"这一术语的人，他用该术语指称由商人管理且为商人利益服务的政府。斯密坚信，商人阶级的垄断倾向构成了对道德和市场自由的最大威胁，因此国家必须予以制衡。政府的角色是解放自然，让遵循道德规范的市场将商人拉回土地，拉回一切财富之源，从而阻止他们的破坏性和垄断倾向。[27]

尽管斯密提出了种种批评，但他对柯尔贝尔的"超凡能力"和"正直"钦佩不已，且两人的观点有很多共通之处。斯密不但不反对如今被视为与柯尔贝尔和重商主义相关的经济民族主义，《国富论》中的某些章节看起来也颇有柯尔贝尔的色彩，尤其是关于建立帝国贸易区的方式。斯密解释说，看不见的手的部分任务在于引导商人支持"国内工业"战胜"外国工业"，从而产生"最大价值"。他称赞带有保护主义色彩的1651年《航海条例》"或许是英国所有商业法规中最明智的"，因为它旨在防止外国商人破坏英国的贸易,支持英国国内和整个帝国的市场扩张。[28]

按照现代标准,斯密盛赞的英国社会绝非自由主义的天堂。18世纪的贵族对居住在其领地内的人仍拥有强制性的封建权力。他们控制着法官、警察、民兵,以及其封地内的所有公共事务和大部分私人事务。国家也不再温和,开始镇压帮派,随意征抓贫穷男性,强制其加入海军。1723年,英国出台《血腥法典》,罗列了偷羊、偷兔子、未经许可砍伐树木等200多条死罪。绞刑架随处可见,罪犯通常会被打上烙印。斯密不是卢梭,他并不想改造英国,但他确实希望通过增加国家财富带来社会的温和进步。他希望为工人提供体面的生活条件,让工人及其家庭有足够的食物、合适的住所和温暖的衣物。[29]

英国社会的无形之手要把文明的力量带到殖民地,这就意味着要教育那些因远离大都市而未能进入成熟的商业社会的民众。斯密以美洲人为例指出,商人不能胜任管理职责,因为他们在做决策时仍然只考虑自身的利益。斯密没有提到约翰·洛克已经垄断了马里兰的烟草行业,他抱怨说,"出于某种奇怪的荒谬理由",商人以为"主权仅仅是"贸易和利益的"附属品",因而一心阻止竞争。由精英阶级管理的洛克式开明政府必须介入尚未发展出先进商业社会的地方,用文明教化引导自然之手。彼时正是美国独立战争(1775—1783)时期,斯密虽反对美洲殖民地脱离大英帝国,但同时也希望倘若美国获得独立,两国能结成自由贸易同盟。事实上,新兴的美利坚合众国反其道而行之,于1783年开始对所有外国商品征收关税,以保护其尚在发展中的

第十三章　亚当·斯密与仁爱的自由贸易社会　　　　　　　　　　　189

脆弱经济。[30]

　　斯密笃信社会进步的阶段性和洛克式的英国农业契约社会。他暗示，相对先进的英国能把"由猎人和渔夫组成的野蛮民族"带进农业社会，让他们产出剩余产品，并朝商业社会的文明"便利"迈进。斯密还相信有可能用更完善的法律来改进奴隶制度。他显然没有意识到酷刑、强暴和肢解在法国殖民地司空见惯，竟以为法国奴隶制采用了"温和的手法"，令那些受奴役的人更忠诚、更有效率，且"智力"也有所提高，能够在朝"自由仆人"转变的过程中将自身利益与主人的利益联系起来。斯密对自由的看法与他对经济发展的看法一致，认为这个连续的进步过程分为若干阶段。看不见的手同样可以对奴隶起作用，但前提是奴隶要进化到他所设想的更高的道德和社会境界。[31]

　　斯密不仅无视重农学派对人类奴役的反对，看不到奴隶制的根本问题，而且忽视了发生在眼前的、彻底改变了世界的第一次工业革命的经济潜力。他认识工业蒸汽机的发明者詹姆斯·瓦特，还曾经帮瓦特在格拉斯哥大学实验室谋了个职位。然而，没有证据能够表明斯密理解工业织布机和工厂的真正经济意义，甚或瓦特蒸汽机的变革力量。[32]

　　以瓦特为代表的先驱工业发明家深知，财富不是来自农业，而是来自具有增值能力的创新的制造业和工业。1775年，马修·博尔顿和瓦特创办了私营发动机制造公司，到1781年，他们已经开始在英国中部地区设立大型工业纺纱厂。彼时，斯密仍健在，仍在忙着收税。创造力、自然科学、企业家精神、工业、煤矿,以及向工业和殖民地倾斜的政策将为英国经济带来优势。斯密的《国富论》于1778年、1784年、1786年和1789年四次再版,修改了关于斯多葛主义和其他关键主题的章节,但从未提及这些年间出现的技术进步和生产变化。这就好比在2000年撰写一本关于旧金山经济的书,却只字不提科技或软件的财富创造能力。这似乎是历史上又一个引人瞩目且发人深省的讽刺:自由市场经济学经典的作者,在自己的晚年一边重写了关于罗马道德和经济自由的著作,一边凭借税务官身份和与政府高层的紧密关系,过着养尊处优的官僚生活。[33]

斯密的思想在今天看来是自相矛盾的。它构想了一种靠道德和交换维持的市场。一方面,它试图借助保护主义和帝国的力量推动国内发展,将投资资本限制在国内,因而带有柯尔贝尔主义的色彩。另一方面,它认为农业是财富的发动机,而这恰是重农学派的主张。如今的经济学家往往把斯密描绘成社会自由主义者,但事实上,他提倡的是洛克式的、由寡头富豪统治的有限代议制政府,并期望政府能在特定情况下对商人的自私倾向予以纠正。[34]

斯密的工作极大地推动了新兴的经济学研究。他理解劳动分工或专业化行业合作在商业和制造业社会中的重要性。他意识到政府立法在阻止垄断以保证自由竞争和提高工资待遇方面的关键作用。他预见到了凯恩斯主义的经济刺激形式,即富人在经济萧条时期消费,以维持就业。他也相信某种形式的一般均衡理论,认为农业劳动、供求关系、代议制政府和道德社会理应可以维持良好的市场运作和定价体系，而无需过多的政府干预或对个人财产及消费者权利的侵犯。[35]

最后，斯密的核心追求是为新的商业时代重塑古代道德。一旦将地主阶级从设计拙劣的税收制度和其他经济"禁令"中解放出来，自由的农业贸易就可以继续为英国带来繁荣、秩序、仁爱以及和平。正如西塞罗曾经承诺的，以及斯密在《道德情操论》中阐述的，自由和农业能培养出健康的友谊。斯密坚信，商业绝非混乱与仇恨之源，它完全可以成为个体和国家之间"团结和友谊的纽带"。[36]

更重要的是，斯密解决了伊甸园中古老的道德问题。这个问题曾迫使圣安布罗斯、圣奥古斯丁和圣方济各在宗教和物质上采取极其严苛的立场。按照基督教的传统观点，人类是堕落的造物，无法在寻求基督的救赎之外另有所成。斯密却找到了一条全新的途径，绕过原罪以及卢梭对人类与公民社会的带有奥古斯丁主义和加尔文派色彩的悲观论调。亚当和夏娃的错误在于打破了伊甸园的规则，这一行为导致他们被放逐，成为堕落的人类世界的祖先。斯密乐观地相信，通过斯多葛派的道德律令和良善的政府，人类可以回到某种接近尘世农耕乐园的生活。如果人类能够顺应自然，那么即便是商业，也可以是合乎道德的，可以促进人类世俗社会的进步。尘世的富裕和进步是上帝或自然（取决于宗教信仰，斯密从未明确地表明自己的宗教态度）所乐见的。休谟、斯密以及启蒙时代的其他主流思想家都把这种进步视为自然的一部分，期待通过人类的自由、教育、科学、仁爱之心、农业和商业将其化为现实。撇开进步本身，斯密的哲学还允许人类从进步中受益，借用伏尔泰的话说，去创造"所有可能的世界中最好的"。[37]

晚年的斯密对工业振兴带来的胜利和挑战均未做评价。彼时，马修·博尔顿、詹姆斯·瓦特、约书亚·韦奇伍德和其他发明家都已成为富可敌国的工业家，充分证明未来的财富之路在于工业。然而，制造业在为许多人创造出难以胜数的财富的同时，也将不堪忍受的工作条件和生活条件加于另一部分人身上。船运行业的景气情况和工人的工资并没有随着商业社会的浪潮及其带来的市场自由相应提高。就某些方面而言，斯密对工业的担忧不幸言中。甚至连瓦特和韦奇伍德也开始意识到，污染给工人及其家人造成了致命的损失。

巨大的新财富和经济发展也提出了其他挑战，它并没有让期待中的和平或农业乌托邦化为现实。到18世纪70年代末和80年代，英国成为全球最富有、工业化程度最高的国家，是世界舞台上的强大帝国，但它仍因美国独立和印度洋殖民统治与法国兵戎相见。本应通过"温和的商业"达成的世界和平没有到来。尽管如此，斯密的愿景，即希望商业社会能够在未来趋向道德与良善，依旧是当代经济思想的核心。这种全新的世俗市场理念在维多利亚时代的英国产生了巨大影响。自由市场宣扬财富是潜在的、可获取的，对于一个即将主导贸易、工业和创新80年左右，拥有对手无法企及的竞争优势的国家而言，该信念无疑具有强烈的吸引力。

令人惊诧的是,后来的大英帝国当权者不仅把斯密描绘成制造业和企业的支持者,更把自由市场思想运用到他们自身所处的工业化和帝国强权时代。问题在于,这种部分由斯密设计的自由市场思想实质上是经济胜利者和"尘世代理人"的哲学。因此,即便是那些完全信奉自由市场的思想家,也仍在寻找某种途径,以期让自己的哲学主张能够服务于并非通过自然渠道获取财富的人。

第十四章

自由市场帝国

你们想想，贸易保护怎么可能为国家增加财富？你们能通过立法让国家财富增加一分一厘吗？你们或许能在一夜之间就用法律手段毁掉一个世纪的劳动成果，但我倒想要你们说说看，这个议院里颁布的法律如何能给这个国家带来一丁点儿财富。财富源自工业和技术，你们这些人最好别插手。

——理查德·科布顿在英国下议院的演讲，1846年

自由市场思想在19世纪经历了一次根本性的变化。在此次变革中，影响力最深远的部分集中在英国及其工业领域。自由市场理论家认为，政府如果取消关税和对制造业的监管，就能为国家带来繁荣。这种方式将提高人们的生活水平，形成基于制造业和消费主义的市场均衡。然而，工业时代的经济理论家仍要面对一个古老的问题：国家在维护市场均衡方面仍然扮演着重要角色。

第十四章 自由市场帝国

继亚当·斯密之后，18世纪末19世纪初最重要的市场思想家当数杰里米·边沁、托马斯·马尔萨斯和大卫·李嘉图。这三人都深入探讨了建立在斯密的劳动和价值愿景基础上的可自我延续、创造财富的市场概念，同时寻求修正甚至质疑斯密的许多观点。他们也试图针对斯密提出的道德和经济的"宏伟动力"阐发自己的观点。然而，彼时的政治情绪已发生变化，斯密的哲学追随者不得不勉力维护他对市场的乐观主义态度。[1]

英国法学家、改革家、功利主义哲学创始人边沁或许是斯密的后继者中最为乐观的一位，他指出，由人类情感驱动的经济活动可以保证最大多数人的最大幸福。边沁吸收了古希腊伊壁鸠鲁派的哲学思想，相信追求幸福是合乎道德的善举。依照边沁的"幸福计算"概念，人类的行为选择取决于由此带来的快乐与痛苦的平衡。边沁的《道德与立法原理导论》（*Principles of Morals and Legislation*，1781年）阐释了快乐与痛苦的感觉如何决定什么才是对社会最有用的事物。在边沁的理想世界里，一个人越富有，财富增长为他带来的快乐就越少，他的幸福更多地建立在智识成就和社会进步之上。根据这种估算，财富带来的快感减少将会自然而然地抑制人们的贪婪，促使财富创造者通过反哺社会的方式寻求道德回报。[2]

边沁认为，个人欲望和自由可以驱动经济，带来经济和社会的进步。他是提倡个人自由的先锋，也为女性权利和非主流性意识呐喊。不过，他的幸福计算也需要政府的间或修补，以保持经济顺畅运行。边沁认为，当由快乐和痛苦驱动的市场不能产生良好的结果时，政府就必须介入。例如，政府应通过改革监狱、改善公立学校、禁止移民外国等手段促进社会福祉和公众幸福。政府还应支持外国产业工人入境，按需扩建城市，并提供公共医疗卫生服务。³

边沁相对乐观的市场观念并未得到所有人的认同。随着法国大革命演变成暴力，拿破仑战争横扫全球，一些经济学家开始对自由市场缔造幸福的能力抱持悲观态度。与重农学派和斯密不同，生性阴郁、才华横溢的剑桥大学教授托马斯·马尔萨斯固然相信市场力量，但同时也看到了市场的危险。作为英国圣公会的神职人员，马尔萨斯认为人类因原罪而带有与生俱来的缺陷，不认同启蒙运动提出的人类进步的自然体系以及个体选择的美德。尽管他同意其他经济学家的观点，承认人类欲望推动了市场体系的建立和发展，但并不认为这能带来进步。在马尔萨斯看来，欲望驱动了市场，也将毁灭世界。他不像斯密那样认为工人有可能变成体面人，相反，他眼中的工人是饥饿绝望的乌合之众，仅仅受性欲的兽性冲动驱使。他早期的作品吸收了斯密关于自我延续系统的观念，但赋予该观念一个全新的、更具威胁性的转变：人类是野蛮的罪人，在天生性欲的支配下以不可持续的方式繁殖；人口过剩最终将耗干地球的财富，人类将从自然平衡的天平上掉落，坠入自我毁灭的深渊。

马尔萨斯的人口过剩理论基于重农学派的陈旧观点和斯密的新兴观念，即一切财富均来自农业，市场由情感驱动。但马尔萨斯并不赞同他们关于财富增长可以为人类带来永久富足与仁爱

第十四章　自由市场帝国

的看法。相反，他认为，不断增加的财富会引发人口的指数级膨胀，且人口的"增长率"将迅速超过地球的承载力。斯密在《国富论》中曾给出相似的论断，称"动物的自然繁殖能力与其生存手段成正比"。斯密认为财富的增长能改善贫苦工人的生活条件，比如提供更好的衣服和食物，但也担忧他们的生育率。这名饱学的单身汉说："一名半饥半饱的苏格兰高地妇人常常能生20多个孩子，倒是娇生惯养的小姐往往怀不上一儿半女。"[4]

当然，斯密不是生育问题专家，而马尔萨斯对工业经济中的人口红利也知之甚少。尽管如此，马尔萨斯像斯密一样为穷人的生育能力发愁，认为济贫法和慈善丝毫不能"减轻个体的不幸"。他预见了维多利亚时代工人阶级的深重苦难，但完全忽视了创新和工业提高生活水平的可能性，预言大量贫穷的城市人口将困于疾病和苦难。致命的流行病将导致饥荒"这一大自然仅剩的，也是最可怕的资源"，到头来，严酷的市场转向将减少并控制人口。与意大利重农学派批评家加利亚尼一样，马尔萨斯也对大自然的无情发出了警告。他批判了斯密人性本善和"可臻于完美"的信念，反驳说，唯有基督教信仰才能在一个残酷的、不确定的世界里带来救赎的希望。他后来开始相信，世俗法规或有助于抑制人类的冲动，政府立法限制人口有可能提高经济和社会的稳定。[5]

斯密的早期追随者中最具影响力的大卫·李嘉图承袭斯密的具有自我调节能力的自然市场体系理念。此外，他也同样认为，一切财富的基础在于农业。虽然天主教徒、新教徒、自然神论者和无神论者中都不乏自由市场经济学家，但李嘉图是第一位著名的犹太血统的自由市场经济学家。不过,他在1793年,也就是他21岁时放弃了犹太教徒身份,与一名贵格会教徒结婚,成了笃信基督教一位论派的自然神论者,这使他与斯密的信仰又近了一步。他很早就对自由市场思想感兴趣,与边沁和马尔萨斯都有通信往来。李嘉图的第一桶金来自主权债券市场,他使用欺诈手段操纵市场,大发横财。1815年,他在得到拿破仑于百日王朝最后一战中即将落败的可靠消息后便四处散布谣言,反称拿破仑节节胜利,这促使不少英国债权人纷纷抛售债券。一俟债券市场崩溃,他立刻悉数买进。随着英国人最终战胜拿破仑,他也从那些听信假消息的可怜的投资者身上赚得盆满钵满。

此后,他把自己打造成一名乡村士绅,继续撰写经济哲学文章,以期促进农业生产力提高。他成了盖特康比庄园的主人、格洛斯特郡的高级治安官,还当上了议会议员。尽管拥有土地,位居官职,他却反对土地权益,试图降低农产品价格,因为在他看来,此举符合最大多数人的最大利益。

李嘉图在19世纪初整理并捍卫了斯密的精神遗产,坚称财富来自农业。但与斯密不同,他认为财富是有限的。在《政治经济学及赋税原理》(*On the Principles of Political Economy and Taxation*,1809年)中,他基于土壤肥力决定劳动价值的观点提出了租金定律,指出需求对确定价格和工资没有任何作用,价格和工资的涨跌取决于土地的生产能力。受马尔萨斯影响,他还提出了"铁的工资规律",即穷人的收入总是会降到可维持生存的最低水平。农场工人一旦有了工钱,就会生更多孩子,变得更穷，使工资增长起不到任何作用。提高工资的唯一方法是开放国际粮食市场，增加竞争，如此一来，英国的地主就会投入资金提高生产率、工资甚至农场工人的生活水平。然而，李嘉图警告说，如果地主从固定的资本总额中拿出更多钱用于支付高工资，就无力对农场进行再投资，这反过来又会压低工资水平。[6]

李嘉图固然对工资问题持悲观态度，但他却乐观地认为，对于在经济上占主导地位的英国而言，自由的国际贸易可以降低物价，创造更多商机，提高生活水平。鉴于英国在国际经济中的主导地位，李嘉图所言不谬，英国的确将在开放的经济竞争中获胜。他重提比较优势这一旧概念，也就是国家间的劳动分工，每个国家都生产和销售其他国家缺少的东西，从而提升国家层面的生产效率，拓宽市场，进而有可能改善生活条件。在李嘉图看来，自由的国际贸易可以让全世界变得更富有，让每一个人都得以从中受益。[7]

斯密和李嘉图均以英葡贸易和1703年的《梅休因条约》为例，说明两国的经济能力虽不同，但都从自由贸易协定中受益。斯密认为，即使贸易给某一国带来的利益大于另一国，另一国仍能因竞争加剧而刺激潜在的财富创造。在斯密和李嘉图看来，英葡两国间完全开放的市场不仅惠及葡萄牙的葡萄酒工业（在很大比例上为英国的波特葡萄酒酿酒商所有）和英国的纺织业，也提升了两国的总体经济水平。然而，事实并不像他们想象的那么美好。葡萄牙未能将工业发展到足以与英国同台竞技的水平，国内市场被价廉物美的英国货占领，经济陷入困境。用如今的眼光看，这种不对等的协定显然为英国赢得了竞争优势，同时严重损害了葡萄牙的工业发展。归根到底，李嘉图的经济理论是为英国而设计的，旨在维护其经济主导地位。[8]

到 19 世纪初，英国已毫无争议地成为世界工厂，成为领先的工业和殖民国家，其粮食产量也在全球遥遥领先。身为议会议员，李嘉图的宏伟目标是推动自由贸易。他支持废除《谷物法》，即 1815 年拿破仑战争末期为保护英国地主免受外国廉价谷物冲击而出台的谷物关税政策。李嘉图引用了斯密的带有牛顿色彩的理论，认为自由贸易具有自我调节能力，地主纯粹是在利用关税从国家层面上建立对粮食的垄断，并推高粮食价格。李嘉图虽没能在有生之年亲见，但在来自制造业中心曼彻斯特的工业家、议会议员理查德·科布顿的领导下，提倡自由放任主义的反谷物法同盟不断施压，《谷物法》终于在 1846 年被废除。自此，英国步入了历史学家所说的"自由贸易之国"时代。[9]

《谷物法》的废除不仅象征着英国开始拥抱自由主义思潮，也标志着自由市场政治神话的开启。在普遍适用的市场法则的大旗下，自由贸易的推动者牺牲了斯密心心念念的英国农业精英，将利益让渡给制造业，而后者为了让工人得到廉价面包，需要更便宜的进口谷物。支持制造业的自由派辉格党围绕自由市场思想及其理想组织起一套成功的经济叙事。辉格党政客称赞反谷物法同盟的成功是普通民众对抗腐败和贵族制度的胜利，但从另一角度而言，它也标志着维多利亚时代社会秩序及财富的崛起。[10]

然而，即便主宰了全球市场，英国仍要面对贫困和财富不均的难题。正如马尔萨斯曾经警告过的，若任由市场发展，这些问题不可能得到解决。经济学家、政治哲学家约翰·斯图尔特·穆勒视自由贸易为一把双刃剑，在赞美自由主义的同时也承认它未能提高穷人的生活水平。在许多方面，穆勒是最能代表19世纪初自由市场思想内在矛盾的思想家，他既相信自由市场的生产能力，也意识到国家对推动社会改革以创造更公正的经济体系的作用。

穆勒出生于1806年，在笃信边沁功利主义思想的父亲的培养下成长为一名政治经济学家。这位伟大的自由主义思想家曾在国家垄断企业东印度公司供职，直到公司私有化后被解雇，且自始至终都在为公司和帝国主义辩护，这或许算得上经济学史上又一颇具讽刺意味的事实。穆勒承袭了斯密的信念，认为自由市场能带来财富和社会进步。在他眼中，国际贸易是一个具有自我调节能力的系统，可以抑制英国的物价，提高产量，增加资金，促进发展。该系统可产生"剩余"商品，加之廉价的进口产品，将改善社会和经济状况。穆勒写道，"自由放任"应成为"普遍做法"，背离这条道路是"邪恶之举"。[11]

不过，穆勒在斯密的进步系统和李嘉图对市场的信心之外也提出了警告。他抛弃了前辈的自然神论和创造财富的"宇宙监督者"信仰，转而推崇西塞罗式和洛克式的民主政治。最好的政府不应是寡头政体，而应来自普通民众，普通民众经过良好的教育可以成长为有道德的立法者。穆勒接受了马尔萨斯的观点，认为经济固然能够机械地运转，但终将达到自然的极限，且并非所有人都能从中受益。穆勒承认工人和资本家共同创造了价值,但预言了工业的边际效用递减规律,认为制成品数量的增加将使商品价格和平均工资降低,从而如马尔萨斯预测的那样,导致"劳动报酬"下滑。[12]

与斯密一样,穆勒天真地以为市场存在上限,以为富人对金钱的欲望有尽头。他认为,一旦上层阶级的生活水平达到足够的高度,就会放弃对金钱的追逐,自然而然地把兴趣转向休闲和求知。于是,经济将达到一种"静态平衡",能够稳定且不间断地创造财富。至此,国家就必须实施"社会主义"改革,帮助那些落入马尔萨斯工资陷阱的穷人和"劳动者"。[13]

穆勒还认为,资本所有者和工人及工会之间的竞争可以改善社会。在理想情况下,国家会帮助工人获得财产,让他们得以摆脱贫困,步入一种合乎道德的、功利的所有权与竞争状态。穆勒结合了洛克的财产观念、斯密的自然神论乐观主义、边沁的功利主义和马尔萨斯的奥古斯丁式悲观主义,一路走到了社会民主主义的门口。[14]

1869年,穆勒写下《社会主义》(Chapters on Socialism),此时距查尔斯·达尔文的《物种起源》出版恰好过去十年。达尔文从商业视角思考生物学,他提出的进化论也给自由市场思想留下了深刻的印记。按照他的理论,进化就好似结合了斯密的理想主义进步与马尔萨斯弱者淘汰的残酷自然观,进而得出的某种积极的、无关道德的版本。达尔文在《人类的由来及性选择》(The Descent of Man, and Selection in Relation to Sex,1871年)中引述了马尔萨斯"永远令人难忘"的著作，同时摈弃了后者的基督教道德观。达尔文的自然界不再受《圣经·旧约》中的创世故事的束缚，只遵循自身的残酷逻辑。在自然选择中，没有什么高尚的西塞罗情操或基督教伦理，唯有适者生存和不息繁衍。[15]

达尔文的自然选择理论启发了与他同时代的德国记者、具有革命思想的共产主义经济学创始人卡尔·马克思。马克思研究了斯密和李嘉图的"古典经济学"，虽然他对斯密的观念多不认同，但他认为其中关于租金的部分内容在理论上是正确的。此外，尽管是无神论者，但他也赞同斯密关于经济体系可以自我延续的观点。不过，马克思像马尔萨斯一样，认为市场终将走向消极的终点。马克思指出，斯密的劳动分工和资本理论缺乏历史依托，斯密声称的仁慈的自然之神推动人类进步和经济发展，只不过是"幼稚的误解"。斯密把资本视为存在于自然界中的"自然"元素，就连穆勒也把劳动阶级的贫困理解为市场机制的固有问题，但马克思认为，这些经济现象都是社会权力不平等的历史产物。在马克思看来，资本所有者利用股票、劳动分工和机器等工具窃取工人阶级的剩余价值。市场机制并没有创造财富，它纯粹是有产阶级为欺骗无产阶级而设计的系统。马克思认为，穆勒的社会改革理论无力对抗这样的权力差异，只有无产阶级革命才能改变市场和历史的进程。[16]

对资本主义和自由市场提出批评的不止马克思一人。在外国人眼里，英国的自由市场政策意在进一步强化其竞争优势，破坏国际竞争。19世纪末发展最快的几个国家，如美国、普鲁士和日本，均排斥全面自由市场化路径，选择了柯尔贝尔主义和17世纪英国的发展战略。美国第一任财政部长亚历山大·汉密尔顿推行的经济政策与柯尔贝尔的市场建设模式非常相似。自此直至20世纪30年代的一个多世纪里，这个新兴的商业共和国一直遵循这条经济路线，与李嘉图主张的比较优势和自由贸易观念背道而驰，将本国经济建立在保护主义之上，依赖移民、奴隶和国内制造业的发展，力图增加国家收益，彻底颠覆了英国的自由放任主义信条。[17]

柯尔贝尔运用中央税收、统一度量衡和国家补贴等措施，成功地将法国由农业社会转变为一个工业强国，这令汉密尔顿钦佩不已。他写道，法国找到了繁荣之路，将重心从农业转向制造业，这全仰仗"伟大的柯尔贝尔的能力和不懈努力"。大胆甚至有些鲁莽的汉密尔顿精于政府管理，为这个年轻的国家勾画了一幅清晰的经济蓝图。他认为，如果美国向极度发达的英国和法国开放市场，国内就会充斥着廉价商品，从而导致自身的制造业基础崩溃。美国背负着巨额债务，海军实力薄弱，国家尚不稳固，有鉴于此，自由放任政策不可行。相反，作为一个新兴国家，美国必须像英国在17世纪初期所做的那样，采用相对初级的经济发展模式。[18]

汉密尔顿坚信，共和国需要强大的政府。他后来在《联邦党人文集》第35篇中称，国家要交给铁腕部长管理，且这些人应来自各自领域，比方说金融行业的专家，"就像法国的那些大臣一样"。他在1791年《向国会提交的制造业问题报告》中指出，

第十四章 自由市场帝国

一个处于起步阶段的政府必须把重点放在发展工业，而不是农业上。农业虽为生存所必需，但它并非如重农学派、休谟和斯密所言，是财富创造的基础。汉密尔顿强烈地意识到必须公开挑战重农学派的观念，让国人明白英国的"巨大进步"靠的不是农耕，而是工业化的"棉纺厂"。[19]

汉密尔顿承袭柯尔贝尔的主张，认为政府必须保护本国市场，并通过移民政策吸引人才，以建立新生的工业体系。此外，政府还应"刺激"投资。汉密尔顿看到了自给自足的必要性，他指出，鉴于美国在独立战争期间"国内供应""极度窘迫"的状况，应先"鼓励制造"，后开放市场。

在资深参议员兼国务卿亨利·克莱的支持下，美国沿用了这一新兴的工业发展模式。他提出的"美国体系"（American System）倡导设置关税，成立国有商业银行，对工业实施补贴。克莱抨击自由贸易理论是"英国殖民主义"，认为新生的共和国若能保护自己不受英国影响，便可走向繁荣。1790—1807 年，美国的出口额由 2 000 万美元增长到 1.08 亿美元，且在 1870 年以前始终朝贸易顺差的方向发展。[20]

德国经济学家弗里德里希·李斯特也从汉密尔顿和克莱的美国体系中得到启发。1825 年，他来到宾夕法尼亚州，考察了美国对外关税保护之下的国内自由贸易区，并依此主张建立德意志自由贸易区，让德意志各邦组成经济联盟（关税同盟）。李斯特在《政治经济学的国民体系》（National System of Political Economy，1827）中解释了德意志各邦利用贸易协定保护国内工业的必要性。关税将保护各邦免受外部竞争影响，为各邦发展成具有国际竞争力的经济体提供空间。李斯特的主张在法国也大受欢迎，由此反映出这样一种态度，即国内自由贸易是可行的，且可以通过内部关税同盟来推动。面对工业巨头英国的威胁，这种战略保护主义可以刺激本国经济发展。

在美国，自由贸易的捍卫者大多是农业奴隶主，例如美国第七任副总统约翰·卡尔霍恩。他试图以更便捷的方式出口棉花，然而棉花和奴隶制没有未来。李斯特与汉密尔顿一样，提倡工业优先，谴责奴隶制是"公共灾难"，是一个国家软弱的标志。李斯特深信，原始的农业自由贸易并不能创造财富，唯有工业发展之路才可行。最终，德意志采用了李斯特提出的国家发展模式和传统的柯尔贝尔主义路径。到19世纪下半叶，美国和德意志的经济均赶超英国。一如今日，面对占优势的竞争对手的自由放任主义政策，谨慎的市场建设策略打出了成功的反击战。

不过，对自由贸易的批评和美、德的相反模式并没有让19世纪英国自由主义经济学家的热情降温。英国的经济和国力都处于上风，主张自由市场的思想家因此并不担心竞争。反谷物法同盟的创始人理查德·科布顿是主张自由贸易的曼彻斯特学派的代表人物。然而，他对工业的重视以及对制造业财富和市场自由间关系的理解改变了自由贸易理念。古老的农业思想将自由贸易视为自然法则的体现，这一点依旧重要，但自由贸易的支持者必须做出明智选择，而在工业化的英国，这一选择无疑是制造业。[21]

科布顿还运用一个旧有的自由市场议题来证明自由贸易是

第十四章 自由市场帝国

终结战争的关键所在。作为一名热情的和平主义者、废奴主义者、女性权利的拥护者、帝国主义代价的批评者（他希望把资金用在国内），科布顿承袭了斯密的信念，认为自由贸易可以带来和平，为工人和全人类造福。1843年，在考文特花园的一次演讲中，他将废除粮食关税比作宗教圣战："我们相信，商业自由将促进智识和道德自由，教导不同阶级学会相互依靠，让各国团结如兄弟。"科布顿抨击了奴隶制的邪恶，要求民众抵制巴西蔗糖。1849年，他又进一步主张自由贸易可以带来国家间的和平，让殖民地无须设防，同时呼吁各国批准自由贸易法案，裁撤武装力量。需要指出的是，科布顿的和平愿景中并没有包含殖民地居民。他认为，出于互惠互利的考虑，应以和平、低成本的方式维持殖民统治。不过，他认为殖民者应保有治安力量，以便在必要时镇压当地的"野蛮部落"。[22]

尽管如此，在当时的时代背景下，科布顿的自由主义主张仍是相当激进的。对他而言，自由贸易意味着和平主义、政治自由、一定程度的宽容和社会进步。此外，它还意味着新闻自由，以及在当时几乎不可想象的事情——与法国建立友好关系。他认为应"相信其他国家同样重荣誉，讲信用"，坚信通过自由贸易的方式连接各国经济可为世界带来和平。他说服英国政府和法国皇帝拿破仑三世于1860年签署了历史性的《科布顿—薛瓦利条约》(《英法商约》)。该条约不仅令科布顿的自由贸易梦想在诸多方面得以实现，也为自古不睦的英法带来了和平。随着两国间的制成品关税降至30%，英国对法国的出口量翻了一番，法国向英国出口的葡萄酒也翻了一番。两个多世纪以来，追求这种难以企及的和平一直是自由市场背后的动力。可惜这一局面只维持了短短 32 年。法国意识到英国的竞争正侵蚀着本国的工业和制造业的就业机会，于是从 1892 年开始对英国商品征收梅利纳关税，以弥补预期损失。但无论如何，《科布顿—薛瓦利条约》仍开创了欧洲自由贸易协定的先河，并朝着最终建立如今欧盟框架内更先进的自由贸易区的方向发展。[23]

对自由贸易和帝国的信仰终究在英国占了上风。英国的经济学家开始将自由市场经济理论与宗教相结合，利用宗教复兴精神发动了一场声势浩大且独特的民族运动。斯密的自然神论思想被基督教福音派取代。这些英国福音派教徒并不看重斯多葛式的道德伦理，而是崇尚信仰和自由贸易，坚信"经济、节俭、专业精神和审慎的财务管理"可以释放上帝的自然之力，改善人类社会。[24]

福音派自由市场运动的乐观精神与维多利亚时代英国工人的现实生活形成了鲜明对比。随着工业化的推进，英国人的生活水平也有所提高，但正如小说家、社会改革家查尔斯·狄更斯所言，这既不意味着英国的经济是自由的、公平的，也不意味着个人努力可以换来更高的经济地位。工人的悲惨生活、童工问题、低工资、恶劣的生活条件、工会运动和工人阶级的愤怒促使社会主义和共产主义崛起。维多利亚时代显然没有达到斯密或科布顿的道德标准。于是，自由贸易不再只是经济学家和政治家讨论的问题，也成了工团主义者、宪章派工人团体和反对工业的卢德派攻击的对象。工人阶级的困境在部分英国自由主义者中引发了悲观情绪，其中包括《经济学人》颇具影响力的记者兼编辑沃尔特·白哲特（Walter Bagehot）。对自由放任的社会和经济政策的不满亦促成了1900年英国工党的成立。

尽管自由市场政策存在种种缺陷，英国的自由市场思想家仍主张政治和经济自由主义，支持低税收、有限政府、自力更生和个人自由。基督教一位论派经济学家威廉·斯坦利·杰文斯既不想看到奉行柯尔贝尔主义的美国、德国和日本的成功，也不允许工人阶级的苦难破坏其对自由市场正统观念的信心。他采用那个时代的科学方法，将数学应用于经济分析。杰文斯在《政治经济学理论》（*Political Economy*，1871年）中回应了边沁的理论，认为人类的一切行为均来自"快乐和痛苦之泉"，但为了理解和整理"个人数据"，必须使用"定量方法"。高尚的西塞罗式道德哲学在此无用武之地。杰文斯认为，由数据驱动的经济学与扎实的自然科学无二，还将其与地质学进行了比较。他坚称经济学简单明了，它需要的不是李嘉图和穆勒那样的文学阐释技巧，而是高效的数学研究和图表，比方说"财富"和"人力效用"的量化。[25]

杰文斯用定量方法挑战斯密和李嘉图的劳动价值论。他认为，一件物品的"价值完全取决于效用"，而不是它在农业劳动中值多少钱。杰文斯吸收了边沁的快乐原则，并将其改造为消费者效用原则。在他看来，以尽可能低的价格和尽可能便利的方式购买物品就能实现快乐最大化。循着这套逻辑，他提出了边际效用理论。便宜的物品会让人产生购买欲，因为买卖本身很划算。然而，一旦某件物品达到了其真实的市场价，购买它的人就会变少，因为交易的边际效用会突然变低。而当某件物品超出了市场价，此时的边际效用会再次发生变化，购买该物品的乐趣和效用开始消失。按照杰文斯的观点，欲望、效用、可获取性和数量间的关系都会推动价格变化。这一整套根据数学原理计算推导出的理论终结了劳动价值论，在某种程度上彻底改变了经济学。[26]

尽管杰文斯的功利主义理论中包含达尔文主义元素，但他也是改良主义社会的信徒。他支持工会运动，认为工会可以帮助工人表达诉求，通过与企业主谈判改善工作条件，提高工资，甚至提升工作和技术的效率。他认为工业合作是通向富裕和道德经济的关键，可以"调和劳资双方"，从而"纠正"不平等的"恶果"。杰文斯比马尔萨斯和穆勒更乐观，相信工业和劳动合作能够让资本家本着公平原则放手支付工资，工人也可凭借自身的出色表现获得"奖励"。斯密提出了"不偏不倚的旁观者"，杰文斯则提出了资本家和工人阶级之间的官方"调解人"。按照他的设想，调解人将帮助劳资双方认清他们的共同利益，理解如何通过"自愿交易"获益。他认为，谈判不是单纯地反映市场状况，而是帮助资本家学习如何以最佳方式与工人分享利益。可想而知，杰文斯提出的模式在维多利亚时代的英国反响平平，工人阶级的生活条件日益恶化，不少人开始相信，唯有新形式的激进政治运动才能充分代表工人阶级的利益。[27]

杰文斯对理性和可持续管理的信念延伸到了对煤炭等自然资源的利用，因为他预见到这些资源将随着经济增长和需求增加而枯竭。[28] 针对马尔萨斯提出的过度消费和增长限制问题，杰文斯指出，应相信人类的管理能力和围绕公平工资、自我监督、替代性能源等基本问题展开合作的意愿。他认为，工业和社会必须不断进行调整，例如，不断寻找新的动力源。他不相信自由放任的市场，但相信功利主义的合作。不过，杰文斯对政府扮演的复杂角色和能源政治中的博弈尚无成熟的认识。与当今世界一样，彼时的国际市场不可能在能源问题上全面放开。欧洲列强和美国开始就煤炭和石油资源你争我夺，从让法国和德国三次兵戎相见的阿尔萨斯–洛林煤炭产区，到阿塞拜疆的巴库油田，各国政府仍在操纵企业抢占全球自然资源。[29]

令人惊讶的是，当美国、德国和日本这些奉行保护主义的经济大国奋力追赶英国发展的脚步之时，剑桥大学哲学家阿尔弗雷德·马歇尔却在为不切实际的自由贸易摇旗呐喊，仿佛剑桥成了与世隔绝的世外桃源。马歇尔的《经济学原理》（1890 年）取代穆勒的《政治经济学原理》，成为英国经济学的经典教科书，马歇尔也成为剑桥大学最重要的经济学家。他在杰文斯的边际效用等概念的基础上进一步提出了价格弹性、需求与定价的关系、局部均衡理论等新概念，对后来的经济学思想产生了重要影响。马歇尔抛弃了整体视角，通过研究单一市场——羊毛市场——的供求关系变化对特定经济领域的运行方式进行了细致分析。他认为，供给和需求好似一台机器，为经济活动提供了"连接链条"，且决定商品价格。这台机器可以给市场带来"平衡"，令其自行运转，创造恒定的回报。[30]

与斯密一样，马歇尔也是一位道德哲学教授。他固然重视总量和边际效用价值，但对在自然界中寻求经济"规律"念念不忘，以期让经济学成为类似于天文学的自然科学。因此，马歇尔试图通过与天文学和物理学的类比理解斯密的普遍驱动经济体系。他希望经济学的"每个学生"都能够"言之有理"。在马歇尔看来，必须从工业生产的价格、数量、效率、"需求等级"和竞争的综合角度去理解财富创造和经济活动，这些因素共同促成了经济增长。[31]

尽管持续的贫困问题令马歇尔不解，但他相信，只有市场才能解决经济问题，工资终究会上涨，生活水平终究会提高。他没想到自己心目中的那台伟大的经济机器即将崩溃。马歇尔于1924年去世，短短五年之后，即1929年，华尔街崩盘，美国陷入大萧条，这是孜孜不倦地寻找新市场机制的马歇尔始料未及的。然而，20世纪的一些自由市场思想家却坚定地跟随这位亚哈船长[1]，执迷于市场的力量，越发固守市场自行运转、政府不应干预经济事务的正统理论。

---

[1] 亚哈船长，19世纪美国小说家赫尔曼·梅尔维尔的长篇小说《白鲸》中的人物，为了追捕白鲸一意孤行，最终与白鲸同归于尽。——译者注

第十五章

美德的终结：自由主义与自由至上主义

> 体系中的人大多有非常明确的设想，而且往往执着于自己对理想政府的美好想象，以至于不能容忍任何微乎其微的偏差。
>
> ——亚当·斯密，《道德情操论》，1759 年

如果说 19 世纪见证了自由市场思想伴着大英帝国的野心向工业经济的转向，那么 20 世纪则让古典经济学得以在世界舞台上发挥更广泛的政治作用。经济学家不再只是书斋中的学者，他们容不得与自身思想的细微出入或抵牾。经济学与政治学一样，成了非此即彼的战场，良好的自由市场国家与罗纳德·里根总统所谓的"邪恶帝国"针锋相对。

用历史的眼光去解读以米尔顿·弗里德曼为代表的 20 世纪自由市场思想家，从某种意义而言也是向他们致敬。他们构成了一股强大的保守力量，预见到欧洲甚至美国未来将会面对的来自左派和右派的专制主义和极权主义危险。然而，与自由市场思想

家了不起的道德成就和经济洞察力相伴而生的，还有一种特殊的偏执、意识形态固化和短视。亚当·斯密通过仁爱的道德约束、教育、激进的科学和对农业的崇拜实现进步的愿景已烟消云散。20世纪的正统自由市场经济学家认为，纯粹的个人欲望和能动性是一切社会利益和经济利益的催化剂。在他们眼中，任何偏离这一观点的体系都是可疑的。这种态度与其说是一种学术立场，毋宁说是一种信仰。

1905年，阿尔弗雷德·马歇尔在剑桥大学的同事威廉·坎宁安发表了一篇针对正统自由市场思想的檄文，题为《自由贸易运动的兴衰》("The Rise and Decline of the Free Trade Movement")。坎宁安在这篇声讨英国正统经济学的文章中称，由杜尔哥和斯密开创的传统观念，即"经济学将社会视为一种机制"，"就目前而言"提供了"有价值的事实，但它绝非全然真理"。坎宁安指出，如果想让经济学成为一门科学，就必须承认人类的很多经济活动不是机械运动。他借用达尔文的话说，社会是一个"对环境具有自适应能力的有机体"。因此，市场只是一台经常会出故障的不完备的机器。为了让这台机器保持运转，必须"反复测试"。即便如此，自由市场思想所鼓吹的了不起的机械真理仍有可能行不通。[1]

坎宁安认为，经济学"沉闷乏味"，不妨借助供求关系等简洁的原理去理解它。他注意到了人们对"自由贸易原则"的兴趣，根据这一原则，商品交换和服务不应受到限制，消费者可以

第十五章　美德的终结：自由主义与自由至上主义　　215

基于舒适性和便利性的考量自由地选择商品。坎宁安意味深长地讽刺道，他"百分之百真诚地同情自由贸易倡导者所设想的目标"，但如果你去纽约，问问生活在富裕的、奉行保护主义国家的美国人，你就会发现另一种截然不同的看待自由贸易理论的态度。[2]

1900年的英国仍然奉行自由贸易，这种观念在当时几乎是一种信仰：消费者为王。自由贸易的捍卫者理查德·科布顿被视为民族英雄，不少地方都有他的雕像和纪念碑。但坎宁安打破了这一意识形态，在剑桥大学这片死气沉沉的飞地里挑起了一场论战。坎宁安警告说，欧洲和新生美国的"柯尔贝尔主义"改革令这些国家和地区成为英国的强劲对手。他指出，弗里德里希·李斯特的发展模式在那些地方行之有效，且是各国提升自由贸易实力的唯一经过检验的方法。况且，科布顿的和平愿景和裁军呼吁均落了空。坎宁安惊人地预言，军国主义在欧洲和美国势必愈演愈烈，而英国仍要依赖自己的海军和武装力量来展现帝国实力。帝国竞争不断引发殖民冲突，例如1899年南非的布尔战争。[3]

坎宁安认为，英国和世界其他工业强国间的"巨大分歧"对和平与英国经济而言都是一种危险。他略带鄙夷地警告说，拥护自由贸易的人已经成了"犹太教的注经者"，反反复复翻阅《圣经·旧约》，以期找到更多真理来支持他们的正统观念。自由贸易不再是一条实用路径，而是成了顽固守旧的消费主义宗教，逼着英国遵循"一条挣不脱的铁律"。[4]

英国的经济增长几乎停滞，而德国、美国和日本虽拒绝接受自由贸易的一些核心原则,但其经济却呈指数级增长。坎宁安认为,德国与美国的工业扩张和人口激增令两国拥有更大、更有效的发展潜力。相反,英国却面临人口减少和燃料短缺的危险。他引用斯密的观点警告说,"自由放任虽一度"令"有进取心的"人为国家利益而奋斗,但如今已"是纯粹的伪装","掩饰着他们的"贪婪和对公共利益的"冷漠"。英国国内市场令觊觎英国财富的其他国家对帝国贸易"心生嫉妒",更糟糕的是,科布顿和"曼彻斯特人"的自由贸易政策事实上导致了全世界对英国的敌意。目前的自由放任原则已经沦为"一摊烂泥",如果继续把这一原则作为施政基础,英格兰和整个英帝国将陷入"致命"的劣势。[5]

为了声讨英国的自由贸易帝国,坎宁安祭出了亚当·斯密。他说,斯密绝对不会对此苟同。斯密的经济哲学里对政府角色的构想远比那些所谓的正统继承人开放得多。坎宁安称,科布顿和杰文斯的"臆测"并没有带来预期的效果。有鉴于此,为了明晰前进的方向,有必要"回到柯尔卡迪"。坎宁安解释道,斯密明白国家的参与是通往自由市场和经济增长的必经之路,正如1651年的《航海条例》所载的那样。他强调,斯密明确指出,为了刺激工业和发展,"暂时垄断"有时是必要的。他提醒读者,斯密曾对那些出卖国家利益的生产商和贸易商的自私动机提出警告。他还指出,斯密在《道德情操论》中建议立法者遵循西塞罗和柏拉图的教诲,向其他国家学习。[6]

与穆勒一样,坎宁安也引用了斯密"社会福祉高于个人利益"的观点。如果个体的富裕不能带来国家的繁荣，造福全体公民，则表明该系统是失灵的，必须予以调整和改变。坎宁安认为，19世纪的自由市场思想家忽视了斯密的弦外之音和警告。因此，他将斯密的主张解读为对立法者的指导，而非"类似于政治运作方式"的经济学准则。坎宁安称，斯密之意不在于勾画一个可自我调节的系统，他本人非常务实，意识到保护主义规则在1905年的这场马基雅维利式帝国权力游戏中的必要性。[7]

已经去世一个多世纪的斯密倘若置身当下的境况，会做何反应，坎宁安无法预测。但他不无正确地指出，斯密摒弃了基督教福音派和自鸣得意的新自由市场思想最典型的封闭体系与学说。坎宁安对英国在帝国体系中的"单边"自由贸易的描述恰当地展现了1905年的国际形势。彼时，德国和日本已经武装起来，对大英帝国虎视眈眈。1898年和1900年，德国颁布了一系列扩建海军的法案，以期建立一支能够与大英帝国抗衡的海军力量。在1904—1905年的日俄战争中，现代化的日本舰队轻而易举地击溃了老旧的俄国舰队，标志着其军事技术已实现胜任"全面战争"的划时代转变。坎宁安的担忧是有根据的。第一次世界大战的阴云已然密布，大英帝国及其商业霸主的地位摇摇欲坠。

现代战争预示着科布顿式自由市场信条与和平主义的溃退。坎宁安眼中的亚当·斯密在道德和社会议题上抱持实用主义态度，倡导以发展为目的的保护主义。他对斯密的这种解读合情合理，但并非主流认知。无论如何，经济学思潮已然转向，就连阿尔弗雷德·马歇尔的自由贸易主张也概莫能外。第一次世界大战让通过可自我调节的国际经济体系缔造和平的憧憬暂时破灭。

第一次世界大战结束后，阿尔弗雷德·马歇尔的学生对完全自我调节的市场体系概念发起了攻击。20世纪20年代，当时支持自由市场的剑桥大学经济学家约翰·梅纳德·凯恩斯警告说，共产主义与崇尚个人主义的自由放任主义之间必有一战，自由放任主义必须获胜。但凯恩斯指出，自由市场理论尚存在漏洞，要想让其不被淘汰并与共产主义抗衡，就必须认识到它的弱点。凯恩斯寻求保护自由市场的方式与其导师马歇尔不同，他认为不能单靠市场自身的力量。他在《就业、利息和货币通论》（*General Theory of Employment, Interest, and Money*，1936年）中提出的基本经济规律分为两个层面。在微观层面上，他认为工人能够讨价还价的只是货币工资，而非实际工资，因为他们的供给价格（工资）只是经济领域成千上万种价格中的一种。工人只能掌握一种价格，因而无法"为自身的工作定价"。在宏观层面上，他认为需求和供给的相互作用虽有可能带来充分就业平衡，但这一乐观结果仅是无数不那么乐观的结果中的特例，并无法保证达成。综合这两个层面，凯恩斯指出，大萧条的状况表明，如果经济支出或"总需求"急剧下降，例如1929年股市崩盘以及随后的大萧条，那么就业状况也会随之恶化，进而导致总需求进一步降低，陷入恶性循环。更糟的是，边际价值理论将会对市场形成反噬。如果资本的边际效率（投资回报大于利息，因而从长期而言，在发生通胀的情况下，投资是有利可图的）无法兑现，市场

第十五章 美德的终结：自由主义与自由至上主义

就会失去投资的动力，进而损害经济增长和就业的希望。消费者本身无法撑起总需求，正如美国总统赫伯特·胡佛不幸所见，他针对大萧条采取的救市措施只能让情况变得更糟。[8]

这就意味着，除非政府通过财政支出和促进市场流动性的方式提升总需求，否则经济危机就有可能自行发生，令就业机会和财富蒙受更大损失。在大萧条时期，单靠富人增加开销是无法阻止经济危机陷入恶性循环的。唯有国家才有足够的资源，通过扩大总需求推动就业和整个经济机制运转。简而言之，当遇到大规模金融危机或经济危机时，必须依靠政府的有形之手激发总需求。无形的市场力量对此无能为力。国家必须承担"更大的责任，直接组织生产投资"。就此而言，凯恩斯批判的是自由市场的"古典经济学"和马歇尔的供求状况可自我调节的观念。[9]

除了凯恩斯，马歇尔的另一高足琼·罗宾逊也加入论战，阐释了具有自我调节能力的市场体系的失灵机制。罗宾逊是剑桥大学教授，也是最早一批女性经济学家中的佼佼者。她不仅引发了人们对马克思著作的重新关注，也成为发展经济学的创始人之一。该学派以17世纪所谓的重商主义著作以及柯尔贝尔和亚历山大·汉密尔顿的政策为基础，旨在为缺乏大型商业和工业基础的国家寻求一条致富之路。20世纪，一些经济欠发达国家，所谓的"第三世界"国家不能完成现代化所必需的经济结构改革，进而建立有竞争力的商业和工业基础，该理论的出现与此背景不无关系。

罗宾逊率先提出了这样一个观点：欠发达经济体在现实中

无法与发达经济体竞争，处于弱势的群体也无法与实力强大的外国公司或个人竞争。她在《不完全竞争经济学》（Economics of Imperfect Competition，1933年）里提出了"买方垄断"的概念，即商品的买卖价格被某一个实力雄厚的买家控制，致使市场价格因买家对工资的垄断而扭曲，比方说在围绕某一公司而兴建的城镇里，该公司左右着所有居民的工资和经济生活。买方垄断破坏了边际效用的逻辑。这种垄断并非基于市场力量，而仅仅取决于少数能将工资压低到边际价值之下的买家的决定或偏见。买方垄断理论揭示了女性的工资低于男性、少数族裔的工资低于其他群体的原因。例如，如果某个雇主仅仅出于偏见而降低女性劳动者的工资，就会形成一种特定的市场价值，其他公司可以随即跟风，从而在整体上压低了女性的劳动报酬。[10]

1956年，罗宾逊出版了《资本积累论》（The Accumulation of Capital）。该书延续凯恩斯主义传统，认为欠发达经济体中只存在资本家和工人两种身份。工人获得的劳动报酬仅够生存；资本家极少为原始生产经济掏腰包，而是省下钱来购买舶来品，如此一来便对能够创造财富的本地消费社会的发展形成了阻碍。罗宾逊的理论质疑了供需驱动型经济模式在相对贫穷的国家里的适用性，认为该模式不仅不能推动欠发达国家的经济增长，反而会将资本引向相对发达的市场，从而进一步削弱经济弱国的国内市场。[11]

剑桥，昔日的自由市场经济学重镇，而今成了凯恩斯主义的中心。注重平衡的自由市场思想在英国失去了优势地位，却在

第十五章　美德的终结：自由主义与自由至上主义

奥地利找到了最坚定的新信徒。现代自由主义经济传统正是在奥地利发端的，尔后转移至美国，并在第二次世界大战期间对美国产生巨大的影响。律师、记者、奥地利经济学派创始人卡尔·门格尔抨击了斯密的劳动价值论，并以边际效用理论取而代之，认为经济是由互利交换驱动的。他的自由主义思想可以被视为斯密和边沁关于以满足市场驱动的人类需求来推动人类进步的简化版本。1871 年，也就是杰文斯《政治经济学理论》问世的同一年，门格尔出版了《经济学原理》（Principles of Economics）。他清楚地意识到，斯密和李嘉图的劳动价值论并不可行。他回溯了曼德维尔的《蜜蜂的寓言》，宣称经济发展的推动力只有一个：对商品的需求。门格尔没有假设罪恶可以创造美德，而是描绘了一个残酷且简单的经济体系，该体系仅由构成社会关系和经济关系的"需求"的"因果关系"驱动。他认为，社会主义者，无论是否相信民主，都不能规划经济关系。人类有物质需求，而这一需求又催生了供给，如此不断循环，进而发展成一个更复杂的商业和工业社会。[12]

维也纳的智识圈汇集了来自世界各地的知识分子，拥有贵族头衔的经济学家、学者路德维希·冯·米塞斯（Ludwig von Mises）便是其中之一。与科布顿一样，冯·米塞斯反对政府干预经济，谴责战争及其施加于个体的虚无主义恶果。1920 年，冯·米塞斯凭借非凡的洞察力对"社会主义联邦"的中央经济计划进行了批判。他认为，苏联实施的中央经济计划无法像自然的供求关系那样准确而有效地预测商品的价值。早在苏联经济大崩溃先兆显现之前，冯·米塞斯就已经指出，社会主义中央计划经济不能有效地选择支持哪些行业，唯有自由市场才能做到这一点。[13]

冯·米塞斯还认为，货币在市场交换之外并无内在价值。在他看来，就连货币数量论也毫无意义。货币的价值仅由其相关商品的价值决定，因而随商品的边际效用而变。事后看来，这个看似简单的原理恰恰点明了共产主义计划经济的最大障碍之一。苏联政府固然可以规定货币价值或面包价格，但供求关系仍是创造价值的决定因素。[14]

奥地利学派以对威权主义的一贯警惕而著称。他坚信，李斯特"以商业为着眼点"的柯尔贝尔主义中央集权和现代社会主义福利计划将导致专制政府。但他没能意识到，美国的民主恰恰是在汉密尔顿和克莱的"商业体系"中孕育和成长的。冯·米塞斯对社会主义制度心存恐惧，但讽刺的是，迫使他于1940年逃往美国的却是右翼纳粹分子。于是，他很自然地坚称自由市场不仅是财富创造的必要条件，也是自由民主的前提。不过，在他的历史观中，经济自由远比政治自由重要，这一观念将在随后的现代社会里产生危险的影响。[15]

作为奥地利自由市场思想在英国和美国的主要倡导者，奥地利经济学家弗里德里希·哈耶克为自由市场思想领域带来了对第二次世界大战的沉痛反思和狂热的反国家主义，对芝加哥学派的创立影响深远。哈耶克来自富裕的书香门第，家中务农。这位19世纪末出生的学者经历了两次世界大战和冷战，于20世纪

第十五章　美德的终结：自由主义与自由至上主义

80年代成为美国新自由主义经济思想的泰斗。他的道德权威是在独裁与战争的创伤中，在西方与工业化国家战后经历的独特的和平与繁荣时期树立的。他见证了苏联的崛起与衰落，见证了撒切尔夫人和罗纳德·里根时代对经济监管的放宽，也见证了中国改革开放的开端。

哈耶克1944年出版的《通往奴役之路》销量超过200万册，是最畅销的经济哲学书籍之一，成为战后自由市场和自由主义经济学的《圣经》。该书与其说是一本经济理论著作，毋宁说是对个人、对他们在市场机制中的主导作用，以及对政府参与财富分配的绝对危险给出的地地道道的自由主义信仰宣言。如今看来，鉴于自二战结束以来政府在经济增长中的作用，该书的不足之处相当明显，因为它缺少对战后经济增长时期的研究，且狂热地将国家视为一股邪恶力量。[16]

斯密将自由市场视为和平甚至温和的社会进程和经济进步的产物，哈耶克则从冲突的角度看待自由市场，认为其来自善与恶的斗争。人们要么选择不受政府控制的经济自由主义，要么就将受奴役。哈耶克的紧迫感和担忧是可以理解的。1944年，战争尚未结束。他在德国和奥地利看到的是专制政权利用国家机器进行恐怖统治、战争和种族灭绝的可怕例子。但他的视角存在局限性。哈耶克一定知道，德国私营企业在希特勒噩梦般的统治时期从头至尾所起的作用。纳粹主义经济论调符合斯密对工商业的不信任态度。来自美国和欧洲的大工业家曾与支持希特勒的德国商业巨头弗里茨·蒂森合作无间。在德国资本家眼里，法西斯主义是解决工会、共产主义甚至社会民主问题的良策。若没有他们的一致支持，希特勒不可能攫取，更不可能保有权力，然而哈耶克选择对此视而不见。[17]

哈耶克在《通往奴役之路》的开头不祥地引用了大卫·休谟的话："自由总是在一点一滴间失去。"哈耶克在谴责种族主义和独裁主义方面表现出极大的人文关怀。但他并不认同18世纪苏格兰哲学家温和、开放的态度，后者以为政府效力为荣，希望建立良善的组织机构。相反，哈耶克警告说，一切社会规划都是某种形式的极权主义。他没有解释私有垄断，没有将其与寡头卡特尔相联系，而是把它同"工团主义"和国家挂上了钩。任何社团运动或有违纯粹竞争和个人主义愿景的东西，在他看来都是一种垄断形式。按照哈耶克的偏执逻辑，所有带有集体主义性质的国家目标都会导向法西斯主义或共产主义，国家为了"将全社会及所有资源投向这个单一目标"，迟早会剥夺个人自由。他认为，支持自由观念的资本主义能够对抗威权主义，而民主只是实现这一经济目标的一种手段。[18]

哈耶克吸收了卡尔·门格尔和路德维希·冯·米塞斯对中央政府的怀疑态度，加上自身对个体的绝对信仰，将其包装成一种新的、简约的、提倡个人自由的自由市场思想。他认为，自由意味着不受胁迫。自由不是来自理性的决定或道德，而是从与他人自由选择的制衡中产生的。他的思想带有法国詹森派法学家让·多玛关于相互冲突的罪行可相互抵消的痕迹，将亚当·斯密的斯多葛式美德转化成了单凭个体行为即可驱动市场，且个体行

第十五章　美德的终结：自由主义与自由至上主义

为本身完全合乎道德的信念。[19]

哈耶克的自由至上主义思想影响深远，但将这一自由市场经济学主张推而广之，使之成为20世纪晚期主流意识形态之一的人则是诺贝尔奖得主、美国经济学家米尔顿·弗里德曼。这位在布鲁克林出生、在芝加哥接受教育的匈牙利犹太移民之子是现代自由市场思想家中最出色、最有魅力、最有影响力的。他凭借研究能力、雄辩之术和个人风度，将自己的学术工作转化为芝加哥经济学派的自由主义政治和经济意识形态。弗里德曼在一定层面上解决了通货膨胀难题，而这是美国在20世纪70年代所面临的最大挑战之一。凯恩斯提出的政府必须修补国家经济引擎以确保其运转的观点在当时已成为共识，弗里德曼却从中发现了具体的谬误。他将经济经验主义和对自由市场主义近乎宗教般的信仰古怪地结合在一起，重新回到阿尔弗雷德·马歇尔对自我维系的市场均衡的古老观念，并告诫政府必须稳定推行逐年增加货币供给的政策。

从很多方面而言，弗里德曼都堪称斯密自由市场思想的正宗传人。他与斯密一样，也是思想开明的教授，重视自由辩论，认真听取反对意见。他在大学里受人尊敬，声名远扬。他与斯密的另一个共同点在于两人都非传统教徒，他自称是精神上的犹太人，但持不可知论。弗里德曼属于战后一代经济学家，在当时的那批人里，主张自由市场思想的犹太人寥寥无几。至此，自由市场思想不再是欧洲贵族或英国福音派、激进派和帝国主义者的专利，而是带上了更多美国特色。弗里德曼继承了启蒙运动的乐观信念，但不认同斯密对公立学校、代议制政府的集体行动和阶级建构的信心。弗里德曼对消费者驱动型社会的回归，与西塞罗和斯多葛的理想相去甚远。他和他的妻子兼合著者罗丝·弗里德曼热诚地捍卫个体的"选择自由"，但未能深刻探讨这些选择的道德含义。他似乎没有意识到，继西塞罗之后，斯密也拒绝接受快乐原则，认为它过于粗浅，认为道德选择只能源于严肃的哲学规范；相反，弗里德曼则用欲望和财富这一简单的现代商业考量取而代之。[20]

在弗里德曼看来，政府在教育、医疗、经济和社会生活中的作用非常有限。他对税收也持完全负面的看法，坚称政府对企业征税是某种形式的胁迫，收税等于强行介入私人企业，因而无异于将所有权收归政府。但与哈耶克不同，他并不认为经济自由比政治自由更重要。对弗里德曼而言，政治自由是第一位的。[21]

与许多自由市场思想家一样，弗里德曼的个人经历也矛盾重重。他最初为富兰克林·罗斯福的新政效力，协助预算研究，随后进入国家经济研究局。他批准了政府的创造就业计划，认为该计划虽不完美，却是大萧条时期的必要之举。然而，对于新政的其余部分，弗里德曼则视之为"控制"个人经济生活的企图。在回顾罗斯福改革时，弗里德曼特意避开尖锐的党派偏见，赞扬了总统的"高尚意图"，但视社会保障、福利、公共住房和其他政府项目为彻头彻尾的失败，并对此表示遗憾。斯密曾警告说，亲商业的经济政策只服务于特殊利益集团。弗里德曼认为社会政策同样如此，称政府援助破坏了"上帝面前人人平等"的原则。[22]

第十五章　美德的终结：自由主义与自由至上主义　　　227

弗里德曼对经济学领域的重要贡献始于1956年的货币主义研究，即把控制货币供应量作为稳定经济的主要手段的理论或实践。他在《再论货币数量论》("Quantity of Money Theory: A Restatement")一文中指出，经济的逐年增长对货币提出了稳定的需求。这篇文章非常有影响力。他引用早期货币数量论支持者的观点，称货币的价值与经济活动中的货币数量相关，但他同时也担心货币供给不稳定会减慢经济交换的速度，减少经济交换的数量。就此而言，他的想法更接近柯尔贝尔的。他关心的不是货币的价值，而是经济如何创造对货币的必要需求。这就意味着，政府需要按年度提供统一的、与经济平均增速持平的货币供给量。他重提约翰·罗纸币理论的核心思想，即稳定的供给是建立信心的必要条件，弗里德曼称之为经济行为者的"理性预期"。[23]

针对凯恩斯关于政府以支出刺激经济的观点，弗里德曼的货币数量论予以了批判。弗里德曼认为，除了军队和警察开支，所有国家开支都不合理，美联储的任何参与都是危险的。他甚至认为应该废除美联储，单纯按照经济增长的统计预估来决定每年的货币发行量。他与安娜·施瓦茨（Anna Schwartz）合著的《美国货币史》(Monetary History of the United States，1963年)显示，美国的货币存量长期以来始终保持稳定增长。然而，在大萧条期间，美联储曾限制货币供应，以期抑制通货膨胀。在弗里德曼看来，美联储的这些举动加剧且延长了大萧条时期的"紧缩"。他与施瓦茨指出，倘若美联储当时不加干预，或把更多的钱投入经济活动，它本可以促进经济增长和扩张。[24]

这种从货币角度对经济、通货膨胀和增长方式做出的解读是革命性的。根据弗里德曼的观点，货币需求量的增速等于国内生产总值的年增速。弗里德曼的理论颠覆了新西兰经济学家、发明家威廉·菲利普斯于1958年提出的菲利普斯曲线，即银根紧缩和高利率会导致通货膨胀。弗里德曼认为该曲线存在缺陷，并论证了货币扩张虽可能导致暂时的通胀，但最终可以稳定经济。出于个人对更多货币进入经济活动的"理性预期"，人们对经济的信心会随之增强。货币主义在20世纪70年代和80年代遏止美国通货膨胀方面发挥了作用，然而在英国玛格丽特·撒切尔时代却与失业率攀升和国家经济萎缩相伴。弗里德曼虽然不愿承认，但事实上，一般经济均衡理论仍未得到证明。[25]

1974年，弗里德曼的朋友兼同事弗里德里希·哈耶克获得诺贝尔经济学奖，与他分享该奖项的还有瑞典经济学家、现代福利国家的主要倡导者贡纳尔·缪尔达尔。哈耶克获奖的原因是他揭示了国家控制的低利率引发通货膨胀的机制。他指出，国家在大萧条前试图以低利率刺激投资，过分鼓励借贷，结果造成泡沫。哈耶克提出的这个商业周期理论无疑是对20世纪70年代通胀危机的杰出洞见。

与此同时，诺贝尔委员会也将奖项授予了缪尔达尔，以表彰其对美国黑人在战后美国经济飞速发展过程中被市场抛弃的问题的分析。委员会巧妙地引用了加利亚尼和内克尔的老观点：在市场失灵以前，市场是最好的政策，但它正在辜负美国少数族裔。委员会希望借此传达这样一个信息：自由市场的倡导者与政府干预的倡导者均发现了一些经济真理，双方携手便有望趋于至善。然而，哈耶克和弗里德曼似乎无法找到经济上的中间地带，显然也无意理会市场在调节经济和种族不平等问题上的失灵。1976年，诺贝尔委员会再次将目光投向对市场机制的阐释，授予弗里德曼诺贝尔经济学奖，以表彰他在货币理论和稳定方面取得的成就。不过，委员会依旧没有全盘接受市场均衡理论。

货币主义成了现代政府的基本信条。弗里德曼的新观点保留了凯恩斯主义支出理论的一些基本要素。每当出现重大危机时，政府都会介入，管理货币供应。尽管弗里德曼坚称唯有稳定递增的货币注入才是必需，政府无须在时间和数量上进行干预，但如今，无论是否有反对意见，作为国家机构的中央银行都会依特定环境制定相应的货币政策，它们在经济生活中扮演的角色越发重要。

弗里德曼是一位理想主义者，也是美国例外论的忠实信徒。在他看来，自由市场意味着除了最低限度的货币供应之外，政府在经济增长中没有丝毫作用。他认为，经济欠发达的国家和地区不需要政府投资。此外，他还坚信，不受约束的资本主义帮助了少数族群，弥补了代议制政府的不足。弗里德曼不认同缪尔达尔的研究和数据，他将不平等现象归咎于政府项目，并警告说，少数族群永远不能指望政治多数去维护他们的利益。他提出了一个符合虚无主义论调，甚至有反民主之嫌的自由至上主义概念："所有的坏事都是政府所为。"

弗里德曼不顾自己在政界的影响力，也无视政府资助的增长和创新研究（私立芝加哥大学的运转部分有赖于大量联邦研究资金，过去如此，现在亦然），坚持认为只有个人、股东和上市的私营企业才能创造财富。他建议将所有毒品合法化，积极倡导择校自由，视移民为美国经济增长的引擎。弗里德曼认为，自己在保护个人自由方面最大的贡献就是推动终结征兵制，建立完全由志愿兵组成的军队。他公开反对狭隘主义，也是同性恋权益的捍卫者。然而，20 世纪 80 年代，在声望达到顶峰之际，他却奇怪地对市场失灵状况毫无反应，对自由市场的倡导者，比如智利统治者奥古斯托·皮诺切特拒绝接受个人自由和民主的核心观念无动于衷。事实上，弗里德曼甚至称皮诺切特的军政府统治和经济政策为"奇迹"，对政治镇压和谋杀没有进行质疑，对皮诺切特暴力政变之前智利长久而成功的经济发展历程缄口不提。[26]

哈耶克和弗里德曼提出的反对国家控制的理想化自由至上主义契合了美国更古老、更复杂且往往令人不安的自由至上主义传统。甚至早在二战前，反对国家控制的自由市场思想就已在美国工业界、基督教福音派运动和南方新邦联各州的权利运动中占有一席之地。

尽管斯密和他 19 世纪的追随者是激进的改革派，但美国的自由市场信徒多抱持保守观念。1934 年，极度反感罗斯福新政的杜邦三兄弟皮埃尔、伊雷内和兰莫特开始编织对在美国悄然传播的社会主义的恐惧。这三名工业家的先祖皮埃尔-塞缪尔·杜邦·德·内穆尔是魁奈最忠实的拥趸之一，秉持重农学派的理

第十五章 美德的终结：自由主义与自由至上主义　　231

念，积极倡导废奴运动。在从巴黎移居特拉华州之前，他参与领导过旨在推翻腐朽旧社会的法国大革命。[27]

杜邦兄弟曾反对赫伯特·胡佛总统任内以宪法第十八修正案通过的禁酒令。到了新政时期，他们又对政府试图禁止使用童工的做法不满。皮埃尔·杜邦致信1933—1935年担任国家复兴管理局局长的休·约翰逊说："除非家长认为不应雇用童工，否则联邦法律或宪法修正案不得禁止。"经合法选举产生的政府废除童工固然是民主决定，但在杜邦兄弟看来，即便出现针对儿童的虐待行为，国家也不能插手，童工问题应在不受法律干预的情况下由所谓的"社会"来管理。[28]

杜邦家族的后代抛弃了其法国哲学家先祖的道德尺度。到了20世纪30年代，杜邦公司已跻身全球最大的工业企业之列。该公司的化学品和塑料制品成了现代化的代名词，刺激了工业发展、创新和财富创造，同时也背负着污染环境的恶名。重农学派的后代居然创办了跨国化工公司，靠生产尼龙获取财富，这着实是个古怪的反转，与重农学派的农耕信仰和他们的自然神论祖先激进的政治理念相去甚远。

杜邦兄弟参与了美国的保护公司免受政府干预和阻止新政中有关社会、教育和福利计划的运动。他们与受工业家支持的自由市场组织之一美国自由联盟一起，力图废除罗斯福的政策。为了达到这个目的，他们需要某种意识形态支撑。20世纪40年代末，保守的基督教福音派也对新政展开攻击，认为新政企图将人们的信仰从基督教教义转向世俗国家。[29]

美国大型企业和企业自由市场意识形态的联合、保守的福音派基督教徒，以及美国南方和西南地区的反民权政治人物，将在自由市场思想史上翻开更不寻常的守旧篇章。昔日，这场激进的、崇尚自然神论或无神论的运动与早期的法国大革命彼此呼应，深受废奴主义者、和平主义者、女性权利倡导者和约翰·斯图尔特·穆勒等功利主义社会主义者欢迎，此时，它则开始演变成美国极端保守主义者和新邦联种族主义者的福音。从某种层面而言，出现这样的转变并不让人意外。苏联的崛起，加之罗斯福政府前所未有的权力扩张，对于一个刚刚从大萧条和二战中挣扎出来的国家而言，既是冲击，也是解脱。二战后，大获全胜的罗斯福得以继续推行大国家经济政策，走向更大规模的经济扩张。商业团体、福音派和反对取消种族隔离的政客将这一全新的积极举措视为威胁，开始把哈耶克等理想主义的新自由市场思想家当作美国反政府事业中的盟友。

20世纪40年代，福音派美南浸信会领袖葛培理起而支持掺杂着反共论调的亲自由市场言论。他警告说，有组织的劳工和滥交将把世界引向末日。20世纪50年代，福特、通用电气、美孚和美国钢铁等公司为维护自身利益，组建起亲商业、亲自由主义的团体，例如美国企业研究所的前身美国企业协会和经济教育基金会。这些公司还聘请米尔顿·弗里德曼等经济学家为其摇旗呐喊，并与保守的共和党领导人威廉·F. 巴克利（William F. Buckley）及其《国家评论》（*National Review*），以及他的政治盟友、新邦联种族隔离主义者斯特罗姆·瑟蒙德和杰西·赫尔姆斯等人越走越近。20世纪60年代，雄心勃勃的政治人物巴里·戈德华特撰写了《一名保守派的良心》(*The Conscience of a Conservative*)，宣传哈耶克和冯·米塞斯的著作，希望推翻相对温和的共和党建制派，为新邦联的州权事业辩护。戈德华特向所有形式的工会活动开炮，谴责政府介入经济的做法是"恶行"，剥夺了美国人"自己的钱自己做主"的权利。受3K党支持的戈德华特在1964年对战林登·约翰逊的总统选举中毫无悬念地落败。不过，戈德华特自身也有一种老性的自由主义倾向。他后来接受了带有西南地区色彩的自由至上主义，主张自由市场、同性恋权利、堕胎权利和大麻合法化，为社会自由主义在西部各州的流行奠定了基础。[30]

大约在戈德华特竞选总统失利的同一时期，福音派电视布道家帕特·罗伯逊和杰里·福尔韦尔加入了共和党的自由至上主义极右翼阵营。他们呼吁建立自由市场，并引用哈耶克和弗里德曼的观点来对抗政府官僚，日复一日地谴责摇滚乐、同性恋、堕胎、民权和色情文化。极右翼福音派布道家是新自由市场运动中富有号召力的领袖。共和党在意识形态上开始成为美国东北部主流建制派、美国浸信会清教主义、狭隘种族主义、弗里德曼式和美国西南部个人自由至上主义和放任主义的混合体，而将这些意识形态捆绑在一起的正是对跨国集团公司和股东权益近乎宗教般的崇拜。[31]

在美国自由市场的万花筒里，还少不了俄裔犹太自由主义作家、自由市场流行理论家安·兰德。她的小说围绕着哈耶克的超个人主义、反集体主义理论，创造了一种独特的叙事方式，比经济学家的严肃作品更通俗易懂，广受欢迎。她在 1943 年的畅销小说《源泉》中塑造了勤奋进取的建筑师霍华德·洛克的形象。这名主人公勇敢地与集体主义者和"无所作为"的官僚做斗争，力图凭借纯粹的个人意志推动创新与进步。该书传递出这样一种信息，即企业家犹如现代版的尼采式的超人，是"洛克式的英雄"，他们需要打破政府的枷锁，实现自身的伟大价值，促进人类的福祉。安·兰德的作品在美国受到美联储主席、"安·兰德集团"成员艾伦·格林斯潘等权威经济学家以及无数商业领袖和政客的推崇。在 1991 年苏联解体之际，《源泉》被评为继《圣经》之后对美国国会议员影响第二大的作品。[32]

一边是弗里德曼的美国企业自由至上主义和兰德的理念，一边是斯密对商人企业家（"投机者"）的警告以及他对市场抑制贪婪的寄望，二者发生了激烈碰撞。兰德笔下的极端个人主义人物与希望摆脱国家专制的重农学派贵族和地主精英有诸多共同之处。兰德和弗里德曼的主张体现着古老的重农学派思想，即创造财富的人理应在社会中享有特殊地位。在自由市场思想家眼中，财富的创造者，无论是 18 世纪的农民还是 20 世纪的建筑商、企业家还是富有的股东，都不应被征税。社会必须秉持简单的自由放任主义原则，释放人们与生俱来的财富创造能力。

如今，当来自各方的批评者对弗里德曼的自由市场思想提出疑问和攻击之时，我们不禁要问：哪些版本的自由市场思想依旧

第十五章 美德的终结：自由主义与自由至上主义

有效？正如我们从中国、新加坡以及所有发达经济体的案例中所见，从古至今，没有任何一种经济模式能够独占舞台。我们总是要根据实际情况不断调整。有一点可以肯定：除了无政府地区之外，所谓正统的自由至上主义自由市场模式并不存在，也从未存在过。大多数发达的工业经济体都采用相对类似的配方，即自由社会民主和具有普遍性的自由市场机制，加上政府对经济的广泛监督和参与。大多数私有企业根据市场的供求机制组织生产和销售，但也不乏私营国家垄断企业（例如波音和空客）、通过政府合同得到国家大力支持的企业（例如IBM和微软），以及从国家补贴和社会福利项目中受益的企业（亚马逊早期曾利用美国邮政服务，沃尔玛和麦当劳的低工资策略部分有赖于美国医疗补助制度）。[33]

每个国家依其自身状况，都有一条有别于纯粹经济模式的特定发展路径。因此，我们不可能拿新加坡、中国、德国或美国相互比较。美国拥有庞大而多样化的国内市场，大型企业的数量在全球首屈一指，但亚洲目前的增长速度远超欧美。各国有不同的优势和策略。为了发展经济，形成有效竞争，各国需要一系列不同的经济政策。[34]

结语

自由市场经济学家对市场的运行机制提出了卓越的见解，例如阐释了边际效用理论，同时也形成了一种笼统的、乌托邦式的信念，认为经济只有以纯粹均衡的形式运转，才能无虞。他们坚信，只要通过供给和需求激发增长，市场体系就能奇迹般地实现自我维系，政府在此过程中仅起到微乎其微的作用。然而，这种模式似乎不再切实可行。经过几十年放松监管、扩大自由贸易，我们的世界经历了经济崩溃和政府救助的周期性循环，加之贫富悬殊急剧扩大、战争、气候和卫生问题，理想中的均衡遥不可及。

国家依旧是强有力的经济驱动力，而中国作为世界第二大经济体的崛起则让自由市场问题越发扑朔迷离。1984年，中华人民共和国领导人邓小平提出"改革开放"，中国社会开启渐进式的市场改革。1988年，自由市场宏伟愿景最坚定的捍卫者米尔顿·弗里德曼访华。弗里德曼宣称，对于中国而言，"除了全面采用自由市场路线，没有其他能真正令人满意的替代方案"。

结语

他坚称,"经济学原理与物理学原理一样,普遍适用于所有国家",通往富裕的唯一途径是扩大"私有制",放松国家对工业的监管。[1]

邓小平确信计划经济和市场经济可以结合,且市场经济在社会主义制度下也可以得到发展。于是,他和中国其他领导人开始着手建立社会主义市场经济体制,一方面借鉴弗里德曼的私有财产观念和经济刺激手段,一方面坚持社会主义制度。中国领导层开始减少中央计划,解除对私有制的限制,同时保证国家对关键企业和大型主权财富基金的控制。[2]

20世纪90年代,中国国家经济体制改革委员会有关领导编写了一份关于计划经济与市场经济的对比报告,认为市场经济在"生产力"方面具有优势,但成功的市场经济绝非纯粹的自由放任,而是需要一定程度的政府干预。因此,报告建议将政府干预与私有财产和个人利润激励结合起来。[3]

改革颇见成效。国家监管私营企业、房地产、财富激励、私人公司,同时投资创办大型国有企业,中国发展为世界第二大经济体。面对各类自由市场规则,中国有取有舍,成功地打破了自由市场思想领域的许多教条。[4]

事实上,中国采用的做法接近于17世纪让-巴普蒂斯特·柯尔贝尔路线的古老发展模式。与17世纪的思想家一样,中国领导人看到了被弗里德曼忽视的东西,即不同程度的私有财产、效率、积极进取的企业家精神等自由市场理念可以与国家监管并行不悖。[5]

如今，自由市场思想面临困难的抉择。它是否会成为那些拒斥科学与开放社会的人的盟友？是否会为那些反对民主和个人自由、支持独裁者和腐败政客的人所用？民主政体的自由市场实用主义的新版本能否成为一股强大的力量？亚当·斯密担心商业对政府的影响，路德维希·冯·米塞斯、弗里德里希·哈耶克和米尔顿·弗里德曼则担心政府给私人生活造成的危险。在社交媒体遍地开花、个人数据遭大规模挖掘的时代，自由市场思想家将不得不面对这样一个事实：政府和市场均有其阴暗面，且二者往往不仅不冲突，而且沆瀣一气，这就需要我们进行管理，甚至在其脱离正轨时予以抵制。可以肯定的是，若想扫清前进道路上的艰难险阻，就要让自由市场思想变得比战后时期更灵活、更成熟。[6]

如果说我们可以从中学到什么经验教训，那就是：对于一切宣称经济体系可以自我维系或在没有明显政治干预的情况下保持平衡的说法，我们都应予以怀疑。即便是信奉经济均衡理论的自由市场先驱哲学家也认为，国家对保持经济均衡不可或缺。西塞罗或许渴望财富，但他将自己的生命献给了维护罗马共和国的崇高事业。他把公共服务视为一个人可以达到的至善，认为好政府以及与自然和谐相处是市场运行的基础。毕竟，唯有在国内和平与法治的环境中，人们才可能诚实而有效地进行交流。[7]

圣奥古斯丁等基督教领袖否认尘世间存在完美制度的可能性，只在救赎中寻求完美。在犹太教和基督教传统中，上帝为堕落的人类创造了一个有缺陷的家园，因此，以洛克为代表的一批基督教理论家认识到了财富与政府的必要性，以确保既不让经济生活崩溃，也不奢靡浪费，违背道德。这种将人类和自然视为不完美之物的观点随着启蒙运动哲学家的世俗热情发生着变化，魁奈、休谟和斯密均希望通过自由市场经济均衡理论为人类进步创造科学配方。但是，如果说斯密在某些方面是乐观主义者，那么他首先是一个怀疑论者，他并不确定自己的经济愿景是否有可能实现。因此，《国富论》不是一份宣言，而是如斯密自己所言，只是一种假设。

19世纪的哲学家，例如约翰·斯图尔特·穆勒，与18世纪的前辈一样，乐观地以为自由市场可以带来平衡，因此当希望落空时，他们显得相当困惑，并进而认定国家必须保持对经济的掌控，以防经济失衡。就连维多利亚时代的自由市场信徒、从理论上阐释了"完美市场"的威廉·斯坦利·杰文斯也认为，当个人不能创造效率时，政府必须介入。[8]

这并不是说政府介入经济总能富有成效或达成理想的结果。但历史记录表明，随着经济活动日趋复杂，政府扮演的角色，无论好坏，也相应地越发重要。自由市场、个人抱负和企业家精神促成了人类的诸多伟大成就，当然必不可少。然而事实是，政府并不会消失，若断言国家总是对经济产生负面影响，那既是学术上的懒惰，也会造成误导。不少对政府参与经济活动提出强烈谴责的人，其实已充分意识到国家在经济生活中的重要作用。当然，这也正是他们觊觎政治权力、不惜高价攫取的原因。

欲重拾自由市场思想，使之真正再焕生机，就必须重塑认知，让它不限于一种以民主为导向的哲学思想，也要接受国家与市场彼此依存的观念。无论是政府还是市场，都不可能完美，市场或自然也不会按照人们设计的最佳计划亦步亦趋。自由的个体行为是让市场保持活力的必备因素，但仅此并不能保证经济平稳运行。最后，还是让我们回到西塞罗的古书中，不为找寻完美的市场机制，只为学习两千多年来吸引了一代又一代读者的灼见。西塞罗指出，财富只有在被用于支持宪政政府、国内和平和礼仪教化时才是善的。对他而言，比财富更重要的是与自然和谐相处，培养学识和友谊，恪守道德约束。仅仅信奉市场并不能拯救我们，但坚守这些古老的美德却有可能。

致谢

首先，我想感谢巴西克图书公司（Basic Books）负责本书的编辑拉拉·海默特，她不仅帮助我构思了本书的讨论范围，还不遗余力地提供支持，并在本书的漫长写作过程中始终保持信心。她的机敏在出版界首屈一指，能与她合作是我的荣幸。巴西克图书的编辑团队是最棒的，对康纳·盖伊、克莱尔·波特、罗杰·拉布里和凯西·施特雷克富斯几位编辑，我心存感激。此外，我的经纪人罗布·麦奎尔金一如既往地对本书写作出版的每一阶段都贡献良多，我在此深表感谢。

与此同时，我还要感谢南加州大学栋赛夫文理学院和利文撒尔会计学院的帮助，并特别感谢美国国家人文基金提供的公共学者奖学金，以及查尔斯和阿格尼斯·卡扎里安基金会的一贯支持。

感谢南加州大学哲学系、早期现代研究所、我自己在南加州大学的马滕斯经济史论坛、修读我的自由市场思想课程的学生，以及斯坦福大学、耶鲁大学、东京大学、哈佛商学院和加州大学洛杉矶分校克拉克图书馆、那不勒斯费德里科二世大学、巴黎德意志历史所和《威廉与玛丽季刊》研讨组，没有他们建设性的交流、批评和投入，就不可能有本书的问世。

在本项研究的不同阶段，我也得到了法国国家档案馆、法国国家图书馆、佛罗伦萨国立中央图书馆、南加州大学和加州大学洛杉矶分校图书馆管理员的帮助。

学术研究有赖于博学的环境，而我恰好有幸处于这样一个氛围浓厚、鼓舞人心的圈子里。我要衷心感谢亚历山德罗·阿里恩佐、基思·贝克、戴维·贝尔、保拉·贝尔图奇、戈登·布朗、保罗·切尼、弗雷德里克·克拉克、杰弗里·柯林斯、黛安娜·科伊尔、伊丽莎白·克罗斯、威尔·德林杰、肖恩·多纳休、丹·埃德尔斯坦、莱纳·弗尔默、杰米·加尔布雷思、亚瑟·戈德哈默、安东尼·格拉夫顿、科林·汉密尔顿、卢卡斯·赫亨罗德、玛格丽特·雅各布、马哈茂德·贾洛、马特·卡登、保罗·卡扎林、丹·凯莱门、纳卡·孔多、安托万·利尔蒂、肖恩·麦考利、彼得·曼考尔、梅格·马塞尔怀特、瓦妮莎·奥格尔、阿诺·奥兰、杰夫·派克、史蒂夫·平卡斯、埃里克·赖纳特、费尔南达·赖纳特、索弗斯·赖纳特、埃玛·罗思柴尔德、安德鲁·尚克曼、下山清、阿歇西·西迪基、马尔塞洛·西莫内塔、菲尔·斯特恩、阿莱格拉·斯特林、贾科莫·托代斯基尼、弗兰克·特伦特曼、梅利莎·韦罗内西、埃伦·韦兰-史密斯、帕特里克·韦尔、亚瑟·威斯特斯特尼和山本浩史。

注释

引言 自由市场思想的新源起

1. Léon Walras, *Elements of Pure Economics; or, the Theory of Social Wealth*, trans. William Jaffe (London: Routledge, 1954), 153–155; Bernard Cornet, "Equilibrium Theory and Increasing Returns," *Journal of Mathematical Economics* 17 (1988): 103–118; Knud Haakonssen, *Natural Law and Moral Philosophy: From Grotius to the Scottish Enlightenment* (Cambridge: Cambridge University Press, 1996), 25–30.
2. Milton Friedman, *Capitalism and Freedom*, 3rd ed. (Chicago: University of Chicago Press, 2002), 15; Milton Friedman, *Free to Choose: A Personal Statement*, 3rd ed. (New York: Harcourt, 1990), 20, 145.
3. Anat Admati, "Anat Admati on Milton Friedman and Justice," Insights by Stanford Business, October 5, 2020, www.gsb.stanford.edu/insights/anat-admati-milton-friedman-justice; Diane Coyle, *Markets, State, and People: Economics for Public Policy* (Princeton, NJ: Princeton University Press, 2020), 98–101; Rebecca Henderson, *Reimagining Capitalism in a World on Fire* (New York: Public Affairs, 2020), 19, 67; Bonnie Kristian, "Republicans

More Likely Than Democrats to Say the Free Market Is Bad for America," Foundation for Economic Education, December 9, 2016, https://fee.org/articles/republicans-more-likely-than-democrats-to-say-the-free-market-is-bad-for-america; Jonah Goldberg, "Will the Right Defend Economic Liberty?" *National Review*, May 2, 2019; Martin Wolf, "Why Rigged Capitalism Is Damaging Liberal Democracy," *Financial Times*, September 17, 2019, www.ft.com/content/5a8ab27e-d470-11e9-8367-807ebd53ab77; Ben Riley-Smith, "The Drinks Are on Me, Declares Rishi Sunak in Budget Spending Spree," *The Telegraph*, October 27, 2021; Inu Manak, "Are Republicans Still the Party of Free Trade?," Cato Institute, May 16, 2019, www.cato.org/blog/are-republicans-still-party-free-trade.

4. Erik S. Reinert, *How Rich Countries Got Rich, and Why Poor Countries Stay Poor* (London: Public Affairs, 2007); Ciara Linnane, "China's Middle Class Is Now Bigger Than America's Middle Class," MarketWatch, October 17, 2015, www.marketwatch.com/story/chinese-middle-class-is-now-bigger-than-the-us-middle-class-2015-10-15; Javier C. Hernández and Quoctrung Bui, "The American Dream Is Alive. In China," *New York Times*, November 8, 2018; Karl Polanyi, *The Great Transformation: The Political and Economic Origins of Our Time* (Boston: Beacon Press, 1957), 267–268; Fred Block and Margaret R. Somers, *The Power of Market Fundamentalism: Karl Polanyi's Critique* (Cambridge, MA: Harvard University Press, 2014), 2; David Sainsbury, *Windows of Opportunity: How Nations Create Wealth* (London: Profile Books, 2020).

5. Martin Wolf, "Milton Friedman Was Wrong on the Corporation," *Financial Times*, December 8, 2020, www.ft.com/content/e969a756-922e-497b-8550-94bfb1302cdd.

6. Adam Smith, *An Inquiry into the Nature and Causes of the Wealth of Nations*, ed. Roy Harold Campbell and Andrew Skinner, 2 vols. (Indianapolis: Liberty Fund, 1981), vol. 1, bk. IV, chap. ii, para.

10; William J. Barber, *A History of Economic Thought* (London: Penguin, 1967), 17; Lars Magnusson, *The Tradition of Free Trade* (London: Routledge, 2004), 16.

7. Joseph A. Schumpeter, *History of Economic Analysis* (London: Allen and Unwin, 1954), 185.
8. Smith, *Wealth of Nations*, vol. 2, bk. IV, chap. ix, para. 3.
9. D. C. Coleman, ed., *Revisions in Mercantilism* (London: Methuen, 1969), 91–117, at 97; William Letwin, *The Origins of Scientific Economics: English Economic Thought, 1660–1776* (London: Methuen, 1963), 43; Lars Magnusson, *Mercantilism: The Shaping of an Economic Language* (London: Routledge, 1994); Philip J. Stern, *The Company State: Corporate Sovereignty and Early Modern Foundations of the British Empire in India* (Oxford: Oxford University Press, 2011), 5–6; Rupali Mishra, *A Business of State: Commerce, Politics, and the Birth of the East India Company* (Cambridge, MA: Harvard University Press, 2018); Philip J. Stern and Carl Wennerlind, eds., *Mercantilism Reimagined: Political Economy in Early Modern Britain and Its Empire* (Oxford: Oxford University Press, 2014), 6; Schumpeter, *History of Economic Analysis*, 94; Eli F. Heckscher, *Mercantilism*, trans. Mendel Shapiro, 2 vols. (London: George Allen and Unwin, 1935); Steve Pincus, "Rethinking Mercantilism: Political Economy, the British Empire, and the Atlantic World in the Seventeenth and Eighteenth Centuries," *William and Mary Quarterly* 69, no. 1 (2012): 3–34.

第一章　西塞罗的梦想

1. Titus Livy, *History of Rome*, trans. John C. Yardley, Loeb Classical Library (Cambridge, MA: Harvard University Press, 2017), bk. 1, chap. 8. 网络版见 Rev. Canon Roberts, Perseus Digital Library, Tufts University, gen. ed. Gregory R. Crane, www.perseus.tufts.edu/hopper/text?doc=urn:cts:latinLit:phi0914.phi0011.perseus-eng3:pr。

2. Livy, *History of Rome*, bk. 23, chap. 24; bk. 1, chap. 35; Ronald Syme, *The Roman Revolution*, rev. ed. (Oxford: Oxford University Press, 2002), 15.
3. Cato, *On Agriculture*, in *Cato and Varro: On Agriculture*, trans. W. D. Hooper and H. B. Ash, Loeb Classical Library (Cambridge, MA: Harvard University Press, 1935), bk. 1, paras. 1–2.
4. Cicero, *De officiis*, trans. Walter Miller, Loeb Classical Library (Cambridge, MA: Harvard University Press, 1913), bk. 1, sec. 13, para. 41.
5. Cicero, *On the Republic*, in Cicero, *On the Republic, On the Laws*, trans. Clinton W. Keyes, Loeb Classical Library (Cambridge, MA: Harvard University Press, 1928), bk. 1, sec. 34, paras. 52–53; bk. 1, sec. 5, para. 19; bk. 1, sec. 8–9, para. 24.
6. Dan Hanchey, "Cicero, Exchange, and the Epicureans," *Phoenix* 67, no. 1–2 (2013): 119–134, at 129; Wood, *Cicero's Social and Political Thought*, 55, 81–82, 112; Cicero, *De officiis*, bk. 3, sec. 6, para. 30; bk. 1, sec. 7, para. 22.
7. Cicero, *On Ends*, trans. H. Rackham, Loeb Classical Library (Cambridge, MA: Harvard University Press, 1914), bk. 2, sec. 26, para. 83; Hanchey, "Cicero, Exchange," 23; Cicero, *De officiis*, bk. 1, sec. 13, para. 41; bk. 1, sec. 16, para. 50; bk. 1, sec. 17, paras. 53–54; Cicero, *De amicitia*, in *On Old Age, On Friendship, On Divination*, trans. W. A. Falconer, Loeb Classical Library (Cambridge, MA: Harvard University Press, 1923), sec. 6, para. 22; sec. 7, paras. 23–24; sec. 7, paras. 23–24; sec. 14, paras. 50–52.
8. Cicero, *De officiis*, bk. 14, sec. 5, paras. 21–22; bk. 3, sec. 5, para. 23.
9. Caesar, *The Gallic War*, trans. H. J. Edwards, Loeb Classical Library (Cambridge, MA: Harvard University Press, 1917), bk. 5, para. 1. 另见 "Internum Mare," in William Smith, *Dictionary of Greek and Roman Geography*, 2 vols。(London: Walton and Maberly, 1856), 1:1084; Peter Brown, *Through the Eye of the Needle: Wealth, the Fall of Rome, and the Making of Christianity in the West, 350–550 AD* (Princeton, NJ: Princeton University Press,

2014), 69; Pliny, *Natural History*, trans. H. Rackham, 37 vols., Loeb Classical Library (Cambridge, MA: Harvard University Press, 1942), bk. 3.

10. Wood, *Cicero's Social and Political Thought*, 48; Cicero, *In Catilinam*, in Cicero, *Orations: In Catilinam, I–IV, Pro Murena, Pro Sulla, Pro Flacco*, trans. C. Macdonald, Loeb Classical Library (Cambridge, MA: Harvard University Press, 1977), bk. 2, para. 21.
11. Cicero, *De officiis*, bk. 1, sec. 13, para. 47; Hanchey, "Cicero, Exchange," 129; Brown, *Through the Eye of the Needle*, 253.
12. A. E. Douglas, "Cicero the Philosopher," in *Cicero*, ed. T. A. Dorey (New York: Basic Books, 1965), 135–171.
13. Douglas, "Cicero the Philosopher."
14. Cicero, *De officiis*, bk. 1, sec. 13, para. 41; bk. 1, sec. 7, para. 27.
15. Cicero, *On Ends*, bk. 1, sec. 9, para. 30; bk. 1, sec. 10, paras. 32–33.
16. Cicero, *On Ends*, bk. 1, sec. 19, para. 69; Cicero, *On the Republic*, bk. 6, sec. 24, paras. 26–28.
17. Emily Butterworth, "Defining Obscenity," in *Obscénités renaissantes*, ed. Hugh Roberts, Guillaume Peureux, and Lise Wajeman, Travaux d'humanisme et Renaissance, no. 473 (Geneva: Droz, 2011), 31–37; Cicero, *Orations: Philippics 1–6*, ed. and trans. D. R. Shackleton Bailey, rev. John T. Ramsey and Gesine Manuwald, Loeb Classical Library (Cambridge, MA: Harvard University Press, 2009), chap. 2, paras. 96–98.

第二章　神圣的经济

1. Matthew, 13:44; Luke 12:33; Hebrews 9:22; Giacomo Todeschini, *Les Marchands et le Temple: La société chrétienne et le cercle vertueux de la richesse du Moyen Âge à l'Époque Moderne* (Paris: Albin Michel, 2017). 所有引自《圣经》的段落均使用詹皇版。
2. Luke 12:33; Matthew 6:19–21. 另见 Mark 10:25 及 Luke 18:25。

3. Matthew 25:29. 这一投资与回报的概念后来扩展成了 Robert K. Merton 的 "Matthew Effect in Science: The Reward and Communication Systems of Science Are Reconsidered," *Science* 159, no. 3810 (1968): 56–63.
4. Proverbs 19:17. 另见 Matthew 25:45。
5. Matthew 19:12.
6. Clement of Alexandria, *The Rich Man's Salvation*, trans. G. W. Butterworth, rev. ed., Loeb Classical Library (Cambridge, MA: Harvard University Press, 1919), 339; Todeschini, *Les Marchands et le Temple*, 28.
7. Walter T. Wilson, ed. and trans., *Sentences of Sextus* (Atlanta: Society of Biblical Literature, 2012), 33–38, 74, 261–264.
8. Wilson, *Sentences of Sextus*, 2; *The Shepherd of Hermas*, trans. J. B. Lightfoot (New York: Macmillan, 1891), Parable 2, 1 [51]:5, Early Christian Writings, www.earlychristianwritings.com/text/shepherd-lightfoot.html; Tertullian, "On the Veiling of Virgins," trans. S. Thelwall, in *The Ante-Nicene Fathers*, ed. Alexander Roberts, James Donaldson, and A. Cleveland Coxe, vol. 4, revised for New Advent by Kevin Knight (Buffalo, NY: Christian Literature Publishing, 1885).
9. Edward Gibbon, *History of the Decline and Fall of the Roman Empire*, 6 vols. (London: Strahan, 1776–1789), vol. 1, chap. 15, n. 96.
10. Richard Finn, *Almsgiving in the Later Roman Empire: Christian Promotion and Practice, 313–450* (Oxford: Oxford University Press, 2006), 93.
11. Benedicta Ward, *The Desert Fathers: Sayings of the Early Christian Monks* (London: Penguin, 2005), 20–54; Gregory of Nyssa, *On Virginity*, ed. D. P. Curtin, trans. William Moore (Philadelphia: Dalcassian Publishing, 2018), 19.
12. John Chrysostom, "Homily 3: Concerning Almsgiving and the Ten Virgins," in *On Repentance and Almsgiving*, trans. Gus George Christo (Washington, DC: Catholic University of America Press, 1998), 28–42, at 29–31.

13. Chrysostom, "Homily 3," 32.
14. Ambrose, *On the Duties of the Clergy*, trans. A. M. Overett (Savage, MN: Lighthouse Publishing, 2013), 55, 89, 205–206; Ambrose, *De Nabuthae*, ed. and trans. Martin R. P. McGuire (Washington, DC: Catholic University of America Press, 1927), 49.
15. Ambrose, *On the Duties of the Clergy*, 55, 78, 83.
16. Ambrose, *On the Duties of the Clergy*, 122–124.
17. Ambrose, "The Sacraments of the Incarnation of the Lord," in *Theological and Dogmatic Works*, trans. Roy J. Deferrari (Washington, DC: Catholic University of America Press, 1963), 217–264, at 240.
18. Peter Brown, *Augustine of Hippo: A Biography* (Berkeley: University of California Press, 2000), 169.
19. Augustine, *On the Free Choice of the Will, On Grace and Free Choice, and Other Writings*, ed. and trans. Peter King (Cambridge: Cambridge University Press, 2010), 1; Peter Brown, "Enjoying the Saints in Late Antiquity," *Early Medieval Europe 9*, no. 1 (2000): 1–24, at 17.
20. Brown, *Augustine of Hippo*, 218–221.
21. Augustine, "Sermon 350," in *Sermons*, ed. John E. Rotelle, trans. Edmund Hill, 10 vols. (Hyde Park, NY: New City Press, 1995), 3:107–108, https://wesleyscholar.com/wp-content/uploads/2019/04/Augustine-Sermons-341-400.pdf; Peter Brown, *Through the Eye of a Needle: Wealth, the Fall of Rome, and the Making of Christianity in the West, 350–550 AD* (Princeton, NJ: Princeton University Press, 2014), 355; Augustine, *Letters*, vol. 2 (83–130), trans. Wilfrid Parsons (Washington, DC: Catholic University of America Press, 1953), 42–48; Brown, *Augustine of Hippo*, 198.
22. Brown, *Augustine of Hippo*, 299.
23. Augustine, *City of God*, trans. Henry Bettenson (London: Penguin, 1984), bk. 1, chap. 8; bk. 1, chap. 10.
24. Augustine, *City of God*, bk. 12, chap. 23; Augustine, *Divine Providence and the Problem of Evil: A Translation of St. Augustine's*

de Ordine, trans. Robert P. Russell (Whitefish, MT: Kessinger, 2010), 27–31.

25. Augustine, "Exposition of the Psalms," ed. Philip Schaff, trans. J. E. Tweed, in *Nicene and Post-Nicene Fathers*, First Series, vol. 8 (Buffalo, NY: Christian Literature Publishing, 1888), revised for New Advent by Kevin Knight, www.newadvent.org/fathers/1801.htm.

第三章 中世纪市场机制里的上帝

1. Michael McCormick, *Origins of the European Economy: Communications and Commerce AD 300–900* (Cambridge: Cambridge University Press, 2001), 37, 87.
2. Georges Duby, *The Early Growth of the European Economy: Warriors and Peasants from the Seventh to the Twelfth Century*, trans. Howard B. Clarke (Ithaca, NY: Cornell University Press, 1974), 29; J. W. Hanson, S. G. Ortman, and J. Lobo, "Urbanism and the Division of Labour in the Roman Empire," *Journal of the Royal Society Interface* 14, no. 136 (2017), Interface 14, 20170367; Rosamond McKitterick, ed., *The Early Middle Ages* (Oxford: Oxford University Press, 2001), 100.
3. McCormick, *Origins of the European Economy*, 38, 40–41, 87, 101; Procopius, *The Wars of Justinian*, trans. H. B. Dewing, rev. Anthony Kaldellis (Indianapolis: Hackett Publishing, 2014), bk. 2, chaps. 22–33; Guy Bois, *La mutation de l'an mil. Lournand, village mâconnais de l'antiquité au féodalisme* (Paris: Fayard, 1989), 31.
4. Valentina Tonneato, *Les banquiers du seigneur* (Rennes, France: Presses Universitaires de Rennes, 2012), 291.
5. Tonneato, *Les banquiers du seigneur*, 315; Giacomo Todeschini, *Les Marchands et le Temple: La société chrétienne et le cercle vertueux de la richesse du Moyen Âge à l'Époque Moderne* (Paris: Albin Michel, 2017), 37.

6. Tonneato, *Les banquiers du seigneur*, 160; Alisdair Dobie, *Accounting at the Durham Cathedral Priory: Management and Control of a Major Ecclesiastical Corporation, 1083–1539* (London: Palgrave Macmillan, 2015), 145–146.
7. McKitterick, *Early Middle Ages*, 104.
8. "Customs of Saint-Omer (ca. 1100)," in *Medieval Europe*, ed. Julius Kirshner and Karl F. Morrison (Chicago: University of Chicago Press, 1986), 87–95.
9. Alan Harding, "Political Liberty in the Middle Ages," *Speculum 55*, no. 3 (1980): 423–443, at 442.
10. "Customs of Saint-Omer," 87.
11. Giacomo Todeschini, *Franciscan Wealth: From Voluntary Poverty to Market Society*, trans. Donatella Melucci (Saint Bonaventure, NY: Saint Bonaventure University, 2009), 14; Todeschini, *Les Marchands du Temple*, 70.
12. Henry Haskins, *The Renaissance of the Twelfth Century* (Cambridge, MA: Harvard University Press, 1933), 344–350; D. E. Luscumbe and G. R. Evans, "The Twelfth-Century Renaissance," in *The Cambridge History of Medieval Political Thought, c. 350–c. 1450*, ed. J. H. Burns (Cambridge: Cambridge University Press, 1988), 306–338, at 306; F. Van Steenberghen, *Aristotle in the West: The Origins of Latin Aristotelianism*, trans. L. Johnston (Leuven, Belgium: E. Nauwelaerts, 1955), 30–33.
13. Odd Langholm, *Price and Value in the Aristotelian Tradition: A Study in Scholastic Economic Sources* (Bergen, Norway: Universitetsforlaget, 1979), 29; Gratian, *The Treatise on Laws (Decretum DD. 1–20)*, trans. Augustine Thompson (Washington, DC: Catholic University of America Press, 1993), 25; Brian Tierney, *The Idea of Natural Rights: Studies on Natural Rights, Natural Law, and Church Law, 1150–1625* (Atlanta: Emory University, 1997), 56.
14. David Burr, "The *Correctorium* Controversy and the Origins of the *Usus Pauper* Controversy," *Speculum* 60, no. 2 (1985): 331–342, at 338.

15. Saint Thomas Aquinas, *Summa Theologica*, vol. 53, Question 77, Articles 1, 3; Raymond de Roover, "The Story of the Alberti Company of Florence, 1302–1348, as Revealed in Its Account Books," *Business History Review* 32, no. 1 (1958): 14–59.
16. W. M. Speelman, "The Franciscan *Usus Pauper*: Using Poverty to Put Life in the Perspective of Plenitude," *Palgrave Communications* 4, no. 77 (2018), https://doi.org/10.1057/s41599-018-0134-4; Saint Bonaventure, *The Life of St. Francis of Assisi*, ed. Cardinal Manning (Charlotte, NC: TAN Books, 2010), 54–55.
17. Norman Cohn, *Pursuit of the Millennium: Revolutionary Millenarians and Mystical Anarchists of the Middle Ages* (Oxford: Oxford University Press, 1970), 148–156.
18. John Duns Scotus, *Political and Economic Philosophy*, ed. and trans. Allan B. Wolter (Saint Bonaventure, NY: Franciscan Institute Publications, 2000), 27.
19. Lawrence Landini, *The Causes of the Clericalization of the Order of Friars Minor, 1209–1260 in the Light of Early Franciscan Sources* (Rome: Pontifica Universitas, 1968); David Burr, *Olivi and Franciscan Poverty: The Origins of the Usus Pauper Controversy* (Philadelphia: University of Pennsylvania Press, 1989), 5, 9.
20. Burr, *Olivi and Franciscan Poverty*, 11–12.
21. Nicholas III, *Exiit qui seminat (Confirmation of the Rule of the Friars Minor)*, 1279, Papal Encyclicals Online, www.papalencyclicals.net/nichol03/exiit-e.htm.
22. Piron Sylvain, "Marchands et confesseurs: Le Traité des contrats d'Olivi dans son contexte (Narbonne, fin XIIIe–début XIVe siècle)," in *Actes des congrès de la Société des historiens médiévistes de l'enseignement supérieur public, 28e congrès 28* (1997): 289–308; Pierre Jean Olivi, *De usu paupere: The quaestio and the tractatus*, ed. David Burr (Florence: Olschki, 1992), 47–48.
23. Olivi, *De usu paupere*, 48.
24. Sylvain Piron, "Censures et condemnation de Pierre de Jean Olivi: Enquête dans les marges du Vatican," *Mélanges de l'École*

française de Rome—Moyen Âge 118, no. 2 (2006): 313–373.
25. Pierre Jean Olivi, *Traité sur les contrats*, ed. and trans. Sylvain Piron (Paris: Les Belles Lettres, 2012), 103–115.
26. Peter John Olivi, "On Usury and Credit (ca. 1290)," in *University of Chicago Readings in Western Civilization*, ed. Julius Kirshner and Karl F. Morrison (Chicago: University of Chicago Press, 1987), 318–325, at 318; Langholm, *Price and Value*, 29, 52.
27. Langholm, *Price and Value*, 119, 137.
28. Tierney, *Idea of Natural Rights*, 33; William of Ockham, *On the Power of Emperors and Popes*, ed. and trans. Annabel S. Brett (Bristol: Theommes Press, 1998).
29. Tierney, *Idea of Natural Rights*, 101.
30. Tierney, *Idea of Natural Rights*, 35; Ockham, *On the Power of Emperors and Popes*, 35–37, 97.
31. Ockham, *On the Power of Emperors and Popes*, 15, 76, 79, 96.
32. Harry A. Miskimin, *The Economy of Later Renaissance Europe, 1460–1600* (Cambridge: Cambridge University Press, 1977), 11.

第四章　佛罗伦萨的财富和马基雅维利的市场

1. Raymond de Roover, "The Story of the Alberti Company of Florence, 1302–1348, as Revealed in Its Account Books," *Business History Review* 32, no. 1 (1958): 14–59, at 46; Marcia L. Colish, "Cicero's *De officiis* and Machiavelli's *Prince*," *Sixteenth Century Journal* 9, no. 4 (1978): 80–93, at 82; N. E. Nelson, "Cicero's *De officiis* in Christian Thought, 300–1300," in *Essays and Studies in English and Comparative Literature*, University of Michigan Publications in Language and Literature, vol. 10 (Ann Arbor: University of Michigan Press, 1933), 59–160; Albert O. Hirschman, *The Passions and the Interests: Political Arguments for Capitalism Before Its Triumph* (Princeton, NJ: Princeton University Press, 1977), 10.

2. William M. Bowsky, *The Finance of the Commune of Siena, 1287–1355* (Oxford: Clarendon Press, 1970), 1, 209.
3. Nicolai Rubenstein, "Political Ideas in Sienese Art: The Frescoes by Ambrogio Lorenzetti and Taddeo di Bartolo in the Palazzo Pubblico," *Journal of the Warburg and Courtauld Institutes* 21, no. 3/4 (1958): 179–207; Quentin Skinner, "Ambrogio Lorenzetti's Buon Governo Frescoes: Two Old Questions, Two New Answers," *Journal of the Warburg and Courtauld Institutes* 62, no. 1 (1999): 1–28, at 6.
4. Arpad Steiner, "Petrarch's *Optimus Princeps*," *Romanic Review* 23 (1934): 99–111; Christian Bec, *Les marchands écrivains: Affaires et humanisme à Florence, 1375–1434* (Paris: École Pratique des Hautes Études, 1967), 49–51; Francesco Petrarca, "How a Ruler Ought to Govern His State," in T*he Earthly Republic: Italian Humanists on Government and Society*, ed. Benjamin G. Kohl and Ronald G. Witt (Philadelphia: University of Pennsylvania Press, 1978), 35–92, at 37.
5. James Hankins, *Virtue Politics: Soulcraft and Statecraft in Renaissance Italy* (Cambridge, MA: Belknap Press of Harvard University Press, 2019), 2, 42, 46; Steiner, "Petrarch's *Optimus Princeps*," 104.
6. Raymond de Roover, "The Concept of the Just Price: Theory and Economic Policy," *Journal of Economic History* 18, no. 4 (1958): 418–434, at 425; Cicero, *De officiis*, trans. Walter Miller, Loeb Classical Library (Cambridge, MA: Harvard University Press, 1913), bk. 1, sec. 13–14, paras. 43–45.
7. Gertrude Randalph Bramlette Richards, *Florentine Merchants in the Age of the Medici: Letters and Documents from the Selfridge Collection of Medici Manuscripts* (Cambridge, MA: Harvard University Press, 1932), 5; Armando Sapori, *La crisi delle compagnie mercantili dei Bardi dei Peruzzi* (Florence: Olschki, 1926); Robert S. Lopez, *The Commercial Revolution of the Middle Ages, 950–1350* (Cambridge: Cambridge University Press, 1976),

27–36; Gino Luzzato, *Breve storia economica dell'Italia medieval* (Turin: Einaudi, 1982); Giovanni di Pagolo Morelli, *Ricordi*, ed. V. Branca (Florence: F. Le Monnier, 1956), 100–101; Matteo Palmieri, *Dell' Ottimo Cittadino: Massime tolte dal Trattato della Vita Civile* (Venice: Dalla Tipografia di Alvisopoli, 1829), 20, 66, 167–168.
8. Benedetto Cotrugli, *The Book of the Art of Trade*, ed. Carlo Carraro and Giovanni Favero, trans. John Francis Phillimore (Cham, Switzerland: Palgrave Macmillan, 2017).
9. Cotrugli, *Book of the Art of Trade*, 4.
10. Cotrugli, *Book of the Art of Trade*, 112–115.
11. Cotrugli, *Book of the Art of Trade*, 25, 30, 33.
12. Cotrugli, *Book of the Art of Trade*, 46–49, 62, 86, 112–113.
13. Felix Gilbert, *Machiavelli and Guicciardini: Politics and History in Sixteenth-Century Florence* (Princeton, NJ: Princeton University Press, 1965), 160–161.
14. Hirschman, *The Passions and the Interests*, 33; Niccolò Machiavelli, *The Prince*, ed. and trans. William J. Connell (Boston: Bedford/St. Martin's, 2005), 61–62; Colish, "Cicero's *De officiis* and Machiavelli's *Prince*," 92.
15. Jacob Soll, *Publishing* The Prince: *History, Reading, and the Birth of Political Criticism* (Ann Arbor: University of Michigan Press, 2005), 23; Niccolò Machiavelli, *The Discourses*, ed. Bernard Crick, trans. Leslie J. Walker, rev. Brian Richardson (London: Penguin, 1970), 37–39, 201.
16. Machiavelli, *The Discourses*, 39; John McCormick, *Machiavellian Democracy* (Cambridge: Cambridge University Press, 2011), 55, 201; Gilbert, *Machiavelli and Guicciardini*, 184–185; Machiavelli, *The Prince*, 61–62.
17. Machiavelli, The Prince, 55; Jérémie Bartas, *L'argent n'est pas le nerf de la guerre: Essai sur une prétendue erreur de Machiavel* (Rome: École Française de Rome, 2011), 32–36; McCormick, *Machiavellian Democracy*, 87; Machiavelli, *The Discourses*, 201–203.

18. McCormick, *Machiavellian Democracy*, 26; Charles Tilly, "Reflection on the History of European State-Making," in *The Formation of National States in Western Europe*, ed. Charles Tilly (Princeton, NJ: Princeton University Press, 1975), 3–83, at 52–56; Margaret Levy, *Of Rule and Revenue* (Berkeley: University of California Press, 1988), 202; Niccolò Machiavelli, *Florentine Histories*, trans. Laura F. Banfield and Harvey K. Mansfield Jr. (Princeton, NJ: Princeton University Press, 1988), 121–123.

19. Machiavelli, *Florentine Histories*, 159.

第五章 国家干预下的英国自由贸易

1. Quentin Skinner, *The Foundations of Modern Political Thought*, 2 vols. (Cambridge: Cambridge University Press, 1978), 2:5, 284.

2. Harry A. Miskimin, *The Economy of Later Renaissance Europe, 1460–1600* (Cambridge: Cambridge University Press, 1977), 36.

3. Skinner, *Foundations of Modern Political Thought*, 2:139; Francisco de Vitoria, *Political Writings*, ed. Anthony Pagden and Jeremy Lawrence (Cambridge: Cambridge University Press, 1991), xv–xix; Martín de Azpilcueta, *Commentary on the Resolution of Money (1556)*, in *Sourcebook in Late-Scholastic Monetary Theory: The Contributions of Martín de Azpilcueta, Luis de Molina, S.J., and Juan de Mariana, S.J.*, ed. Stephen J. Grabill (Lanham, MD: Lexington Books, 2007), 1–107, at 79; Martín de Azpilcueta, *On Exchange*, trans. Jeannine Emery (Grand Rapids, MI: Acton Institute, 2014), 127. Alejandro Chafuen, *Faith and Liberty: The Economic Thought of the Late Scholastics* (Lanham, MD: Lexington Books, 2003), 54; Marjorie Grice-Hutchinson, *The School of Salamanca: Readings in Spanish Monetary Theory, 1544–1605* (Oxford: Clarendon Press, 1952), 48.

4. Raymond de Roover, *Money, Banking and Credit in Medieval Bruges* (Cambridge, MA: Medieval Academy of America, 1948),

17; Mark Koyama, "Evading the 'Taint of Usury': The Usury Prohibition as a Barrier to Entry," *Explorations in Economic History* 47, no. 4 (2010): 420–442, at 428.

5. Martin Bucer, *De Regno Christi*, in *Melancthon and Bucer*, ed. Wilhelm Pauk (Philadelphia: Westminster Press, 1969), 155–394, at 304; Steven Rowan, "Luther, Bucer, Eck on the Jews," *Sixteenth Century Journal* 16, no. 1 (1985): 79–90, at 85; Bucer, *Regno Christi*, 302; Constantin Hopf, *Martin Bucer and the English Reformation* (London: Blackwell, 1946), 124–125; Martin Greschat, *Martin Bucer: A Reformer and His Times*, trans. Stephen E. Buckwalter (Louisville, KY: Westminster John Knox Press, 2004), 236–237.

6. Jacob Soll, "Healing the Body Politic: French Royal Doctors, History and the Birth of a Nation, 1560–1634," *Renaissance Quarterly* 55, no. 4 (2002): 1259–1286.

7. Jean Bodin, *Les six livres de la République*, ed. Gérard Mairet (Paris: Livre de Poche, 1993), 428–429, 431, 485, 487, 500.

8. Louis Baeck, "Spanish Economic Thought: The School of Salamanca and the Arbitristas," *History of Political Economy* 20, no. 3 (1988): 394.

9. Henri Hauser, ed., *La vie chère au XVIe siècle: La Réponse de Jean Bodin à M. de Malestroit 1568* (Paris: Armand Colin, 1932), xxxii; J. H. Elliott, "Self-Perception and Decline in Early Seventeenth-Century Spain," *Past and Present* 74 (1977): 49–50.

10. Hauser, *La vie chère*, lviii.

11. Hauser, *La vie chère*, 499–500.

12. David Sainsbury, *Windows of Opportunity: How Nations Create Wealth* (London: Profile Books, 2020), 11.

13. Giovanni Botero, *The Reason of State* (Cambridge: Cambridge University Press, 2017), 4; Giovanni Botero, *On the Causes of the Greatness and Magnificence of Cities*, ed. and trans. Geoffrey Symcox (Toronto: University of Toronto Press, 2012), xxxiii, 39–45.

14. Botero, *On the Causes of the Greatness and Magnificence of Cities*, 43–44; Sophus A. Reinert, *Translating Empire: Emulation and the Origins of Political Economy* (Cambridge, MA: Harvard University Press, 2011), 117; Erik S. Reinert, "Giovanni Botero (1588) and Antonio Serra (1613): Italy and the Birth of Development Economics," in *The Oxford Handbook of Industrial Policy*, ed. Arkebe Oqubay, Christopher Cramer, Ha-Joon Chang, and Richard Kozul-Wright (Oxford: Oxford University Press, 2020), 3–41.

15. Antonio Serra, *A Short Treatise on the Wealth and Poverty of Nations (1613)*, ed. Sophus A. Reinert, trans. Jonathan Hunt (New York: Anthem, 2011), 121; Jamie Trace, *Giovanni Botero and English Political Thought* (doctoral thesis, University of Cambridge, 2018).

16. Craig Muldrew, *The Economy of Obligation* (New York: Palgrave, 1998), 53.

17. Muldrew, *Economy of Obligation*, 97, 109, 138, 151; Nicolas Grimalde, *Marcus Tullius Ciceroes Thre Bokes of Duties, to Marcus His Sonne, Turned Oute of Latine into English*, ed. Gerald O'Gorman (Washington, DC: Folger Books, 1990), 207.

18. Joyce Oldham Appleby, *Economic Thought and Ideology in Seventeenth-Century England* (Princeton, NJ: Princeton University Press, 1978), 34. Elizabeth Lamond, ed., *A Discourse of the Common Weal of This Realm of England. First Printed in 1581 and Commonly Attributed to W.S.* (Cambridge: Cambridge University Press, 1929), 15, 59, 93; Mary Dewar, "The Authorship of the 'Discourse of the Commonweal,'" *Economic History Review* 19, no. 2 (1966): 388–400.

19. Sir Walter Raleigh, *The Discovery of the Large, Rich, and Beautiful Empire of Guiana, with a Relation of the Great and Golden City of Manoa Which the Spaniards Call El Dorado*, ed. Robert H. Schomburgk (New York: Burt Franklin, 1848), lxxix.

20. Gerard de Malynes, *Lex Mercatoria* (Memphis: General Books, 2012), 5.

21. Malynes, *Lex Mercatoria*, 27; William Eamon, *Science and the Secrets of Nature: Books and Secrets in Medieval and Early Modern Culture* (Princeton, NJ: Princeton University Press, 1994); Claire Lesage, "La Littérature des secrets et I Secreti d'Isabella Cortese," *Chroniques italiennes* 36 (1993): 145–178; Carl Wennerlind, *Casualties of Credit: The English Financial Revolution, 1620–1720* (Cambridge, MA: Harvard University Press, 2011), 48.

22. Wennerlind, *Casualties of Credit*, 79, 114, 211; Gerard de Malynes, *The Maintenance of Free Trade* (New York: Augustus Kelley, 1971), 47.

23. Malynes, *Maintenance of Free Trade*, 83, 105.

24. Appleby, *Economic Thought and Ideology*, 37; Thomas Mun, *The Complete Works: Economics and Trade*, ed. Gavin John Adams (San Bernardino, CA: Newton Page, 2013), 145.

25. Edward Misselden, *Free Trade of the Meanes to Make Trade Florish* (London: John Legatt, 1622), 20, 80, 84.

26. Lawrence A. Harper, *The English Navigation Laws: A Seventeenth-Century Experiment in Social Engineering* (New York: Octagon Books, 1960), 40.

27. Charles Henry Wilson, *England's Apprenticeship, 1603-1763* (London: Longmans, 1965), 65; Jean-Baptiste Colbert, "Mémoire touchant le commerce avec l'Angleterre, 1651," in *Lettres, instructions, et mémoires de Colbert*, ed. Pierre Clément, 10 vols. (Paris: Imprimerie Impériale, 1861-1873), vol. 2, pt. 2, pp. 405-409; Harper, *English Navigation Laws*, 16; Moritz Isenmann, "Égalité, réciprocité, souvraineté: The Role of Commercial Treaties in Colbert's Economic Policy," in *The Politics of Commercial Treaties in the Eighteenth Century: Balance of Power, Balance of Trade*, ed. Antonella Alimento and Koen Stapelbroek (London: Palgrave Macmillan, 2017), 77–104.

第六章　荷兰共和国的自由与财富

1. M. F. Bywater and B. S. Yamey, *Historic Accounting Literature: A Companion Guide* (London: Scholar Press, 1982), 87.
2. Jacob Soll, *The Reckoning: Financial Accountability and the Rise and Fall of Nations* (New York: Basic Books, 2014), 77.
3. Maarten Prak, *The Dutch Republic in the Seventeenth Century* (Cambridge: Cambridge University Press, 2005), 29.
4. Prak, *Dutch Republic*, 102.
5. Prak, *Dutch Republic*, 91.
6. Koen Stapelbroek, "Reinventing the Dutch Republic: Franco-Dutch Commercial Treaties from Ryswick to Vienna," in *The Politics of Commercial Treaties in the Eighteenth Century: Balance of Power, Balance of Trade*, ed. Antonella Alimento and Koen Stapelbroek (Cham, Switzerland: Palgrave Macmillan, 2017), 195–215, at 199.
7. Prak, *Dutch Republic*, 105.
8. Prak, *Dutch Republic*, 96; Margaret Schotte, *Sailing School: Navigating Science and Skill, 1550–1800* (Baltimore: Johns Hopkins University Press, 2019), 42, 53.
9. J. M. de Jongh, "Shareholder Activism at the Dutch East India Company, 1622–1625," January 10, 2010, Palgrave Macmillan 2011, SSRN, https://ssrn.com/abstract=1496871; Jonathan Koppell, ed., *Origins of Shareholder Activism* (London: Palgrave, 2011); Alexander Bick, *Minutes of Empire: The Dutch West India Company and Mercantile Strategy, 1618–1648* (Oxford: Oxford University Press, forthcoming); Theodore K. Rabb, *Enterprise and Empire: Merchant and Gentry Investment in the Expansion of England, 1575–1630* (Cambridge, MA: Harvard University Press, 2014), 38–41.
10. Lodewijk J. Wagenaar, "Les mécanismes de la prospérité," in *Amsterdam XVIIe siècle: Marchands et philosophes. Les bénéfices de la tolérance*, ed. Henri Méchoulan (Paris: Editions Autrement, 1993), 59–81.

11. "A Translation of the Charter of the Dutch East India Company (1602)," ed. Rupert Gerritsen, trans. Peter Reynders (Canberra: Australasian Hydrographic Society, 2011), 4.
12. De Jongh, "Shareholder Activism," 39.
13. Soll, *Reckoning*, 80; Kristof Glamann, *Dutch Asiatic Trade, 1620–1740* (The Hague: Martinus Nijhoff, 1981), 245.
14. Soll, *Reckoning*, 81.
15. Hugo Grotius, *Commentary on the Law of Prize and Booty*, ed. Martine Julia van Ittersum (Indianapolis: Liberty Fund, 2006), xiii.
16. Grotius, *Commentary*, 10, 27; Hugo Grotius, *The Free Sea*, ed. David Armitage (Indianapolis: Liberty Fund, 2004), xiv, 7, 18.
17. Grotius, *Free Sea*, 5, 24–25, 32.
18. Grotius, *Free Sea*, 57; Hugo Grotius, *The Rights of War and Peace*, ed. Richard Tuck, 3 vols. (Indianapolis: Liberty Fund, 2005), 3:1750, 2:430–431.
19. Grotius, *Rights of War and Peace*, 2:556–557; Brett Rushforth, *Bonds of Alliance: Indigenous and Atlantic Slaveries in New France* (Chapel Hill: University of North Carolina Press, 2012), 90.
20. Rushforth, *Bonds of Alliance*, 93.
21. Rushforth, *Bonds of Alliance*, 70; Grotius, *Free Sea*, xii–xxiii.
22. On new attitudes of merchant virtue, J. G. A. Pocock, *The Machiavellian Moment: Florentine Political Thought and the Atlantic Republican Tradition* (Princeton, NJ: Princeton University Press, 1975), 478.
23. Pieter de La Court, *The True Interest and Political Maxims of the Republick of Holland and West-Friesland* (London: 1702), vi, 4–6, 9.
24. De La Court, *True Interest and Political Maxims*, 24–35.
25. De La Court, *True Interest and Political Maxims*, 63, 51, 55.
26. De La Court, *True Interest and Political Maxims*, 45, 51, 55, 312, 315.
27. Prak, *Dutch Republic*, 51, 53.
28. Prak, *Dutch Republic*, 59.

第七章　让-巴普蒂斯特·柯尔贝尔与国家创造的市场

1. Pierre Deyon, "Variations de la production textile aux XVIe et XVIIe siècles: Sources et premiers résultats," *Annales. Histoire, sciences sociales* 18, no. 5 (1963): 939–955, at 949.

2. Daniel Dessert and Jean-Louis Journet, "Le lobby Colbert," *Annales* 30, no. 6 (1975): 1303–1329; Georg Bernhard Depping, *Correspondance administrative sous le règne de Louis XIV*, 3 vols. (Paris: Imprimerie Nationale, 1852), 3:428; Philippe Minard, "The Market Economy and the French State: Myths and Legends Around Colbertism," *L'Économie politique* 1, no. 37 (2008): 77–94; Jean-Baptiste Colbert, "Mémoire sur le commerce: Prémier Conseil de Commerce Tenu par le Roy, dimanche, 3 aoust 1664," in *Lettres, instructions, et mémoires de Colbert*, ed. Pierre Clément, 10 vols. (Paris: Imprimerie Impériale, 1861–1873), vol. 2, pt. 1, p. cclxvi; Jean-Baptiste Colbert, "Mémoire touchant le commerce avec l'Angleterre," in *Lettres*, vol. 2, pt. 2, p. 407.

3. Colbert, "Mémoire touchant le commerce avec l'Angleterre," vol. 2, pt. 2, pp. cclxviii, 48, 407; D'Maris Coffman, *Excise Taxations and the Origins of Public Debt* (London: Palgrave Macmillan, 2013).

4. Colbert, "Mémoire sur le commerce, 1664," vol. 2, pt. 1, pp. cclxii–cclxxii, at cclxviii, cclxix; Jean-Baptiste Colbert, "Aux maires, échevins, et jurats des villes maritimes de l'océan, aoust 1669," in *Lettres*, vol. 2, pt. 2, p. 487; Colbert to M. Barillon, intendant at Amiens, mars 1670, in *Lettres*, vol. 2, pt. 2, pp. 520–521; Colbert to M. Bouchu, intentant at Dijon, juillet 1671, in *Lettres*, vol. 2, pt. 2, p. 627.

5. Gustav von Schmoller, *The Mercantile System and Its Historical Significance* (New York: Macmillan, 1897); Erik Grimmer-Solem, *The Rise of Historical Economics and Social Reform in Germany, 1864–1894* (Oxford: Oxford University Press, 2003). 关于发展经济学，见 Erik S. Reinert, "The Role of the State in Economic

Growth," *Journal of Economic Studies* 26, no. 4/5 (1999): 268–326。

6. Deyon, "Variations de la production textile," 949, 951–953; François Crouzet, "Angleterre et France au XVIIIe siècle: Essaie d'analyse comparé de deux croissances économiques," *Annales. Économies, sociétés, civilisations* 21, no. 2 (1966): 254–291, at 267.

7. Crouzet, "Angleterre et France au XVIIIe siècle," 266, 268; Eli F. Heckscher, *Mercantilism*, trans. Mendel Shapiro, 2 vols. (London: George Allen and Unwin, 1935), 1:82; Stewart L. Mims, *Colbert's West India Policy* (New Haven, CT: Yale University Press, 1912); Charles Woolsey Cole, *Colbert and a Century of French Mercantilism*, 2 vols. (New York: Columbia University Press, 1939), 1:356–532; Charles Woolsey Cole, *French Mercantilism, 1683–1700* (New York: Octagon Books, 1971); Glenn J. Ames, *Colbert, Mercantilism, and the French Quest for Asian Trade* (DeKalb: Northern Illinois University Press, 1996); Philippe Minard, *La fortune du colbertisme: État et industrie dans la France des Lumières* (Paris: Fayard, 1998).

8. Colbert, *Lettres*, vol. 2, pt. 2, p. 457.

9. Colbert, "Mémoire sur le commerce, 1664," vol. 2, pt. 1, pp. cclxii–cclxxii, at cclxviii; Colbert, "Mémoire touchant le commerce avec l'Angleterre," 405–409; Georg Bernhard Depping, *Correspondance administrative sous le règne de Louis XIV*, vol. 3 (Paris: Imprimerie Nationale, 1852), 90, 428, 498, 524, 570; Moritz Isenmann, "Égalité, réciprocité, souvraineté: The Role of Commercial Treaties in Colbert's Economic Policy," in *The Politics of Commercial Treaties in the Eighteenth Century: Balance of Power, Balance of Trade*, ed. Antonella Alimento and Koen Stapelbroek (London: Palgrave Macmillan, 2017), 79.

10. Colbert, "Mémoire touchant le commerce avec l'Angleterre," 405–409, 496, 523, 570; Lawrence A. Harper, *The English Navigation Laws: A Seventeenth-Century Experiment in Social Engineering*

(New York: Octagon Books, 1964), 16; John U. Nef, *Industry and Government in France and England, 1540–1640* (repr., Ithaca, NY: Cornell University Press, 1957 [1940]), 13, 27.

11. Colbert, "Mémoire touchant le commerce avec l'Angleterre," 487; Colbert to M. du Lion, September 6, 1673, in *Lettres*, vol. 2, pt. 1, p. 57; Colbert to M. de Baas, April 9, 1670, in *Lettres*, vol. 2, pt. 2, p. 479.

12. Ames, *Colbert, Mercantilism*, 189; Mims, *Colbert's West India Policy*, 232; Mireille Zarb, *Les pivilèges de la Ville de Marseille du Xe siècle à la Révolution* (Paris: Éditions A. et J. Picard, 1961), 163, 329; Jean-Baptiste Colbert, "Mémoire touchant le commerce avec l'Angleterre," 407.

13. Jacques Saint-Germain, *La Reynie et la police au Grand Siècle: D'après de nombreux documents inédits* (Paris: Hachette, 1962), 238, 240.

14. François Charpentier, *Discours d'un fidèle sujet du roy touchant l'establissement d'une Compagnie Françoise pour le commerce des Indes Orientales; Adressé à tous les François* (Paris: 1764), 4, 8; Paul Pellisson, *Histoire de l'Académie Françoise*, 2 vols. (Paris: Coignard, 1753), 1:364.

15. Urban-Victor Chatelain, *Nicolas Foucquet, protecteur des lettres, des arts, et des sciences* (Paris: Librarie Académique Didier, 1905), 120; Pierre-Daniel Huet, *Histoire du commerce et de la navigation des anciens* (Lyon: Benoit Duplein, 1763), 1–2.

16. Huet, *Histoire du commerce et de la navigation*, cclxxii.

17. Heckscher, *Mercantilism*, 1:81–82; Jean-Baptiste Colbert, "Mémoires sur les affaires de finances de France pour servir à leur histoire, 1663," in *Lettres*, vol. 2, pt. 2, pp. 17–68; J. Schaeper, *The French Council of Commerce, 1700–1715: A Study of Mercantilism After Colbert* (Columbus: Ohio State University Press, 1983); Colbert, "Mémoire sur le commerce," 44–45.

18. François Barrême, *Le livre nécessaire pour les comptables, avocats, notaires, procureurs, négociants, et généralement à toute sorte de*

conditions (Paris: D. Thierry, 1694), 3; François Barrême, *Nouveau Barrême universel: Manuel complet de tous les comptes faits* (Paris: C. Lavocat, 1837).

19. *Ordonnance du commerce du mois de mars 1673; et ordonnance de la marine, du mois d'août 1681* (Bordeaux, France: Audibert et Burkel, an VIII), 5, Art. 4.

20. Jacques Savary, *Le parfait négociant; ou, Instruction générale pour ce qui regarde le commerce des Marchandises de France, & des Païs Estrangers*, 8th ed., ed. Jacques Savary Desbruslons, 2 vols. (Amsterdam: Jansons à Waesberge, 1726), 1:25; Adam Smith, *An Inquiry into the Nature and Causes of the Wealth of Nations*, ed. Roy Harold Campbell and Andrew Skinner, 2 vols. (Indianapolis: Liberty Fund, 1981), vol. 2, bk. IV, chap. vii, pt. 2, para. 53.

21. Peter Burke, *The Fabrication of Louis XIV* (New Haven, CT: Yale University Press, 1994); Colbert, "Mémoire sur le Commerce," vol. 2, pt. 1, p. cclxiii; Alice Stroup, *A Company of Scientists: Botany, Patronage, and Community in the Seventeenth-Century Parisian Royal Academy of Sciences* (Berkeley: University of California Press, 1990), 30.

22. Colbert, *Lettres*, vol. 2, pt. 2, p. 62; vol. 5, pp. 241–242; Charles Perrault, "Autre note à Colbert sur l'établissement de l'Académie des Beaux-Arts et de l'Académie des Sciences," 1666, in Colbert, *Lettres*, 5:513–514. Roger Hahn, *The Anatomy of a Scientific Institution: The Paris Academy of Sciences, 1666–1803* (Berkeley: University of California Press, 1971), 15; Lorraine Daston, "Baconian Facts, Academic Civility, and the Prehistory of Objectivity," *Annals of Scholarship* 8 (1991): 337–363; Steven Shapin, *A Social History of Truth: Civility and Science in Seventeenth-Century England* (Chicago: University of Chicago Press, 1995), 291; Michael Hunter, *Science and Society in Restoration England* (Cambridge: Cambridge University Press, 1981), 48; Anthony Grafton, *The Footnote: A Curious History* (Cambridge, MA: Harvard University Press, 1997), 202–205; Jean-

Baptiste Say, *A Treatise on Political Economy*, 2 vols. (Boston: Wells and Lilly, 1821), 1:32–33; Margaret C. Jacob, *Scientific Culture and the Making of the Industrial West* (Oxford: Oxford University Press, 1997), chap. 8.

23. Perrault, "Autre note à Colbert," 5:514; Charles Perrault, "Note de Charles Perrault à Colbert pour l'établissement d'une Académie Générale, 1664," in Colbert, *Lettres*, 5:512–513.

24. Christiaan Huygens, *Oeuvres completes*, 22 vols. (The Hague: Martinus Nijhoff, 1891), 19:255–256. 括号中的注释引自 Michael Mahoney 的译文："[Memorandum from Christiaan Huygens to Minister Colbert Regarding the Work of the New Académie Royale des Sciences]," Princeton University, www.princeton.edu/~hos/h591/acadsci.huy.html。

25. Huygens, "Note from Huygens to Colbert, with the Observations of Colbert, 1670," in Colbert, *Lettres*, 5:524; James E. King, *Science and Rationalism in the Government of Louis XIV, 1661–1683* (Baltimore: Johns Hopkins University Press, 1949), 292; Joseph Klaits, *Printed Propaganda Under Louis XIV: Absolute Monarchy and Public Opinion* (Princeton, NJ: Princeton University Press, 1976), 74; Denis de Sallo, "To the Reader," *Journal des sçavans* (January 5, 1665): 5; Jacqueline de la Harpe, *Le Journal des Savants en Angleterre, 1702–1789* (Berkeley: University of California Press, 1941), 6, 8; Arnaud Orain and Sylvain Laubé, "Scholars Versus Practitioners? Anchor Proof Testing and the Birth of a Mixed Culture in Eighteenth-Century France," *Technology and Culture* 58, no. 1 (2017): 1–34.

26. Liliane Hilaire-Pérez, Fabien Simon, and Marie Thébaud-Sorger, *L'Europe des sciences et des techniques: Un dialogue des savoirs, xve–xviiie siècle* (Rennes, France: Presses Universitaires de Rennes, 2016); John R. Pannabecker, "Diderot, the Mechanical Arts, and the *Encyclopédie* in Search of the Heritage of Technology Education," *Journal of Technology Education* 6, no. 1 (1994); Cynthia J. Koepp, "Advocating for Artisans: The Abbé Pluche's Spectacle de la

Nature (1731–1751)," in *The Idea of Work in Europe from Antiquity to Modern Times*, ed. Josef Ehmer and Catherina Lis (Farnham, VT: Ashgate, 2009), 245–273. 关于柯尔贝尔的艺术协会转型为重农主义机构的研究，参见 Hahn, *Anatomy of a Scientific Institution*, 108–110; Robert Darnton, *The Business of Enlightenment: A Publishing History of the Encyclopédie, 1775–1800* (Cambridge, MA: Belknap Press of Harvard University Press, 1979); Kathleen Hardesty, *The Supplément to the Encyclopédie* (The Hague: Nijhoff, 1977); John Lough, *Essays on the "Encyclopédie" of Diderot and d'Alembert* (London: Oxford University Press, 1968); Dan Edelstein, *The Enlightenment: A Genealogy* (Chicago: University of Chicago Press, 2010); Jacob Soll, *The Information Master: Jean-Baptiste Colbert's Secret State Information System* (Ann Arbor: University of Michigan Press, 2009), 161; Robert Darnton, "Philosophers Trim the Tree of Knowledge: The Epistemological Strategy of the Encyclopédie," in *The Great Cat Massacre and Other Episodes in French Cultural History* (New York: Vintage, 1984), chap. 5; *Colbert, 1619–1683* (Paris: Ministère de la Culture, 1983), 168; Paola Bertucci, *Artisanal Enlightenment: Science and the Mechanical Arts in Old Regime France* (New Haven, CT: Yale University Press, 2017), 214。另见 Linn Holmberg, *The Maurist's Unfinished Encyclopedia* (Oxford: Voltaire Foundation, 2017), 175。

27. Colbert, "Mémoire touchant le commerce avec l'Angleterre," vol. 2, pt. 2, p. 405.

28. Samuel Pepys, *Naval Minutes*, ed. J. R. Tanner (London: Navy Records Society, 1926), 352–356, at 356; King, *Science and Rationalism*, 272.

29. D. G. E. Hall, "Anglo-French Trade Relations Under Charles II," *History* 7, no. 25 (1922): 17–30, at 23; Jacob Soll, "For a New Economic History of Early Modern Empire: Anglo-French Imperial Codevelopment Beyond Mercantilism and Laissez-Faire," *William and Mary Quarterly* 77, no. 4 (2020): 525–550.

第八章　太阳王的噩梦与自由市场的憧憬

1. Albert O. Hirschman, *The Passions and the Interests: Political Arguments for Capitalism Before Its Triumph* (Princeton, NJ: Princeton University Press, 1977), 16.
2. Thomas Hobbes, *Leviathan*, ed. Richard Tuck (Cambridge: Cambridge University Press, 1997), pt. 1, chaps. 13–14.
3. La Rochefoucauld, *Maxims*, trans. Leonard Tancock (London: Penguin, 1959), maxims 48, 85, 112, 563; Pierre Force, *Self-Interest Before Adam Smith: A Genealogy of Economic Science* (Cambridge: Cambridge University Press, 2003), 146, 176; Norbert Elias, *The Court Society* (New York: Pantheon Books, 1983), 105.
4. La Rochefoucauld, *Maxims*, 66, 77, 223, 305.
5. David A. Bell, *The Cult of the Nation in France: Inventing Nationalism, 1680–1800* (Cambridge, MA: Harvard University Press, 2003), 28; Dan Edelstein, *On the Spirit of Rights* (Chicago: University of Chicago Press, 2019), 120; Pierre Nicole, "De la grandeur," in *Essais de morale*, 3 vols. (Paris: Desprez, 1701), 2:186; Dale van Kley and Pierre Nicole, "Jansenism, and the Morality of Self-Interest," in *Anticipations of the Enlightenment in England, France, and Germany*, ed. Alan C. Kors and Paul J. Korshin (Philadelphia: University of Pennsylvania Press, 1987), 69–85; Gilbert Faccarello, *Aux origins de l'économie politique libérale: Pierre de Boisguilbert* (Paris: Éditions Anthropos, 1985), 99.
6. Jean Domat, *The Civil Law in Its Order Together with the Publick Law*, 2 vols. (London: William Strahan, 1722), vol. 1, chap. 2, sec. 2; vol. 1, chap. 5, sec. 7; vol. 2, bk. 1, title 5; Faccarello, *Aux origins de l'économie politique libérale*, 146; Edelstein, *On the Spirit of Rights*, 120; David Grewal, "The Political Theology of *Laissez-Faire*: From *Philia* to Self-Love in Commercial Society," *Political Theology* 17, no. 5 (2016): 417–433, at 419.
7. Pierre Le Pesant de Boisguilbert, *Détail de la France* (Geneva:

Institut Coppet, 2014), 18, 61–63.
8. Boisguilbert, *Détail de la France*, 77, 89, 99.
9. Faccarello, *Aux origins de l'économie politique libérale*, 115, 119.
10. Gary B. McCollim, *Louis XIV's Assault on Privilege: Nicolas Desmaretz and the Tax on Wealth* (Rochester, NY: University of Rochester Press, 2012), 106, 149; A.-M. de Boislisle, *Correspondance des contrôleurs généraux des finances*, 3 vols. (Paris: Imprimerie Nationale, 1883), 2:530.
11. Boisguilbert to Desmaretz, July 1–22, 1704, Archives Nationales de France, G7 721; Boislisle, 2:207, 543–547, 559.
12. Boislisle, *Correspondance des contrôleurs généraux*, 2:544.
13. Georges Lizerand, *Le duc de Beauvillier* (Paris: Société d'Édition-Les Belles Lettres, 1933), 43, 153.
14. Lionel Rothkrug, *Opposition to Louis XIV: The Political and Social Origins of the French Enlightenment* (Princeton, NJ: Princeton University Press, 1965), 263–269, 286–287; Louis Trénard, *Les Mémoires des intendants pour l'instruction du duc de Bourgogne* (Paris: Bibliothèque Nationale, 1975), 70–82; David Bell, *The First Total War: Napoleon's Europe and the Birth of Warfare as We Know It* (New York: Houghton Mifflin, 2007), 62; Lizerand, *Le duc de Beauvillier*, 46–77; marquis de Vogüé, *Le duc de Bourgogne et le duc de Beauvillier: Lettres inédites, 1700–1708* (Paris: Plon, 1900), 11–23; Jean-Baptiste Colbert, marquis de Torcy, *Journal Inédit*, ed. Frédéric Masson (Paris: Plon, Nourrit et Cie, 1884), 57; Louis de Rouvroy, duc de Saint-Simon, *Projets de gouvernement du duc de Bourgogne*, ed. P. Mesnard (Paris: Librarie de L. Hachette et Cie, 1860), xxxix, 13; Edmond Esmonin, "Les Mémoires des intendants pour l'instruction du duc de Bourgogne," in *Études sur la France des XVIIe et XVIIIe siècles* (Paris: Presses Universitaires de France, 1964), 113–130, at 117–119; Boislisle, *Correspondance des contrôleurs généraux*, 2:ii.
15. Georges Weulersse, *Le movement physiocratique en France de 1756 à 1770*, 2 vols. (Paris: Félix Alcan, 1910), 2, 302; François Fénelon,

Telemachus, ed. and trans. Patrick Riley (Cambridge: Cambridge University Press, 1994), 60, 195, 325.

16. Fénelon, *Telemachus*, 195.
17. Fénelon, *Telemachus*, 16, 18, 25, 28, 60, 164, 170, 297.
18. Fénelon, *Telemachus*, 37–39, 161–162, 165, 297.
19. Fénelon, *Telemachus*, 37, 38, 105, 161, 166.
20. Fénelon, *Telemachus*, 166, 195, 260.
21. Montesquieu, *De l'Esprit des lois*, ed. Victor Goldschmidt, 2 vols. (Paris: Garnier-Flammarion, 1979), vol. 2, bk. 20, chap. 1.

第九章　行星运动与英国自由贸易的新世界

1. Ludwig Wittgenstein, *Culture and Value*, ed. Georg Henrik Wright, Heikki Nyman, and Alois Pichler, trans. Peter Winch (London: Blackwell, 1998), 18; Richard J. Blackwell, "Descartes' Laws of Motion," *Isis* 52, no. 2 (1966): 220–234, at 220.
2. Vincenzo Ferrone, "The Epistemological Roots of the New Political Economy: Modern Science and Economy in the First Half of the Eighteenth Century," "Mobility and Modernity: Religion, Science and Commerce in the Seventeenth and Eighteenth Centuries" 会议论文, University of California, Los Angeles, William Andrews Clark Memorial Library, April 13–14, 2018.
3. Margaret C. Jacob, *The Newtonians and the English Revolution, 1689–1720* (Ithaca, NY: Cornell University Press, 1976), 174; Rob Iliffe, *The Priest of Nature: The Religious Worlds of Isaac Newton* (Oxford: Oxford University Press, 2017), 6.
4. Betty Jo Teeter Dobbs and Margaret C. Jacob, *Newton and the Culture of Newtonianism* (Amherst, NY: Humanity Books, 1990), 26, 100; William R. Newman, *Newton the Alchemist: Science, Enigma, and the Quest for Nature's "Secret Fire"* (Princeton, NJ: Princeton University Press, 2019), 64, 70.
5. Dobbs and Jacob, *Newton and the Culture of Newtonianism*, 42;

Gottfried Wilhelm Leibniz, *Theodicy*, ed. Austen Farrer, trans. E. M. Huggard (Charleston, SC: BiblioBazaar, 2007), 43, 158; G. W. Leibniz, "Note on Foucher's Objection (1695)," in G. W. Leibniz, *Philosophical Essays*, ed. and trans. Roger Ariew and Daniel Garber (Indianapolis: Hackett, 1989), 146; G. W. Leibniz, *The Labyrinth of the Continuum: Writings on the Continuum Problem, 1672–1686*, trans. Richard T. W. Arthur (New Haven, CT: Yale University Press, 2001), 566.

6. William Letwin, *The Origins of Scientific Economics: English Economic Thought, 1660–1776* (London: Methuen, 1963), 128.

7. François Crouzet, "Angleterre et France au XVIIIe siècle: Essaie d'analyse comparé de deux croissances économiques," *Annales. Économies, sociétés, civilisations* 21, no. 2 (1966): 254–291, at 268; T. S. Ashton, *An Economic History of England: The Eighteenth Century* (London: Methuen, 1955), 104; François Crouzet, *Britain Ascendant: Comparative Studies in Franco-British Economic History* (Cambridge: Cambridge University Press, 1991), 17–23, 73.

8. William Petty, "A Treatise of Taxes and Contributions," in William Petty, *Tracts Chiefly Relating to Ireland* (Dublin: Boulter Grierson, 1769), 1–92, at 23–26, 32.

9. William Petty, "The Political Anatomy of Ireland, 1672," in Petty, *Tracts*, 299–444, at 341.

10. John Locke, *Two Treatises of Government*, ed. Peter Laslett (Cambridge: Cambridge University Press, 1960), 171; John F. Henry, "John Locke, Property Rights, and Economic Theory," *Journal of Economic Issues* 33, no. 3 (1999): 609–624, at 615.

11. Locke, *Two Treatises*, 291, 384.

12. John O. Hancey, "John Locke and the Law of Nature," *Political Theory* 4, no. 4 (1976): 439–454, at 219, 439 (emphasis in original).

13. Holly Brewer, "Slavery, Sovereignty, and 'Inheritable Blood': Reconsidering John Locke and the Origins of American Slavery," *American Historical Review* 122, no. 4 (2017): 1038–1078; Mark Goldie, "Locke and America," in *A Companion to Locke*, ed.

Matthew Stuart (Chichester: Wiley-Blackwell, 2015), 546–563; Letwin, *Origins of Scientific Economics*, 163–165; David Armitage, "John Locke, Carolina, and *The Two Treatises of Government*," *Political Theory* 32, no. 5 (2004): 602–627, at 616; J. G. A. Pocock, *The Machiavellian Moment: Florentine Political Thought and the Atlantic Republican Tradition* (Princeton, NJ: Princeton University Press, 1975), 283–285, 339.

14. Charles Davenant, *An Essay on the East India Trade* (London, 1696), 25.
15. Pocock, *Machiavellian Moment*, 437, 443.
16. Pocock, *Machiavellian Moment*, 446; Charles Davenant, *Reflections upon the Constitution and Management of the Trade to Africa* (London: John Morphew, 1709), 25, 28.
17. Davenant, *Reflections*, 27, 36, 48, 50, 58.
18. Steven Pincus, *1688: The First Modern Revolution* (New Haven, CT: Yale University Press, 2009), 308.

第十章 英法贸易战、债务和天国之梦

1. Guy Rowlands, *The Financial Decline of a Great Power: War, Influence, and Money in Louis XIV's France* (Oxford: Oxford University Press, 2012), 2; Richard Dale, *The First Crash: Lessons from the South Sea Bubble* (Princeton, NJ: Princeton University Press, 2004), 77.
2. Carl Wennerlind, *Casualties of Credit: The English Financial Revolution, 1620–1720* (Cambridge, MA: Harvard University Press, 2011), 68, 89; Stephen Quinn, "The Glorious Revolution's Effect on English Private Finance: A Microhistory, 1680–1705," *Journal of Economic History* 61, no. 3 (2001): 593–615, at 593; Julian Hoppit, *Britain's Political Economies: Parliament and Economic Life, 1660–1800* (Cambridge: Cambridge University Press, 2017), 149; P. G. M. Dickson, *The Financial Revolution in England: A*

Study in the Development of Public Credit, 1688–1756 (New York: Macmillan, 1967), 80.

3. John Brewer, *The Sinews of Power: War, Money and the English State, 1688–1783* (New York: Alfred A. Knopf, 1989), 116–117.

4. Wennerlind, *Casualties of Credit*, 10; Ian Hacking, *The Emergence of Probability: A Philosophical Study of Early Ideas About Probability, Induction and Statistical Inference* (Cambridge: Cambridge University Press, 1975); Lorrain Daston, *Classical Probability in the Enlightenment* (Princeton, NJ: Princeton University Press, 1988), 164.

5. *An Account of What Will DO; or, an Equivalent for Thoulon: In a Proposal for an Amicable Subscription for Improving TRADE in the South-West Part of AMERICA, and Increasing BULLION to About Three Millions per Annum, Both for the East India Trade and the Revenue of the Crown, Which by Consequence Will Be Produced if This Is Encouraged* (London: Mary Edwards, 1707), 3.

6. Bernard Mandeville, *The Fable of the Bees*, ed. Philip Harth (London: Penguin, 1970), 64.

7. Mandeville, *Fable of the Bees*, 67–68.

8. Antoin E. Murphy, *John Law: Economic Theorist and Policy-Maker* (Oxford: Oxford University Press, 1997), 94–95.

9. John Law, *Money and Trade Considered* (Glasgow: A. Foulis, 1750), 167.

10. Arnaud Orain, *La politique du merveilleux: Une autre histoire du Système de Law (1695–1795)* (Paris: Fayard, 2018), 10; Charly Coleman, *The Spirit of French Capitalism: Economic Theology in the Age of Enlightenment* (Stanford, CA: Stanford University Press, 2021), 119.

11. Coleman, *Spirit of French Capitalism*, 119.

12. Coleman, *Spirit of French Capitalism*, 20, 81.

13. Jean Terrasson, *Lettres sur le nouveau Système des Finances*, 1720, 2–5, 29, 32, 33; Jean Terrasson, *Traité de l'infini créé*, ed. Antonella Del Prete (Paris: Honoré Champion, 2007), 225–227.

14. Orain, *La politique du merveilleux*, 13.
15. Claude Pâris La Montagne, "Traité des Administrations des Recettes et des Dépenses du Royaume," 1733, Archives Nationales, 1005, II: 3–8, 48–49, 55.
16. Norris Arthur Brisco, *The Economic Policy of Robert Walpole* (New York: Columbia University Press, 1907), 43–45; Richard Dale, *The First Crash: Lessons from the South Sea Bubble* (Princeton, NJ: Princeton University Press, 2004), 74.
17. 引自 Dickson, *Financial Revolution in England*, 83。
18. Jacob Soll, *The Reckoning: Financial Accountability and the Rise and Fall of Nations* (New York: Basic Books, 2014), 101–116.

第十一章　法国人的自然崇拜和启蒙经济学的创生

1. Charles M. Andrews, "Anglo-French Commercial Rivalry, 1700–1750: The Western Phase, I," *American Historical Review* 20, no. 3 (1915): 539–556, at 547; David Hume, *Selected Essays*, ed. Stephen Copley and Andrew Edgar (Oxford: Oxford University Press, 1996), 189, 214.
2. Georges Weulersse, *Le mouvement physiocratique en France (de 1756 à 1770)*, 2 vols. (Paris: Félix Alcan, 1910), 1:23; Montesquieu, *De l'Esprit des lois*, ed. Victor Goldschmidt, 2 vols. (Paris: Garnier-Flammarion, 1979), vol. 2, bk. 20, chap. 2; David Hume, *An Inquiry Concerning Human Understanding, with a Supplement: An Abstract of a Treatise on Human Nature*, ed. Charles W. Hendel (Indianapolis: Liberal Arts Press, 1955), 173.
3. Robert B. Ekelund Jr. and Robert F. Hébert, *A History of Economic Theory and Method*, 6th ed. (Longrove, IL: Waveland Press, 2014), 70.
4. Tony Brewer, *Richard Cantillon: Pioneer of Economic Theory* (London: Routledge, 1992), 8.
5. Richard Cantillon, *Essai sur la nature du commerce en général*, ed. and trans. Henry Higgs (London: Macmillan, 1931), 58.

注释   275

6. Cantillon, *Essai sur la nature du commerce*, 97, 123; Marian Bowley, *Studies in the History of Economic Theory Before 1870* (London: Macmillan, 1973), 95.
7. Cantillon, *Essai sur la nature du commerce*, 51–55, 85; Bowley, *Studies in the History of Economic Theory*, 96.
8. Jean-François Melon, *Essaie politique sur le commerce*, in Eugène Daire, *Économistes financiers du XVIIIe siècle* (Paris: Guillaumin, 1851), 659–777, at 671, 666.
9. Melon, *Essaie politique sur le commerce*, 673, 708.
10. Melon, *Essaie politique sur le commerce*, 683, 746, 765.
11. Paul Cheney, *Revolutionary Commerce: Globalization and the French Monarchy* (Cambridge, MA: Harvard University Press, 2010), 22; Montesquieu, *De l'esprit des lois*, bk. 20, chaps. 1–2.
12. David Kammerling-Smith, "Le discours économique du Bureau du commerce, 1700–1750," in *Le Cercle de Vincent de Gournay: Savoirs économiques et pratiques administratives en France au milieu du XVIIIe siècle*, ed. Loïc Charles, Frédéric Lefebvre, and Christine Théré (Paris: INED, 2011), 31–62, at 34.
13. R. L. Meek, *The Economics of Physiocracy* (London: Allen and Unwin, 1963), xiii.
14. François Véron de Forbonnais, *Éléments du commerce*, 3 vols. (Paris: Chaignieau, 1793–1794), 1:62.
15. Forbonnais, *Éléments du commerce*, 1:67–68, 75–76.
16. Forbonnais, *Éléments du commerce*, 1:3, 38, 45.
17. Steven L. Kaplan, *Bread, Politics, and Political Economy in the Reign of Louis XV*, 2nd ed. (New York: Anthem Press, 2012), 108; Gérard Klotz, Philippe Minard, and Arnaud Orain, eds., *Les voies de la richesse? La physiocratie en question (1760–1850)* (Rennes, France: Presses Universitaires de Rennes, 2017), 11; Gustav Schachter, "François Quesnay: Interpreters and Critics Revisited," *American Journal of Economics and Sociology* 50, no. 3 (1991): 313–322; Paul Samuelson, "Quesnay's 'Tableau Économique' as a Theorist Would Formulate It Today," in *Paul Samuelson on*

the History of Economic Analysis: Selected Essays, ed. Steven J. Medema and Anthony M. C. Waterman (Cambridge: Cambridge University Press, 2015), 59–86, at 60.

18. Pierre-Paul Mercier de la Rivière, *L'ordre naturel et essentiel des sociétés politiques*, 2 vols. (London: Jean Nourse, 1767).

19. Liana Vardi, *The Physiocrats and the World of the Enlightenment* (Cambridge: Cambridge University Press, 2012), 42.

20. Vardi, *Physiocrats*, 84; David S. Landes, *Unbound Prometheus: Technological Change and Industrial Development in Western Europe from 1750 to the Present* (Cambridge: Cambridge University Press, 1969), 82.

21. Steven Pincus, *The Global British Empire to 1784*, 未发表的手稿; Gabriel François Coyer, *La noblesse commerçante* (London: Fletcher Gyles, 1756), 33–34, 45, 72.

22. Simone Meyssonnier, *La balance et l'horloge: La genèse de la pensée libérale en France au XVIIIe siècle* (Paris: Les Éditions de la Passion, 1989), 264.

23. Meyssonnier, *La balance et l'horloge*, 265.

24. Meyssonnier, *La balance et l'horloge*, 249.

25. Meyssonnier, *La balance et l'horloge*, 80–81; Coyer, *La noblesse commerçante*, 33–34, 279.

26. Le marquis de Mirabeau, *L'ami des hommes, ou traité de la population*, 2 vols. (Avignon: 1756); Meek, *Economics of Physiocracy*, 15.

27. Meek, *Economics of Physiocracy*, 18.

28. Meek, *Economics of Physiocracy*, 23; E. P. Thompson, *The Making of the English Working Class* (New York: Vintage, 1966), 218; Boaz Moselle, "Allotments, Enclosure, and Proletarianization in Early Nineteenth-Century Southern England," *English Economic History Review* 48, no. 3 (1995): 482–500.

29. Meek, *Economics of Physiocracy*, 109–114, 136.

30. François Quesnay, *Despotism in China*, trans. Lewis A. Maverick, in Lewis A. Maverick, *China: A Model for Europe*, 2 vols. (San

Antonio: Paul Anderson and Company, 1946), 1:216; W. W. Davis, "China, the Confucian Ideal, and the European Age of Enlightenment," *Journal of the History of Ideas* 44, no. 4 (1983): 523–548; Stefan Gaarsmand Jacobsen, "Against the Chinese Model: The Debate on Cultural Facts and Physiocratic Epistemology," in *The Economic Turn: Recasting Political Economy in Enlightenment Europe*, ed. Steven L. Kaplan and Sophus A. Reinert (London: Anthem Press, 2019), 89–115; Cheney, *Revolutionary Commerce*, 203; Pernille Røge, *Economists and the Reinvention of Empire: France in the Americas and Africa, c. 1750–1802* (Cambridge: Cambridge University Press, 2019), 10.

31. Quesnay, *Despotism in China*, 11; Røge, *Economists and the Reinvention of Empire*, 88.
32. Loïc Charles and Arnaud Orain, "François Véron de Forbonnais and the Invention of Antiphysiocracy," in Kaplan and Reinert, *Economic Turn*, 139–168.
33. Meek, *Economics of Physiocracy*, 46–50.
34. Meek, *Economics of Physiocracy*, 70.
35. Jean Ehrard, *Lumières et esclavage: L'esclavage colonial et l'opinion publique en France au XVIIIe siècle* (Brussels: André Versaille, 2008); Røge, *Economists and the Reinvention of Empire*, 176; David Allen Harvey, "Slavery on the Balance Sheet: Pierre-Samuel Dupont de Nemours and the Physiocratic Case for Free Labor," *Journal of the Western Society for French History* 42 (2014): 75–87, at 76.

第十二章　自由市场与自然

1. Erik S. Reinert and Fernanda A. Reinert, "33 Economic Bestsellers Published Before 1750," *European Journal of the History of Economic Thought* 25, no. 6 (2018): 1206–1263; Derek Beales, *Enlightenment and Reform in Eighteenth Century*

Europe (London: I. B. Tauris, 2005), 64; Istvan Hont, *Jealousy of Trade: International Competition and the Nation-State in Historical Perspective* (Cambridge, MA: Harvard University Press, 2005), 45, 134; Sophus A. Reinert, *The Academy of Fisticuffs: Political Economy and Commercial Society in Enlightenment Italy* (Cambridge, MA: Harvard University Press, 2018), 7; John Robertson, *The Case for Enlightenment: Scotland and Naples, 1680–1760* (Cambridge: Cambridge University Press, 2005), 22; Koen Stapelbroek, "Commerce and Morality in Eighteenth-Century Italy," *History of European Ideas* 32, no. 4 (2006): 361–366, at 364; Antonio Muratori, *Della pubblica felicità: Oggetto de'buoni principi* (Lucca, 1749), p. 3 of "To the Reader."

2. Eric Cochrane, *Florence in the Forgotten Centuries, 1527–1800* (Chicago: University of Chicago Press, 1973), 461; Reinert, *Academy of Fisticuffs*, 299; Antonio Genovesi, *Delle lezioni di commercio, o s'ia d'economia civile*, 2 vols. (Naples: Fratelli di Simone, 1767), 2:77, 133; Robertson, *Case for Enlightenment*, 356–357.

3. Steven L. Kaplan and Sophus A. Reinert, eds., *The Economic Turn: Recasting Political Economy in Enlightenment Europe* (London: Anthem Press, 2019), 3–13; Pietro Verri, *Meditazioni sulla economia politica* (Venice: Giambatista Pasquale, 1771), 18, 33–34.

4. Ferdinando Galiani, *Dialogues sur le commerce des blés*, ed. Philip Stewart (Paris: SFEDS, 2018), 59.

5. Galiani, *Dialogues*, 115–116; Franco Venturi, "Galiani tra enciclopedisti e fisiocrati," *Rivista storica italiana* 72, no. 3 (1960): 45–64, at 53.

6. Jean-Claude Perrault, *Une histoire intellectuelle de l'économie politique (XVII–XVIIIe siècles)* (Paris: Éditions de l'EHESS, 1992), 238.

7. Perrault, *Une histoire intellectuelle*, 16–17.

8. Perrault, *Une histoire intellectuelle*, 19.

9. Meek, *The Economics of Physiocracy* (London: Allen and Unwin,

1963), 47–49.
10. Meek, *Economics of Physiocracy*, 51; Madeleine Dobie, *Trading Places: Colonization and Slavery in Eighteenth-Century French Culture* (Ithaca, NY: Cornell University Press, 2010), 14–15.
11. Benoit Malbranque, *Le libéralisme à l'essaie. Turgot intendant du Limousin (1761–1774)* (Paris: Institut Coppet, 2015), 44.
12. Emma Rothschild, *Economic Sentiments: Adam Smith, Condorcet, and the Enlightenment* (Cambridge, MA: Harvard University Press, 2001), 79; Malbranque, *Le libéralisme à l'essaie*, 58.
13. Cynthia A. Bouton, *The Flour War: Gender, Class, and Community in Late Ancien Régime French Society* (University Park: Penn State University Press, 1993), 81; Gilbert Foccarello, "Galiani, Necker, and Turgot: A Debate on Economic Reform and Policy in 18th Century France," *European Journal of the History of Economic Thought* 1, no. 3 (1994): 519–550.
14. Jacob Soll, "From Virtue to Surplus: Jacques Necker's *Compte Rendu* (1781) and the Origins of Modern Political Discourse," *Representations* 134, no. 1 (2016): 29–63; Jacques Necker, *Sur la législation et le commerce des grains* (Paris: Chez Pissot, 1775), 50–52.
15. Steven L. Kaplan, *Bread, Politics, and Political Economy in the Reign of Louis XV*, 2nd ed. (New York: Anthem Press, 2012), 589–595.
16. Kaplan, *Bread, Politics*, 247; Istvan Hont, *Politics in Commercial Society: Jean-Jacques Rousseau and Adam Smith*, ed. Béla Kapossy and Michael Sonensher (Cambridge, MA: Harvard University Press, 2015), 18–19.
17. Antoine Lilti, *The Invention of Celebrity* (Cambridge, UK: Polity, 2017), 117; Jean-Jacques Rousseau, *Du contrat social*, ed. Pierre Burgelin (Paris: Garnier-Flammarion, 1966), 41; Jean-Jacques Rousseau, *A Discourse on Inequality*, ed. Maurice Cranston (London: Penguin, 1984), 77.
18. Rousseau, *Discourse on Inequality*, 101, 109, 127, 137.

第十三章　亚当·斯密与仁爱的自由贸易社会

1. Friedrich Hayek, *The Road to Serfdom*, ed. Bruce Caldwell (Chicago: University of Chicago Press, 2007), 88, 100; Milton Friedman, *Free to Choose: A Personal Statement*, 3rd ed. (New York: Harcourt, 1990), 1–2
2. Adam Smith, *An Inquiry into the Nature and Causes of the Wealth of Nations*, ed. Roy Harold Campbell and Andrew Skinner, 2 vols. (Indianapolis: Liberty Fund, 1981), vol. 1, bk. I, chap. vii, para. 12; vol. 2, bk. V, chap. iih, para. 12; vol. 2, bk. IV, chap. viii, para. 49; vol. 2, bk. IV, chap. 9, para. 3; Adam Smith, *The Theory of Moral Sentiments*, ed. D. D. Raphael and A. L. Macfie (Indianapolis: Liberty Fund, 1984), pt. 6, sec. 2, chap. 2, para. 17.
3. Steven Pincus, *The Global British Empire to 1784*, 未发表的手稿; Paul Butel, "France, the Antilles, and Europe in the Seventeenth and Eighteenth Centuries: Renewals of Foreign Trade," in *The Rise of Merchant Empires*, ed. James D. Tracy (Cambridge: Cambridge University Press, 1990), 168–172; T. S. Ashton, *An Economic History of England: The Eighteenth Century* (London: Methuen, 1955), 104; François Crouzet, "Angleterre et France au XVIIIe siècle: Essaie d'analyse comparé de deux croissances économiques," *Annales. Économies, sociétés, civilisations* 21, no. 2 (1966): 254–291, at 268; Ralph Davis, "English Foreign Trade, 1700–1774," *Economic History Review*, n.s., 15, no. 2 (1962): 285–303, at 286; François Crouzet, *La guerre économique franco-anglaise au XVIIIe siècle* (Paris: Fayard, 2008), 367–370; Paul Cheney, *Revolutionary Commerce: Globalization and the French Monarchy* (Cambridge, MA: Harvard University Press, 2010), 101; François Crouzet, *Britain Ascendant: Comparative Studies in Franco-British Economic History*, trans. Martin Thom (Cambridge: Cambridge University Press, 1990), 216.
4. Dan Edelstein, *The Enlightenment: A Genealogy* (Chicago: University of Chicago Press, 2010), 9.

5. David Hume, *An Inquiry Concerning Human Understanding*, ed. Charles W. Hendel (Indianapolis: Library of the Liberal Arts, 1955), 1–11, 17; Dario Perinetti, "Hume at La Flèche: Skepticism and the French Connection," *Journal of the History of Philosophy* 56, no. 1 (2018): 45–74, at 57–58; Margaret Schabas and Carl Wennerlind, *A Philosopher's Economist: Hume and the Rise of Capitalism* (Chicago: University of Chicago Press, 2020), 33; Pedro Faria, "David Hume, the Académie des Inscriptions, and the Nature of Historical Evidence in the Eighteenth Century," *Modern Intellectual History* 18, no. 2 (2020): 288–322.

6. Perinetti, "Hume at La Flèche," 54; Hume, *Concerning Human Understanding*, 168.

7. Hume, *Concerning Human Understanding*, 172–173; James A. Harris, *Hume: An Intellectual Biography* (Cambridge: Cambridge University Press, 2015), 97.

8. Carl L. Becker, *The Heavenly City of the Eighteenth-Century Philosophers* (New Haven, CT: Yale University Press, 1932), 85, 102; Anthony Grafton, *The Footnote: A Curious History* (Cambridge, MA: Harvard University Press, 1997), 103; David Hume, *Selected Essays*, ed. Stephen Copley and Andrew Edgar (Oxford: Oxford University Press, 1998), xiii, 56, 58, 61.

9. Hume, *Selected Essays*, 188–189, 193, 194.

10. Jesse Norman, *Adam Smith: The Father of Economics* (New York: Basic Books, 2018), 194.

11. Smith, *Theory of Moral Sentiments*, sec. 1, chap. 1, para. 1; sec. 3, chap. 2, para. 9; Adam Smith, "Letter to the *Edinburgh Review*," 1755, in Smith, *Essays on Philosophical Subjects*, with Dugald Stewart's "Account of Adam Smith," ed. W. P. D. Wightman, J. C. Bryce, and I. S. Ross (Indianapolis: Liberty Fund, 1982), 253.

12. Smith, *Theory of Moral Sentiments*, pt. 1, sec. 1, chap. 2, para. 5.

13. Epictetus, *The Discourses, The Handbook, Fragments*, ed. J. M. Dent (London: Orion Books, 1995), 42, 44, 58; Smith, *Theory of Moral Sentiments*, pt. 1, chap. 1, para. 5.

14. Smith, *Theory of Moral Sentiments*, pt. 3, chap. 5, paras. 6–7; pt. 7, sec. 2, chap. 1, para. 39; Adam Smith, *Essays on Philosophical Subjects*, ed. W. P. D. Wightman and J. C. Bryce (Indianapolis: Liberty Fund, 1980), 45, 49, 104; Emma Rothschild, "Adam Smith and the Invisible Hand," *American Economic Review* 84, no. 2 (1994): 319–322, at 319.

15. Smith, *Wealth of Nations*, vol. 1, bk. IV, chap. iiic, pt. 2, para. 9.

16. Smith, *Theory of Moral Sentiments*, sec. 2, chap. 3, para. 1; sec. 5, chap. 2, paras. 10–13; sec. 7, chap. 4, paras. 36–37; Donald Winch, *Riches and Poverty: An Intellectual History of Political Economy in Britain, 1750–1834* (Cambridge: Cambridge University Press 1996), 98–99; Fonna Forman-Barzilai, *Adam Smith and the Circles of Sympathy: Cosmopolitanism and Moral Theory* (Cambridge: Cambridge University Press, 2010), 226.

17. Smith, *Theory of Moral Sentiments*, pt. 6, sec. 2, chap. 2, para. 13.

18. Nicholas Phillipson, *Adam Smith: An Enlightened Life* (New Haven, CT: Yale University Press, 2010), 159–166.

19. Phillipson, *Adam Smith*, 166; Geoffrey Holmes and Daniel Szechi, *The Age of Oligarchy: Pre-Industrial Britain, 1722–1783* (London: Longman, 1993), 282.

20. Phillipson, *Adam Smith*, 182.

21. Harris, *Hume*, 409–415; Phillipson, *Adam Smith*, 188.

22. Phillipson, *Adam Smith*, 193.

23. Smith, *Wealth of Nations*, vol. 2, bk. IV, chap. ix, para. 38; vol. 1, bk. II, chap. v, para. 12.

24. Smith, *Wealth of Nations*, vol. 1, bk. I, chap. viii, paras. 15–22; vol. 1, bk. I, chap. x, paras. 19, 31.

25. Smith, *Wealth of Nations*, vol. 2, bk. IV, chap. ix, paras. 11–14, vol. 2, bk. IV, chap. ii, para. 9; vol. 1, bk. I, chap. viii, para. 35; vol. 1, bk. IV, chap. ii, para. 9; vol. 2, bk. IV, chap. ix, para. 9; vol. 2, bk. V, chap. iik, para. 7.

26. Smith, *Wealth of Nations*, vol. 1, bk. I, chap. ii, paras. 1–2.

27. Emma Rothschild, *Economic Sentiments: Adam Smith, Condorcet,*

and the Enlightenment (Cambridge, MA: Harvard University Press, 2001), 127.

28. Smith, *Wealth of Nations*, vol. 1, bk. IV, chap. ii, para. 38; vol. 2, bk. IV, chap. ix, paras. 1–3; vol. 1, bk. IV, chap. ii, para. 30.
29. E. P. Thompson, "Eighteenth-Century English Society: Class Struggle Without Class?," *Social History* 3, no. 2 (1978): 133–165, at 135; Frank McLynne, *Crime and Punishment in Eighteenth-Century England* (London: Routledge, 1989); Smith, *Wealth of Nations*, vol. 1, bk. I, chap. xic, para. 7.
30. Smith, *Wealth of Nations*, vol. 2, bk. IV, chap. viib, para. 20; vol. 2, bk. IV, chap. viic, para. 103.
31. Smith, *Wealth of Nations*, vol. 1, "Introduction and Plan of the Work," para. 4; vol. 2, bk. IV, chap. viib, para. 54.
32. John Rae, *Life of Adam Smith: 1895*, ed. Jacob Viner (New York: Augustus M. Kelley Publishers, 1977), 71–72.
33. Rothschild, *Economic Sentiments*, 133; Dugald Stewart, *Account of the Life and Writings of Adam Smith*, in *Works*, ed. Dugald Stewart, 7 vols. (Cambridge, MA: Hilliard and Brown, 1829), 7:1–75, at 67.
34. Smith, *Wealth of Nations*, vol. 1, bk. III, chap. iv, para. 20.
35. Smith, *Wealth of Nations*, vol. 2, bk. IV, chap. ii, paras. 10–20.
36. Smith, *Wealth of Nations*, vol. 1, bk. IV, chap. iiic, paras. 9, 13.
37. Rothschild, *Economic Sentiments*, 133–136; Voltaire, *Candide*, ed. Philip Littell (New York: Boni and Liveright, 1918), 168; Jacob Soll, *The Reckoning: Financial Accountability and the Rise and Fall of Nations* (New York: Basic Books, 2014), 129–130.

第十四章　自由市场帝国

1. William J. Baumol, *Economic Dynamics: An Introduction* (New York: Macmillan, 1951); D. M. Nachane, "In the Tradition of 'Magnificent Dynamics,'" *Economic and Political Weekly*, June 9, 2007.

2. Jeremy Bentham, *The Principles of Morals and Legislation* (Amherst, NY: Prometheus Books, 1988), 1–3, 29, 40.
3. Jeremy Bentham, "Bentham on Population and Government," *Population and Development Review* 21, no. 2 (1995): 399–404.
4. Thomas Malthus, *An Essay on the Principle of Population and Other Writings*, ed. Robert J. Mayhew (London: Penguin, 2015), 19; Adam Smith, *An Inquiry into the Nature and Causes of the Wealth of Nations*, ed. Roy Harold Campbell and Andrew Skinner, 2 vols. (Indianapolis: Liberty Fund, 1981), vol. 1, bk. I, chap. viii, para. 36.
5. Malthus, *Essay on the Principle of Population*, 40, 65, 74, 155–163.
6. David Ricardo, *Works*, ed. John Ramsay McCulloch (London: John Murray, 1846), 50–55; Paul Samuelson, "The Canonical Classical Model of Political Economy," in *Paul Samuelson on the History of Economic Analysis: Selected Essays*, ed. Steven J. Medema and Anthony M. C. Waterman (Cambridge: Cambridge University Press, 2015), 89–116, at 102–105.
7. Ricardo, *Works*, 55.
8. Smith, *Wealth of Nations*, vol. 1, bk. I, chap. viii, para. 37; Joan Robinson, "What Are the Questions?" *Journal of Economic Literature* 15, no. 4 (1977): 1318–1339, at 1334; Andre Gunder Frank, *Dependent Accumulation and Underdevelopment* (New York: Monthly Review Press, 1979); Henk Ligthart, "Portugal's Semi-Peripheral Middleman Role in Its Relations with England, 1640–1760," *Political Geography Quarterly* 7, no. 4 (1988): 353–362, at 360–361; Matthew Watson, "Historicising Ricardo's Comparative Advantage Theory, Challenging the Normative Foundations of Liberal International Political Economy," *New Political Economy* 22, no. 3 (2017): 257–272, at 259; John Gallagher and Ronald Robinson, "The Imperialism of Free Trade," *Economic History Review* 6, no. 1 (1953): 1–15, at 5; D. C. M. Platt, "The Imperialism of Free Trade: Some Reservations," *Economic History Review* 21, no. 2 (1968): 296–306; Joan Robinson, *Contributions*

to Modern Economics (New York: Academic Press, 1978), 213; Joan Robinson, *The Economics of Imperfect Competition*, 2nd ed. (London: Palgrave Macmillan, 1969).

9. Frank Trentmann, *Free Trade Nation: Commerce, Consumption, and Civil Society in Modern Britain* (Oxford: Oxford University Press, 2008), 1–8.

10. Anthony Howe, *Free Trade and Liberal England, 1846–1946* (Oxford: Oxford University Press, 1998), 4, 113; Eileen P. Sullivan, "J. S. Mill's Defense of the British Empire," *Journal of the History of Ideas* 44, no. 4 (1983): 599–617, at 606; John Stuart Mill, *Principles of Political Economy and Chapters on Socialism*, ed. Jonathan Riley (Oxford: Oxford University Press, 1994), xxxix, 112–113.

11. Mill, *Principles of Political Economy*, 113.

12. John Stuart Mill, *Considerations on Representative Government* (Ontario: Batoche Books, 2001), 46; Gary Remer, "The Classical Orator as Political Representative: Cicero and the Modern Concept of Representation," *Journal of Politics* 72, no. 4 (2010): 1063–1082, at 1064; Mill, *Principles of Political Economy*, 86.

13. Mill, *Principles of Political Economy*, 124–125, 377.

14. Mill, *Principles of Political Economy*, 381.

15. Charles Darwin, *The Life and Letters of Charles Darwin*, ed. Francis Darwin, 3 vols. (London: John Murray, 1887), 3:178–179; Charles Darwin, *The Origin of Species by Means of Natural Selection of the Preservation of Favoured Races in the Struggle for Life* (New York: Signet Classics, 2003), 5; Charles Darwin, *The Descent of Man, and Selection in Relation to Sex* (New York: Appleton and Company, 1889), 44.

16. Geoffrey Martin Hodgson, *Economics in the Shadows of Darwin and Marx: Essays on Institutional and Evolutionary Themes* (Cheltenham, UK: Edward Elgar, 2006), 12; Karl Marx, "The Production Process of Capital: Theories of Surplus Value," in Karl Marx and Friedrich Engels, *Collected Works*, vol. 31, *Marx,*

1861–1863 (London: Lawrence and Wishart, 1989), 551; Gareth Stedman-Jones, *Karl Marx: Greatness and Illusion* (Cambridge, MA: Belknap Press of Harvard University Press, 2016), 174–175, 382–383; Karl Marx, *Capital*, ed. Ernest Mandel, trans. David Fernbach, 3 vols. (London: Penguin, 1992), 2:218; Bela A. Balassa, "Karl Marx and John Stuart Mill," *Weltwirtschaftsliches Archiv* 83 (1959): 147–165, at 150.

17. Michael Hudson, *America's Protectionist Takeoff, 1815–1914: The Neglected American School of Political Economy* (New York: Garland, 1975).

18. Hudson, *America's Protectionist Takeoff*, 54.

19. Jack Rackove, *Original Meanings: Politics and Ideas in the Making of the Constitution* (New York: Vintage, 1997), 236; Alexander Hamilton, *Report on the Subject of Manufactures* (Philadelphia: William Brown, 1827), 20.

20. Maurice G. Baxter, *Henry Clay and the American System* (Lexington: University of Kentucky Press, 1995), 27–28; Brian Reinbold and Yi Wen, "Historical U.S. Trade Deficits," Economic Research, Federal Reserve Bank, 2019, no. 13, https://research.stlouisfed.org/publications/economic-synopses/2019/05/17/historical-u-s-trade-deficits.

21. Cheryl Shonhardt-Bailey, *From the Corn Laws to Free Trade: Interests, Ideas, and Institutions in Historical Perspective* (Cambridge, MA: MIT Press, 2006), 285; Francis Wrigley Hirst, *Free Trade and Other Fundamental Doctrines of the Manchester School* (London: Harper and Brothers, 1903).

22. Richard Cobden, "Repeal of the Corn Laws," May 15, 1843, in Hirst, *Free Trade*, 143–190, at 190; Richard Cobden, "Free Trade and the Reduction of Armaments," December 18, 1849, in Hirst, *Free Trade*, 239–257, at 252.

23. Richard Cobden, "Armaments, Retrenchment, and Financial Reform," January 10, 1849, in Hirst, *Free Trade*, 291–308, at 305; David Todd, *Free Trade and Its Enemies in France, 1814–1851*

(Cambridge: Cambridge University Press, 2015), 201.
24. Boyd Hilton, *The Age of Atonement: The Influence of Evangelicalism on Social and Economic Thought, 1785–1865* (Oxford: Clarendon Press, 1986), 7, 261.
25. William Stanley Jevons, "Brief Account of a General Mathematical Theory of Political Economy," *Journal of the Royal Statistical Society, London* 29 (June 1866): 282–287; William Stanley Jevons, *Political Economy* (New York: Appleton and Company, 1878), 7; Eric Hobsbawm, *Industry and Empire: The Birth of the Industrial Revolution* (London: Penguin, 1999), 17, 211.
26. Hobsbawm, *Industry and Empire*, 31–38.
27. Jevons, *Political Economy*, 62, 76, 77, 79, 81; Donald Winch, "The Problematic Status of the Consumer in Orthodox Economic Thought," in *The Making of the Consumer: Knowledge, Power, and Identity in the Modern World*, ed. Frank Trentmann (Oxford: Berg, 2006), 31–52.
28. William Stanley Jevons, *The Coal Question* (London: Macmillan, 1865).
29. Jennifer Siegel, *For Peace and Money: French and British Finance in the Service of the Tsars and Commissars* (Oxford: Oxford University Press, 2014).
30. Alfred Marshall, *Principles of Economics* (New York: Cosimo, 2006), 233.
31. Marshall, *Principles of Economics*, 30–31, 68–69, 273.

第十五章 美德的终结：自由主义与自由至上主义

1. William Cunningham, *The Rise and Decline of the Free Trade Movement* (Cambridge: Cambridge University Press, 1905), 5–9.
2. Cunningham, *Rise and Decline*; Frank Trentmann, *Free Trade Nation: Commerce, Consumption, and Civil Society in Modern Britain* (Oxford: Oxford University Press, 2008), 91–98, 243.

3. Cunningham, *Rise and Decline*, 37, 85.
4. Cunningham, *Rise and Decline*, 97.
5. Cunningham, *Rise and Decline*, 119, 121–123, 158, 160.
6. Cunningham, *Rise and Decline*, 191–194, 197–198.
7. Cunningham, *Rise and Decline*, 200, 210.
8. John Maynard Keynes, *Laissez-Faire and Communism* (New York: New Republic, 1926), 65.
9. Keynes, *Laissez-Faire*, 31, 164.
10. Joan Robinson, *The Economics of Imperfect Competition*, 2nd ed. (London: Palgrave Macmillan, 1969), 211–228.
11. Joan Robinson, *The Accumulation of Capital* (New York: Palgrave Macmillan, 2013), 248, 330.
12. Carl Menger, *Principles of Economics*, trans. James Dingwall and Bert F. Hoselitz (Auburn, AL: Ludwig von Mises Institute, 2007), 51, 72–73; Janek Wasserman, *The Marginal Revolutionaries: How Austrian Economists Fought the War of Ideas* (New Haven, CT: Yale University Press, 2019), 33; Wasserman, *Marginal Revolutionaries*, 73.
13. Ludwig von Mises, *Economic Calculation in the Socialist Commonwealth*, trans. S. Alder (Auburn, AL: Ludwig von Mises Institute, 1990), 1–10.
14. Von Mises, *Economic Calculation*, 9; Wasserman, *Marginal Revolutionaries*, 82.
15. Wasserman, *Marginal Revolutionaries*, 35, 134.
16. Stephan A. Marglin and Juliet B. Schor, eds., *The Golden Age of Capitalism: Reinterpreting the Postwar Experience*, 2nd ed. (Oxford: Oxford University Press, 2007), 41.
17. Henry Ashby Turner Jr., "Big Business and the Rise of Hitler," *American Historical Review* 75, no. 1 (1969): 56–70.
18. Friedrich Hayek, *The Road to Serfdom*, ed. Bruce Caldwell (Chicago: University of Chicago Press, 2007), 35, 76, 89, 100, 110.
19. Elisabetta Galeotti, "Individualism, Social Rules, Tradition: The Case of Friedrich A. Hayek," *Political Theory* 15, no. 2 (1987):

163–181, at 169.
20. David Levy, "Interview with Milton Friedman," Federal Reserve Bank of Minneapolis, June 1, 1992, www.minneapolisfed.org/article/1992/interview-with-milton-friedman.
21. Milton Friedman, "Market Mechanisms and Central Economic Planning," in Milton Friedman, Sidney Hook, Rose Friedman, and Roger Freeman, *Market Mechanisms and Central Economic Planning* (Washington, DC: American Enterprise Institute, 1981), 1–19, at 9.
22. Milton Friedman, *Free to Choose: A Personal Statement*, 3rd ed. (New York: Harcourt, 1990), 94–97, 129.
23. Milton Friedman, "Quantity of Money Theory: A Restatement," in Milton Friedman, ed., *Studies in the Quantity Theory of Money* (Chicago: University of Chicago Press, 1956), 3–21, at 12.
24. Milton Friedman and Anna Jacobson Schwartz, *A Monetary History of the United States, 1867–1960* (Princeton, NJ: Princeton University Press, 1963), 7, 11.
25. Milton Friedman, "The Demand for Money: Some Theoretical and Empirical Results," National Bureau of Economic Research, Occasional Paper 68, 1959, www.nber.org/system/files/chapters/c5857/c5857.pdf, 1–25, at 2.
26. Milton Friedman, *An Economist's Protest: Columns in Political Economy* (Sun Lakes, AZ: Thomas Horon and Daughter, 1972), 6; Milton Friedman, "Say 'No' to Intolerance," *Liberty Magazine* 4, no. 6 (1991): 17–20.
27. Kim Phillips-Fein, *Invisible Hands: The Businessmen's Crusade Against the New Deal* (New York: Norton, 2009), 3.
28. Phillips-Fein, *Invisible Hands*, 4, 61 (du Pont quotation p. 4); Kevin M. Kruse, *One Nation Under God: How Corporate America Invented Christian America* (New York: Basic Books, 2015), 25.
29. Kruse, *One Nation Under God*, 61.
30. Kruse, *One Nation Under God*, 35; Phillips-Fein, *Invisible Hands*, 69, 77; Barry Goldwater, *The Conscience of a Conservative*

(Shepherdsville, KY: Victor Publishing, 1960), 53.

31. Phillips-Fein, *Invisible Hands*, 228.
32. Jennifer Burns, "Godless Capitalism: Ayn Rand and the Conservative Movement," *Modern Intellectual History* 1, no. 3 (2004): 359–385; Brian Doherty, *Radicals for Capitalism: A Freewheeling History of the Modern Libertarian Movement* (New York: Public Affairs, 2008), 11.
33. Doug Bandow, "The West Fails to Social Engineer South Sudan," *American Conservative*, September 19, 2019, www.cato.org/commentary /west-fails-social-engineer-south-sudan.
34. Richard H. K. Vietor, *How Countries Compete: Strategy, Structure, and Government in the Global Economy* (Boston: Harvard Business School Press, 2007), 18.

结语

1. Isabella M. Weber, "The (Im-)Possibility of Rational Socialism: Mises in China's Market Reform Debate," 2021, University of Massachusetts, Amherst, Economics Department Working Paper Series, no. 2021-19, ScholarWorks@UMassAmherst, https://scholarworks.umass.edu/econ_workingpaper/316; Isabella M. Weber, *How China Escaped Shock Therapy: The Market Reform Debate* (Abingdon, Oxon, UK: Routledge, 2021); Steven Mark Cohn, *Competing Economic Paradigms in China: The Co-Evolution of Economic Events, Economic Theory and Economics Education, 1976–2016* (Abingdon, Oxon, UK: Routledge, 2016), 26; Milton Friedman, *Friedman in China* (Hong Kong: Chinese University Press, 1990), 74; Milton Friedman, *Capitalism and Freedom*, 3rd ed. (Chicago: University of Chicago Press, 2002), 3–4; Milton Friedman, *Free to Choose: A Personal Statement*, 3rd ed. (New York: Harcourt, 1990), 57.
2. 引自 Weber, "The (Im-)Possibility of Rational Socialism"。

3. Isabella Weber, "Origins of China's Contested Relation with Neoliberalism: Economics, the World Bank, and Milton Friedman at the Dawn of Reform," *Global Perspectives* 1, no 1 (2020): 1–14, at 7; Milton Friedman, "Market Mechanisms and Central Economic Planning," in Milton Friedman, Sidney Hook, Rose Friedman, and Roger Freeman, *Market Mechanisms and Central Economic Planning* (Washington, DC: American Enterprise Institute, 1981), 3; Weber, "The (Im-)Possibility of Rational Socialism."
4. Keith Bradsher and Li Yuan, "China's Economy Became No. 2 by Defying No. 1," *New York Times*, November 25, 2018.
5. Justin Yifu Lin, *Economic Development and Transition: Thought, Strategy, and Viability* (Cambridge: Cambridge University Press, 2009); Barry Naughton, *The Chinese Economy, Adaptation and Growth* (Cambridge, MA: MIT Press, 2018); Pankaj Mishra, "The Rise of China and the Fall of the 'Free Trade' Myth," *New York Times*, February 7, 2018; Keith Bradsher and Li Yuan, "The Chinese Thought They Had Little to Learn from Conventional Wisdom. Now It's the West That's Taking Notes," *New York Times*, November 25, 2018.
6. Jason Brennan, *Against Democracy* (Princeton, NJ: Princeton University Press, 2016), 192–193.
7. Karl Polanyi, *The Great Transformation: The Political and Economic Origins of Our Time* (Boston: Beacon Press, 1957).
8. Ellen Frankel Paul, "W. Stanley Jevons: Economic Revolutionary, Political Utilitarian," *Journal of the History of Ideas* 40, no. 2 (1979): 263–283, at 279.

索引

（索引页码为原书页码，即本书边码）

Academica (Cicero)《论学园派》（西塞罗）20
Accounting for Princes (Stevin)《献给君主的会计学》（斯蒂文）92
The Accumulation of Capital (Robinson)《资本积累论》（罗宾逊）245
Act of Settlement《王位继承法》152
Act of Union《联合法案》201
The Adventures of Telemachus (Fénelon)《忒勒玛科斯历险记》（费纳隆）
　　136–137，204
agrarian labor theory 农业劳动理论 166–167
agrarian laissez-faire 农业自由放任主义 164，166，173–174，176，190
agrarian wealth theory 农业财富理论 170
agriculture 农业
　　Adam Smith and 亚当·斯密与农业 21，196–197，204，207–209，
　　　213–214
　　Boisguilbert and 布阿吉尔贝尔与农业 131–132
　　Cantillon and 坎蒂隆与农业 165–167
　　Cicero and 西塞罗与农业 14，131
　　Colbert and 柯尔贝尔与农业 108
　　Fénelon and 费纳隆与农业 137–138
　　Forbonnais and 福尔勃奈与农业 170–171
　　free market agrarianism 自由市场农业主义 175
　　Galiani and 加利亚尼与农业 186

索引

  in medieval period 中世纪的农业 44–45

  physiocrats 重农学派 164，171，173–174，176–181

  Quesnay and 魁奈与农业 172

  Ricardo and 李嘉图与农业 221–222

  Rousseau and 卢梭与农业 191，194

  taxes and 税收和农业 164–166，176，178

  Thomas Smith and 托马斯·史密斯与农业 83

  Turgot and 杜尔哥与农业 186–190

  utilitarian agricultural labor theory 功利主义农业劳动理论 188

alchemy 炼金术 85，143，153

The Allegory of Good and Bad Government (Lorenzetti)《好政府与坏政府的寓言》(洛伦泽蒂) 62

Ambrose, Saint 圣安布罗斯 24，29，32–36，76，214

Anatomical Account of the Motion of the Heart and Blood (Harvey)《动物心血运动的解剖研究》(哈维) 142

Anglo-Dutch Wars 英荷战争 88，104

Anne, Queen 安妮女王 152

Anti-Corn Law League 反谷物法同盟 223–224，230

Antony, Marc 马克·安东尼 20–21，79

Aquinas, Saint Thomas 圣托马斯·阿奎那 50–51

Aristotle 亚里士多德 49，75，204

The Arithmetic of Sir Barrême (Barrême)《巴雷姆爵士的算术》(巴雷姆) 117

asceticism 禁欲主义 27–29，36

Augustine, Saint 圣奥古斯丁 24，34–39，42，55，127，266

Azpilcueta, Martín de 马丁·德·阿斯皮利奎塔 75

Baas, Jean-Charles de 让-查尔斯·德·巴斯 114

Bagehot, Walter 沃尔特·白哲特 232

Banque Générale 通用银行 156

Barrême, François 弗朗索瓦·巴雷姆 117

Bartholomeus of Bologna 博洛尼亚的巴托洛缪 53

Basil, Saint 圣巴西勒 29

Beauvilliers, Paul de 保罗·德·博维利埃 135–136

Benedict of Nursia, Saint 努西亚的圣本笃 44–45
Bentham, Jeremy 杰里米·边沁 218–219，226，233，245
Bernard of Clairvaux 克莱尔沃的伯尔纳 47
Black Americans 美国黑人 253–254
bloodletting 放血疗法 172
Bloody Code《血腥法典》211
Blunt, John 约翰·布伦特 160
Bodin, Jean 让·博丹 76–80，84–85，100，127
Boer War 布尔战争 239
Boisguilbert 布阿吉尔贝尔 130–134
Bonaventure, Saint 圣文德 52
Book of Revelations (John of Patmos)《圣经·启示录》(拔摩岛的约翰) 28
The Book of the Art of Trade (Cotrugli)《贸易艺术》(科特鲁利) 65，118
Bossuet, Jacques-Bénigne 雅克-贝尼涅·波舒哀 135
Botero, Giovanni 乔瓦尼·博特罗 80–81
Boulton, Matthew 马修·博尔顿 212，215
Bourgogne, duc de 勃艮第公爵 134，136，138
Braudel, Fernand 费尔南德·布罗代尔 187
Brutus, Marcus Junius 马库斯·尤尼乌斯·布鲁图 18
bubonic plague 腺鼠疫 43–44
Buccleuch, Duke of 巴克卢公爵 205–206
Bucer, Martin 马丁·布塞尔 75–76
Buckley, William F. 威廉·F. 巴克利 258
Buffon, comte de 布丰伯爵 173
business cycle theory 商业周期理论 253

Caesar, Julius 尤利乌斯·恺撒 11，18–19，70
Calhoun, John 约翰·卡尔霍恩 229
Cantillon, Richard 理查德·坎蒂隆 163，165–167，170–172，177
capitation 人头税 131
Catiline 喀提林 17–18
Cato the Elder 老加图 14，138
Cavelier, René-Robert 勒内-罗伯特·卡弗利耶 157

索引

Chamillart, Michel 米歇尔·沙米亚尔 133
Chapters on Socialism (Mill)《社会主义》(穆勒) 226
Charles I 查理一世 88
Charles II 查理二世 121
Charles VIII 查理八世 67
Charpentier, François 弗朗索瓦·沙尔庞捷 116，122
Chevreuse, duc de 谢弗勒斯公爵 135
Cicero, Marcus Tulius 马库斯·图利乌斯·西塞罗 4，8，10–22，266–268
 Academica《论学园派》20
 Adam Smith and 亚当·斯密和西塞罗 204，209，251
 Aquinas and 阿奎那和西塞罗 50
 Bodin and 博丹和西塞罗 77–79
 Bucer and 布塞尔和西塞罗 76
 On Duties《论责任》11，18–19，65，83，100
 Grotius and 格劳秀斯和西塞罗 98–100
 Hume and 休谟和西塞罗 200
 Machiavelli and 马基雅维利和西塞罗 69–70
 Palmieri and 帕尔米耶里和西塞罗 64
 Petrarch and 彼特拉克和西塞罗 63–64
 The Philippics《反腓力辞》20
 On the Republic《论共和国》15，20
 Rousseau and 卢梭和西塞罗 193–194
 Thomas Smith and 托马斯·史密斯和西塞罗 83
 Turgot and 杜尔哥和西塞罗 188
The Civil Law in Its Natural Order (Domat)《自然秩序中的民法》(多玛) 129
Clay, Henry 亨利·克莱 229，247
Clement of Alexander 亚历山大的克雷芒 27
Clement VII, Pope 教皇克雷芒七世 70
Clito, William 威廉·克里托 46
Cobden, Richard 理查德·科布顿 217，223–224，230–232，239，246
Cobden-Chevalier Treaty《科布顿—薛瓦利条约》231
Code noir《黑人法典》118
Colbert, Charles 夏尔·柯尔贝尔 121

Colbert, Jean-Baptiste 让-巴普蒂斯特·柯尔贝尔 6–9, 108–124, 130, 132–139, 150, 163, 168–171, 176–177, 201, 231
 Adam Smith and 亚当·斯密和柯尔贝尔 7–8, 209–210
 Forbonnais and 福尔勃奈和柯尔贝尔 170–171
 Friedman and 弗里德曼和柯尔贝尔 252
 Hamilton and 汉密尔顿和柯尔贝尔 227–228
 Industrial Revolution and 工业革命与柯尔贝尔 181
 industry and 工业与柯尔贝尔 108–113, 115, 121
 Melon and 梅隆和柯尔贝尔 168
 Muratori and 穆拉托里和柯尔贝尔 184
 Necker and 内克尔和柯尔贝尔 190
 trade and 贸易与柯尔贝尔 108, 110–119, 122–124
 Turgot and 杜尔哥和柯尔贝尔 189
 Versailles and 萨瓦里和柯尔贝尔 118–119

Colbert de Torcy 托尔西侯爵 135

Colbertism/Colbertists 柯尔贝尔主义/柯尔贝尔主义者 123–124, 126, 133, 137, 170–171, 183–185, 189, 213, 227, 230, 233, 239, 247
 Adam Smith and 亚当·斯密与殖民主义 212
 Cobden and 科布顿与殖民主义 231
 colonial trade 殖民地贸易 115, 148–150, 156
 Locke and 洛克与殖民主义 147–148
 Turgot's criticism of 杜尔哥对殖民主义的批判 188

Columbus, Christopher 克里斯托弗·哥伦布 67, 84

Commentary on the Law of Prize and Booty (Grotius)《捕获法释义》(格劳秀斯) 99

Commercial Code (Savary and Colbert)《商法典》(萨瓦里和柯尔贝尔) 117–118

The Commercial Nobility (Coyer)《商业贵族》(夸耶) 174

confidence, Colbert and creation of 柯尔贝尔与信心的建立 110, 114–119

The Conscience of a Conservative (Goldwater)《一名保守派的良心》(戈德华特) 258

Constantine the Great 君士坦丁大帝 24

Constitutions of Narbonne (Bonaventure)《纳博讷章程》（圣文德）52
consumerism 消费主义 217，240
consumption, Adam Smith on 亚当·斯密论消费 197
Copernicus, Nicolaus 尼古拉·哥白尼 79，141–142，199
Corn Laws《谷物法》223–224
Cotrugli, Benedetto 贝内代托·科特鲁利 65–67，118
Coyer, Gabriel François 加布里埃尔·弗朗索瓦·夸耶 174–175
Cromwell, Oliver 奥利弗·克伦威尔 88，145
Cunningham, William 威廉·坎宁安 238–242

d'Alembert, Jean le Rond 让·勒朗·达朗贝尔 173，176
Damian, Peter 彼得·达米安 47
d'Arcq, chevalier 阿克骑士 175
Darwin, Charles 查尔斯·达尔文 226
Davenant, Charles 查尔斯·戴夫南特 148–150
De Iure Praedae Commentarius (Grotius)《捕获法释义》（格劳秀斯）91
de la Court, Pieter 彼得·德拉考特 102–105，113
De Witt, Cornelis 科内利斯·德·维特 104
De Witt, Johan 约翰·德·维特 102，104
The Decline and Fall of the Roman Empire (Gibbon)《罗马帝国衰亡史》（吉本）29
Decretals (Gratian)《法令》（格拉提安）49
Delisle, Guillaume 吉约姆·德利尔 157
democracy, Rousseau and 卢梭与民主 191–194
Despotism in China (Quesnay)《中华帝国的专制制度》（魁奈）179
Descartes, René 勒内·笛卡儿 142，199
The Descent of Man, and Selection in Relation to Sex (Darwin)《人类的由来及性选择》（达尔文）226
Desmaretz, Nicolas 尼古拉·德斯马雷茨 130，132–135，155–156
Detail of France (Boisguilbert)《法国详情》（布阿吉尔贝尔）130，133
development economics 发展经济学 109，244
Dialogues on the Commerce of Grains (Galiani)《粮食贸易对话录》（加利亚尼）185

Dickens, Charles 查尔斯·狄更斯 232

Diderot, Denis 德尼·狄德罗 173，176，185

diminishing marginal utility 边际效用递减规律 54，225

diminishing returns, law of 收益递减规律 74

Discourse on Inequality (Rousseau)《论人类不平等的起源和基础》(卢梭) 191

A Discourse on the Common Weal of This Realm of England (Smith)《论英格兰王国的共同利益》(史密斯) 83

The Discourses (Machiavelli)《论李维》(马基雅维利) 68，70，73

Dolcinian sect 多尔钦诺派 51

Domat, Jean 让·多玛 129–130，159，193，249

Dominican Order 多明我会 50，58

Donatists 多纳图派 36–37

Drake, Francis 弗朗西斯·德里克 84

du Pont brothers 杜邦兄弟 256–257

du Pont de Nemours, Pierre-Samuel 皮埃尔-塞缪尔·杜邦·德·内穆尔 180–181，188，207，256

Duns Scotus, John 约翰·邓斯·司各脱 51–52，58

Durham Cathedral Priory 达勒姆大教堂修道院 45

Dutch East India Company 荷兰东印度公司 102–103

Dutch Golden Age 荷兰黄金时代 92

Dutch Republic 荷兰共和国 91–105

Dutch War of Independence 荷兰独立战争 93

East India Company 东印度公司
    Dutch 荷兰东印度公司 102–103
    England 英国东印度公司 86，95–96，101，152，224
    French 法国东印度公司 116，122，156

economic equilibrium 经济均衡 12，130，132，165–166，209，253，266

Economics of Imperfect Competition (Robinson)《不完全竞争经济学》(罗宾逊) 244

Edict of Nantes, revocation of 废除《南特敕令》123，135

Edward I 爱德华一世 59

索引

Eighty Years' War 八十年战争 93
El Dorado 黄金国 153
Elements of Commerce (Forbonnais)《商业要素》(福尔勃奈) 170
Elizabeth I 伊丽莎白一世 84
Encyclopédie (Diderot and d'Alembert)《百科全书》(狄德罗和达朗贝尔) 173，176–177
energy, Jevons and 杰文斯与能源 234–235
Epictetus 爱比克泰德 200，203
equilibrium theory, Quesnay and 魁奈与均衡理论 171
eschatology 末世论 25
Essay on Human Understanding (Hume)《人类理智研究》(休谟) 199
An Essay on the East India Trade (Davenant)《论东印度贸易》(戴夫南特) 141，149–150
Essay on the Nature of Trade in General (Cantillon)《商业性质概论》(坎蒂隆) 163，165
The Fable of the Bees: or, Private Vices, Public Benefits (Mandeville)《蜜蜂的寓言》(曼德维尔) 151，154，195，246

Federal Reserve 美联储 252，259
Federalist Papers (Hamilton)《联邦党人文集》(汉密尔顿) 228
felicific calculus, Bentham and 边沁与幸福计算 218–219
Fénelon, François 弗朗索瓦·费纳隆 134–138，204
Fitzmaurice, Thomas 托马斯·菲茨莫里斯 205
Florentine Histories (Machiavelli)《佛罗伦萨史》(马基雅维利) 70
Flour Wars 面粉战争 190
Forbonnais, François Véron de 弗朗索瓦·韦龙·德·福尔勃奈 170–171，175，179–180，184
The Fountainhead (Rand)《源泉》(兰德) 6，259–260
Francis of Assisi, Saint 阿西西的圣方济各 48–52
Franciscan Order 方济各会 48–55，57–58
The Free Sea (Grotius)《自由之海》(格劳秀斯) 99
free trade 自由贸易
　　Adam Smith and 亚当·斯密与自由贸易 204，241

  Cobden and 科布顿与自由贸易 230–231，239

  Cunningham and 坎宁安与自由贸易 239–240

  Davenant and 戴夫南特与自由贸易 148–150

  Dutch Republic 荷兰共和国 100，102–103

  France and 法国与自由贸易 114，122–124，136，138–139

  Hume and 休谟与自由贸易 200–201

  Marshall and 马歇尔与自由贸易 235，242

  Mill and 穆勒与自由贸易 224

  Misselden and 米赛尔登与自由贸易 87

  Mun and 托马斯·孟与自由贸易 86–87

  Ricardo and 李嘉图与自由贸易 222–223

Free Trade, or, The Meanes to Make Trade Flourish (Misselden)《自由贸易，或令贸易繁荣的手段》(米赛尔登) 73，87

free will 自由意志

  Augustine and 奥古斯丁与自由意志 42

  Ockham and 奥卡姆与自由意志 58

  Olivi and 奥利维与自由意志 55

freedom, Locke on 洛克论自由 147

French Revolution 法国大革命 177，219，256–257

French West Indies Company 法国西印度公司 114

Friedman, Milton 米尔顿·弗里德曼 8，238，258–260

  Adam Smith 亚当·斯密 196，250–251

  libertarianism 自由至上主义 5–6，250–255

  Nobel Prize 诺贝尔奖 254

The Friend of Mankind, or Treatise on Population (Mirabeau)《人口论》(米拉波侯爵) 177

Galiani, Ferdinando 费迪南多·加利亚尼 185–186，190，220，254

Galileo Galilei 伽利略·伽利雷 142

general equilibrium theory 一般均衡理论 9–10，150，213–214，253

General Theory of Employment, Interest, and Money (Keynes)《就业、利息和货币通论》(凯恩斯) 242–243

Genovesi, Antonio 安东尼奥·杰诺韦西 184–185

索引

George I 乔治一世 152–153
Germany 德国 230，233，235，240，242，248
Gibbon, Edward 爱德华·吉本 29
Glorious Revolution 光荣革命 105，150，152，204 gold，7–8，26，39，74，78–80，84–85，137，143，153，156，159，166
Goldwater, Barry 巴里·戈德华特 258–259
Gournay, Jacques-Claude-Marie Vincent de 雅克-克劳德-玛丽·文森特·德·古尔奈 169–170，175
government intervention 政府干预
 Adam Smith and 亚当·斯密与政府干预 196–197，214，241
 Bentham and 边沁与政府干预 219
 du Pont brothers and 杜邦兄弟与政府干预 257
 in economic crisis 经济危机时的政府干预 243
 Friedman and 弗里德曼与政府干预 251–252，254–255
 Galiani and 加利亚尼与政府干预 185–186
 Genovesi and 杰诺韦西与政府干预 184–185
 Gournay and 古尔奈与政府干预 169–170
 Hamilton and 汉密尔顿与政府干预 228
 Hayek and 哈耶克与政府干预 248
 Jevons and 杰文斯与政府干预 267
 Mill and 穆勒与政府干预 267
 Muratori and 穆拉托里与政府干预 184
 Necker and 内克尔与政府干预 190
 Rousseau and 卢梭与政府干预 191
 Smith and 斯密与政府干预 196–197，213
 Turgot and 杜尔哥与政府干预 186，189
 in United States 美国的政府干预 3
 von Mises and 冯·米塞斯与政府干预 246
 Walras and 瓦尔拉斯与政府干预 2
grain market 粮食市场 186，188–190，222
Gratian 格拉提安 49
greed 贪婪
 Adam Smith and 亚当·斯密与贪婪 5，194–196，202–203，209，

240，260
　　Bentham and 边沁与贪婪 218
　　Cicero and 西塞罗与贪婪 11，15–16，18–20
　　Mandeville and 马基雅维利与贪婪 66，154，159
　　Palmieri and 帕尔米耶里与贪婪 64
　　Rousseau and 卢梭与贪婪 194–196
Greenspan, Alan 艾伦·格林斯潘 259
Gregory I, Pope 教皇格列高利一世 45
Gregory of Nyssa 尼撒的格列高利 29–30
Grimalde, Nicholas 尼古拉斯·格里马尔德 83
Grotius，Hugo 胡果·格劳秀斯 91，98–102，149

Hakluyt, Richard 理查德·哈克卢特 101
Hamilton, Alexander 亚历山大·汉密尔顿 9，227–229，244，247
Harley, Robert 罗伯特·哈雷 160
Hartlib Circle 哈特利布圈 153
Harvey, William 威廉·哈维 142
Hayek, Friedrich 弗里德里希·哈耶克 238，247–250，265
　　on Adam Smith 对亚当·斯密的评价 196
　　Goldwater and 戈德华特和哈耶克 258
　　Nobel Prize 诺贝尔奖 253
　　Rand and 兰德和哈耶克 259
　　The Road to Serfdom《通往奴役之路》248–249
Heinsius，Nicolas 尼古拉·海因修斯 119
Henry VIII 亨利八世 76
Hirschman, Albert 阿尔伯特·赫希曼 68
The History of Astronomy (Smith)《天文学史》(斯密) 203，209
History of Commerce and of the Navigation of the Ancients (Huet)《古代商业和航海史》(于埃) 116
Hobbes, Thomas 托马斯·霍布斯 127，191–192，198，203
Hont, István 伊什特万·洪特 184
Hoover, Herbert 赫伯特·胡佛 243，256
How a Ruler Ought to Govern His State (Petrarch)《统治者应如何治理国

索引

家》(彼特拉克) 63
Huet, Pierre-Daniel 皮埃尔-丹尼尔·于埃 116
Huguenots 胡格诺派 123
Hume, David 大卫·休谟 163, 266
 Adam Smith and 亚当·斯密和休谟 199–201, 205–207
 Genovesi and 杰诺韦西和休谟 184
 Hayek and 哈耶克与休谟 249
Hutcheson, Francis 弗朗西斯·哈奇森 202
Huygens, Christian 克里斯蒂安·惠更斯 120–121

Industrial Revolution 工业革命 150, 173, 181, 212
industry 工业
 Adam Smith and 亚当·斯密与工业 207–209
 agriculture prioritized over 农业优先于工业 164
 America's development of 美国的工业发展 228–229
 Colbert and 柯尔贝尔与工业 7–8, 108–113, 115, 121
 Dutch Republic 荷兰共和国 94
 List and 李斯特与工业 229–230
 mercantilism and 重商主义与工业 9
inflation 通货膨胀 74, 78, 250
innovation 创新
 Colbert and 柯尔贝尔与创新 108
 Forbonnais and 福尔勃奈与创新 171
 guilds and 行会与创新 47
 mercantilism and 重商主义与创新 8–9
 wealth generating potential of 创新的财富创造潜力 165
Iron Law of Wages 铁的工资规律 222

James II 詹姆士二世 105, 109, 150
Jansen, Cornelius 科尼利厄斯·詹森 128
Jansenists 詹森派 128–129, 155
Japan 日本 227, 233, 235, 240, 242
Jesuits 耶稣会士 199

Jevons, William Stanley 威廉·斯坦利·杰文斯 165，233–235，241，267
John of Patmos 拔摩岛的约翰 28
John XXII, Pope 教皇约翰二十二世 57–58
just price theory 公平价格理论 49，66

Kay, John 约翰·凯伊 174
Keynes, John Maynard 约翰·梅纳德·凯恩斯 242–244，250，252

La Reynie, Gabriel-Nicolas de 加布里埃尔-尼古拉·德·拉雷尼 115
La Rochefoucauld, François duc de 拉罗什富科公爵弗朗索瓦 125，127–128，191
labor, division of 劳动分工 188，204，209，213，222，226–227
labor value theory 劳动价值论 233，245–246
laissez-faire 自由放任主义 86，183
 Adam Smith and 亚当·斯密与自由放任主义 196
 agrarian 农业自由放任主义 164，166，173–174，176，190
 America and 美国与自由放任主义 227–228，230
 Boisguilbert and 布阿吉尔贝尔与自由放任主义 132–133
 British Labour Party and 英国工党与自由放任主义 232
 Cantillon and 坎蒂隆与自由放任主义 166
 Colbert and 柯尔贝尔与自由放任主义 8
 Cunningham and 坎宁安与自由放任主义 240
 Desmaretz and 德斯马雷茨与自由放任主义 133–134
 Fénelon and 费纳隆与自由放任主义 134–135，137
 Friedman and 弗里德曼与自由放任主义 260
 Gournay and 古尔奈与自由放任主义 169–171
 Keynes and 凯恩斯与自由放任主义 242
 Petty and 配第与自由放任主义 145
 Quesnay and 魁奈与自由放任主义 173–174，176，180
 Rousseau and 卢梭与自由放任主义 191
 Turgot and 杜尔哥与自由放任主义 173，190
Law, John 约翰·罗 155–161，252
Law of Merchants (Malynes)《商人法》（马利纳）84，102

Law of Rent 租金定律 222
Law's System 罗氏体系 157–158, 165
Leibniz, Gottfried Wilhelm von 戈特弗里德·威廉·冯·莱布尼茨 143–144
Leo X, Pope 教皇利奥十世 68
Lessons on Commerce, or On Civil Economics (Genovesi)《商业课，或公民经济学》（杰诺韦西）184
Leviathan (Hobbes)《利维坦》（霍布斯）127, 198
liberalism 自由主义 167, 224, 231–232, 247–248, 251, 258
libertarianism 自由至上主义 5–6, 196, 213, 245, 248–255, 258–260
liberty of commerce 商业自由 7, 112, 114, 117, 168, 170
List, Friedrich 弗里德里希·李斯特 229–230, 239, 247
Locke, John 约翰·洛克 99, 146–148, 152, 266
 Adam Smith and 亚当·斯密和洛克 202, 211
 du Pont and 杜邦和洛克 180
 Mill and 穆勒和洛克 226
 Rousseau and 卢梭和洛克 192–193
 Turgot and 杜尔哥和洛克 188
Lorenzetti, Ambrogio 安布罗焦·洛伦泽蒂 62
Louis XIV 路易十四
 academies of learning 学院 118–119
 Colbert government group 柯尔贝尔内阁 135–136, 138
 Edict of Nantes, revocation of 废除《南特敕令》123
 Fénelon's criticism of 费纳隆对路易十四的批判 136–138, 204
 Jansenists and 詹森派与路易十四 128–129
Louis XV 路易十五 139, 155, 164, 172–173, 180
Louis XVI 路易十六 190
Louisiana 路易斯安那 157
Louvois, marquis de 卢瓦侯爵 125
Luther, Martin 马丁·路德 73

Machiavelli, Niccolò 尼科洛·马基雅维利 9, 67–72
 Bodin and 博丹与马基雅维利 77
 Discourses on Livy《论李维》61

The Discourses (Machiavelli)《论李维》(马基雅维利) 68，70，73
  Florentine Histories《佛罗伦萨史》70
  The Prince《君主论》68–69，71
  Rousseau and 卢梭和马基雅维利 191，193
  sixteenth-century French thinkers and 16 世纪法国思想家和马基雅维利 76–77

The Maintenance of Free Trade (Malynes)《自由贸易的维护》(马利纳) 85

Malestroit 马勒斯特洛伊特 78

Malthus, Thomas 托马斯·马尔萨斯 218–222，224–226，234

Malynes, Gerard de 杰勒德·德·马利纳 84–86，102

Mandeville, Bernard 伯纳德·曼德维尔 66，151，154–155，159，191，195，246

Marcus Aurelius 马可·奥勒留 200

marginal efficiency of capital 资本的边际效率 243

marginal utility theory 边际效用理论 233

Maria Theresa, empress 玛丽亚·特蕾莎女皇 184

market equilibrium 市场均衡 166，217–218，250，254

Marshall, Alfred 阿尔弗雷德·马歇尔 235–236，242–243，250

Marx, Karl 卡尔·马克思 56，171，226–227，244

Matthew, Saint 圣马太 25–28

Maxims (La Rochefoucauld)《箴言集》(拉罗什富科公爵) 125

Mazarin, Cardinal 枢机主教马萨林 120

Medici, Cosimo de' 科西莫·德·美第奇 67

Medici, Giovanni de' 乔瓦尼·德·美第奇 68

Medici family 美第奇家族 67–70

Méline Treaty 梅利纳关税 231

Melon, Jean-François 让-弗朗索瓦·梅隆 168–169，184

mendicants 托钵僧 48，51

Menger, Carl 卡尔·门格尔 246，249

mercantile system 商业体系 7–8，210，247

mercantilism 重商主义 8–9，80，210

Mercantilism (Heckscher)《重商主义》(赫克歇尔) 8

mercantilists 重商主义者 82，84，86，133，244

Methuen Treaty《梅休因条约》223

The Military Nobility Opposed to the Commercial Nobility, or The French Patriot (d'Arcq)《军事贵族反对商业贵族》，或称《法国爱国者》(阿克骑士) 175

Mill, John Stuart 约翰·斯图尔特·穆勒 224–227，234–235，257，267

Millar, Andrew 安德鲁·米勒 205

Mirabeau, Victor de Riqueti, marquis de 米拉波侯爵维克托·德·里凯蒂 177，180，207

Misselden, Edward 爱德华·米赛尔登 73，86–87

Mississippi Company 密西西比公司 156

monarchy 君主制

 Adam Smith on 亚当·斯密论君主制 204

 De Witt's attack on 德·维特对君主制的攻击 102

monasteries 修道院 29，44–45，51，53

Monetary History of the United States (Friedman and Schwartz)《美国货币史》(弗里德曼和施瓦茨) 252

money 货币

 monetary shortage 货币短缺 85–86

 quantity of money theory 货币数量论 74–75，78，85，246–247，252

 value and 价值与货币 75，78–79，246–247，252

 wealth creation and 财富创造与货币 155，158

Money and Trade Considered (Law)《论货币与贸易》(罗) 155

money supply, Friedman and 弗里德曼与货币供应 250，252–254

monopolies 垄断

 Adam Smith and 亚当·斯密与垄断 208–210，213，241

 colonial 殖民垄断 179

 fairs as 垄断性质的集市 187

 France and 法国与垄断 111

 Hayek and 哈耶克与垄断 249

 Maryland's tobacco monopoly 马里兰的烟草垄断 211

 Melon and 梅隆与垄断 168

 merchants, monopolizing tendencies of 商人的垄断倾向 209–210

 Misselden and 米赛尔登与垄断 87

　　　　private national 私营国家垄断 260
　　　　Ricardo and 李嘉图与垄断 223
　　　　Turgot's opposition to 杜尔哥反对垄断 186–187
monopsony 买方垄断 244–245
Montesquieu 孟德斯鸠 139，169，184，188
moral choice 道德选择 23，144，251
moral society 道德社会 194，202，204，214
morals/morality 道德 / 道德准则
　　　　Adam Smith and 亚当·斯密与道德 5–6，194–197，202–205，209–210，
　　　　　　212–215，218，238，242，251
　　　　Bentham and 边沁与道德 218
　　　　Bodin and 博丹与道德 77
　　　　Christianity and 基督教与道德 23–24，34–35，38，42，45，48–50，
　　　　　　52，55–58，64
　　　　Cicero and 西塞罗与道德 6，11–12，15–21，34，63，69，99，195
　　　　Cobden and 科布顿与道德 230–232
　　　　Florentines and 佛罗伦萨人与道德 63，69
　　　　Grotius and 格劳秀斯与道德 98–99，101
　　　　Hayek and 哈耶克与道德 247，249
　　　　Hume and 休谟与道德 199–200
　　　　Jevons and 杰文斯与道德 233–234
　　　　Machiavelli and 马基雅维利与道德 69
　　　　merchants and 商人与道德 64，66，209–210，225–226
　　　　Mill and 穆勒与道德 225–226
　　　　Sextus and 塞克斯图斯与道德 27
　　　　Stoic morals 斯多葛派道德 12，126，195，202–203，214，232
Morelli, Giovanni di Pagolo 乔瓦尼·迪·帕戈洛·莫雷利 64
Mun, Thomas 托马斯·孟 86–87
Muratori, Ludovico Antonio 卢多维科·安东尼奥·穆拉托里 183–184
Myrdal, Gunnar 贡纳尔·缪尔达尔 253

Napoleon 拿破仑 221
Napoleon III 拿破仑三世 231

Napoleonic Wars 拿破仑战争 219，223

National System of Political Economy (List)《政治经济学的国民体系》（李斯特）229

national wealth 国家财富 7，85，144，166，177，209，211

Natural History (Pliny the Elder)《博物志》（老普林尼）17

natural order 自然秩序 13–14，21，23，43，194

natural rights 自然权利 59，99–101，113–114，180

natural selection, Darwin's theory 达尔文的自然选择理论 226

Navigation Act《航海条例》88，210，241

Navigation Laws《航海法》109

Neck, Jacob Cornelius van 雅各布·科尼利厄斯·范·内克 95

Necker, Jacques 雅克·内克尔 190，254

neo-Confederate segregationists 新邦联种族主义者 257–258

New Deal 新政 251，256–257

Newcomen, Thomas 托马斯·纽科门 173

Newton, Isaac 艾萨克·牛顿 5，142–143，160，168，202

Nicholas III, Pope 教皇尼古拉三世 53–54，57–58

Nicomachean Ethics (Aristotle)《尼各马可伦理学》（亚里士多德）49

Nine Years' War 九年战争 123–125

nobility 贵族
    Cantillon and 坎蒂隆与贵族 166
    Coyer and 夸耶与贵族 174–175
    French 法国贵族 166，174–178，180，182
    Italian 意大利贵族 67
    Quesnay and 魁奈与贵族 178
    Roman 罗马贵族 24，30

Ockham, William of 奥卡姆的威廉 57–59，61

Octavian 屋大维 20–21

Oldenbarnevelt, Johan van 约翰·范·奥尔登巴内费尔特 95–96

oligarchic monopolies 寡头垄断 70，81，249

oligarchy 寡头统治
    Adam Smith and 亚当·斯密与寡头统治 4–6，197，205，213

agrarian 农业寡头 197
　　　Bodin and 博丹与寡头统治 77
　　　Britain's "Age of Oligarchy" 英国的 "寡头时代" 205
　　　Davenant and 戴夫南特与寡头统治 148
　　　Florentine 佛罗伦萨的寡头统治 67–70
　　　landed 土地寡头 4，72，213
　　　Machiavelli and 马基雅维利与寡头政治 67–72，77，148，193
　　　Mill and 穆勒与寡头统治 225
　　　Roman 罗马的寡头统治 5，14
　　　Rousseau and 卢梭与寡头统治 193
Olivi, Peter John 彼得・约翰・奥利维 41，54–57
On Duties (Cicero)《论责任》(西塞罗) 11，18–19，65，83，100
On Farming (Cato the Elder)《农业志》(老加图) 14
On Public Happiness (Muratori)《论公共幸福》(穆拉托里) 184
On the Duties of the Clergy (Saint Ambrose)《论神职人员的责任》(圣安布罗斯) 33
On the Kingdom of Christ (Bucer)《论基督的国度》76
On the Legislation and the Commerce of Grain (Necker)《论谷物的立法和贸易》(内克尔) 190
On the Principles of Political Economy and Taxation (Ricardo)《政治经济学及赋税原理》(李嘉图) 222
On the Republic (Cicero)《论共和国》(西塞罗) 15，20
On the Spirit of Laws (Montesquieu)《论法的精神》(孟德斯鸠) 169
Origen 奥利金 28–29
The Origin of Species (Darwin)《物种起源》(达尔文) 226
Original Sin 原罪 28–29，35，58，128，147，214，219
Orléans, Philippe II duc d' 奥尔良公爵菲利普二世 156
overpopulation 人口过剩 219–220

paganism 异教 24，34–35
Paine, Thomas 托马斯・潘恩 192
Palmieri, Matteo 马泰奥・帕尔米耶里 64
paper currency 纸币 155–156，158，161，164，168，252

索引　311

Pâris La Montagne 帕里斯·拉·蒙塔涅 159
partial equilibrium theory 局部均衡理论 235
Paul, Lewis 刘易斯·保罗 174
Paul, Saint 圣保罗 35
Penitential (Robert of Flamborough)《忏悔录》(弗兰伯勒的罗伯特) 48
Pepys, Samuel 塞缪尔·佩皮斯 121–122
The Perfect Merchant (Savary)《完美的商人》(萨瓦里) 118
Perpetual India Company 永久印度公司 156–158
Perrault, Claude 克劳德·佩罗 119, 121
Petrarch, Francesco 弗朗切斯科·彼特拉克 63–64, 69
Petty, William 威廉·配第 144–146
Philip II 腓力二世 91
The Philippics (Cicero)《反腓力辞》(西塞罗) 20
Phillips curve 菲利普斯曲线 253
Physiocracy (du Pont)《重农主义》(杜邦) 180
physiocrats 重农学派 164, 171, 173–174, 176–181, 206–207
Pinochet, Augusto 奥古斯托·皮诺切特 255
Plato 柏拉图 49, 200, 241
Pliny the Elder 老普林尼 17
Political Arithmetick (Petty)《政治算术》(配第) 144
Political Economy (Jevons)《政治经济学理论》(杰文斯) 233, 245
Political Essay on Commerce (Melon)《商业政治论》(梅隆) 168
Politics (Aristotle)《政治学》(亚里士多德) 75
Ponce de Léon, Juan 胡安·庞塞·德莱昂 74
Ponzi Scheme 庞氏骗局 158, 160
predestination 预定论 34–35, 39
price elasticity 价格弹性 235
prices 价格
　　Aquinas and 阿奎那与价格 50
　　demand and 需求与价格 235
　　Franciscans and 方济各会与价格 52
　　merchants and 商人与价格 49–50
　　monopsony and 买方垄断与价格 244

Olivi and 奥利维与价格 54–57
　　　societal and labor conditions as drivers of 社会和劳动条件推动价格变化 184
The Prince (Machiavelli)《君主论》(马基雅维利) 68–69, 71
Principia mathematica (Newton)《自然哲学的数学原理》(牛顿) 143
Principles of Economics (Marshall)《经济学原理》(马歇尔) 235
Principles of Economics (Menger)《经济学原理》(门格尔) 245
Principles of Morals and Legislation (Bentham)《道德与立法原理导论》(边沁) 218
Principles of Political Economy (Mill)《政治经济学原理》(穆勒) 235
private property 私有财产
　　　Christian Church and 基督教会与私有财产 51–52, 57–58
　　　Cicero and 西塞罗与私有财产 15, 17
　　　du Pont and 杜邦与私有财产 180
　　　Friedman and 弗里德曼与私有财产 264
　　　Gratian and 格拉提安与私有财产 49
　　　Grotius and 格劳秀斯与私有财产 100
　　　Locke and 洛克与私有财产 146–148, 193
　　　Ockham and 奥卡姆与私有财产 57–59
　　　Rousseau and 卢梭与私有财产 192–193
Procopius 普罗科皮乌斯 44
propaganda, French 法国的政治宣传 115–116, 118, 121–122, 157
protectionism 贸易保护主义 3, 86, 109, 112–113, 115, 117, 210, 213, 223, 227, 229, 239, 241–242
Protestants 新教徒 73, 75–77, 88, 102, 104, 123, 125, 135, 143, 145, 152, 180, 190, 221
Pufendorf, Samuel von 塞缪尔·冯·普芬道夫 99

quantity of money theory 货币数量论 74–75, 78, 85, 186, 246–247, 252
Quesnay, François 弗朗索瓦·魁奈 171–174, 176–181, 186, 266
　　　Adam Smith and 亚当·斯密和魁奈 206–208
　　　Depotism in China《中华帝国的专制制度》179
　　　Galiani and 加利亚尼和魁奈 185

Tableau économique (Economic Table)《经济表》177–180，207

Racine, Jean 让·拉辛 129
Raleigh, Walter 沃尔特·雷利 153
Rand, Ayn 安·兰德 5–6，259–260
Rathier of Verona 维罗纳的拉蒂尔 47
Reagan, Ronald 罗纳德·里根 238，248
reason of state 国家利益 80
Reflections on the Formation and Distribution of Wealth (Turgot)《关于财富的形成和分配的考察》(杜尔哥) 187–188
Republican Party 共和党 2，258–259
Response to the Paradoxes of Monsieur de Malestroit (Bodin)《对马勒斯特洛伊特先生悖论的回应》(博丹) 78–79
Revolt of the Ciompi 梳毛工人起义 70–71
Ricardo, David 大卫·李嘉图 218，221–223，233，245
The Rich Man's Salvation (Clement of Alexander)《富人的救赎》(亚历山大的克雷芒) 27
Ricordi (Morelli)《备忘录》(莫雷利) 64
The Rights of War and Peace (Grotius)《战争与和平法》(格劳秀斯) 100
The Rise and Fall of the Free Trade Movement (Cunningham)《自由贸易运动的兴衰》(坎宁安) 238
Rivière, Pierre-Paul Lemercier de la 皮埃尔-保罗·勒梅西埃·德·拉·里维埃 173
The Road to Serfdom (Hayek)《通往奴役之路》(哈耶克) 248–249
Robert of Flamborough 弗兰伯勒的罗伯特 48
Robinson, Joan 琼·罗宾逊 244–245
Roman Empire 罗马帝国 23，25–27，29，32，41，43–44，70，116
Roman Republic 罗马共和国 4，11–12，16，18，23，38，70，79，266
Romulus 罗慕路斯 12
Roosevelt, Franklin 富兰克林·罗斯福 251，256–257
Rousseau, Jean-Jacques 让-雅克·卢梭 191–194
　　Adam Smith and 亚当·斯密和卢梭 195–196，202–203，211，214
　　Discourse on Inequality《论人类不平等的起源和基础》191

The Social Contract《社会契约论》192
Russo-Japanese War 日俄战争 242

Saint Bartholomew's Day Massacre 圣巴托洛缪大屠杀 77
Sainte-Foix, Philippe-Auguste de 菲利普-奥古斯特·德·圣富瓦 175
Sallo, Denis de 德尼·德·萨洛 120
Samuelson, Paul 保罗·萨缪尔森 171
Santa Catarina "圣卡塔琳娜号" 98
Savary, Jacques 雅克·萨瓦里 117–118
Savery, Thomas 托马斯·萨弗里 173
Scholastics 经院哲学家 49–51，57，62，75，79，80
Schumpeter, Joseph 约瑟夫·熊彼特 165
Schwartz, Anna 安娜·施瓦茨 252–253
self-interest 自利 5
 avoidance of 避免自利 129
 Cicero and 西塞罗与自利 19–20
 consequences of 自利的后果 159
 Cotrugli and 科特鲁利与自利 65
 domination of 自利的优势 126
 Hobbes and 霍布斯与自利 127
 Machiavelli and 马基雅维利与自利 68–69，71，73
 Protestants and 新教徒与自利 73
 Saint Matthew and 圣马太与自利 27
self-regulating market/system 自我调节的市场/体系 9
 Adam Smith and 亚当·斯密与自我调节的市场 4，197，203–204，223，242
 Cicero and 西塞罗与自我调节的市场 10，20
 de la Court and 德拉考特与自我调节的市场 102
 early Christian thinkers and 早期基督教思想家与自我调节的市场，42
 Jevons and 杰文斯与自我调节的市场 234
 Law and 罗与自我调节的市场 158
 Locke and 洛克与自我调节的市场 147
 Malynes and 马利纳与自我调节的市场 84–85

索引

  Mill and 穆勒与自我调节的市场 225

  nature and 自然与自我调节的市场 17，85

  Olivi and 奥利维与自我调节的市场 54–55

  Ricardo and 李嘉图与自我调节的市场 221，223

  Sextus and 塞克斯图斯与自我调节的市场 27

  Terrasson and 泰拉松与自我调节的市场 157

Seneca 塞涅卡 62

The Sentences of Sextus《塞克斯图斯格言集》27

Serra, Antonio 安东尼奥·塞拉 81–82，108

Seven Years' War 七年战争 144，174，178，181，198，206

Sextus 塞克斯图斯 27–28

The Shepherd of Hermas《黑马牧人书》28

Short Treatise on the Wealth and Poverty of Nations (Serra)《国家财富与贫困简析》(塞拉) 81

shortages 短缺 41，85–86

Siena 锡耶纳 62–63

Simeon the Stylite 苦行者西缅 29

Six Books of the Republic (Bodin)《共和六论》(博丹) 77

slavery 奴隶制

  Adam Smith support for 亚当·斯密对奴隶制的支持 212

  Britain and 英国与奴隶制 181

  Cobden's attacks on 科布顿对奴隶制的抨击 230–231

  Code noir《黑人法典》118

  Davenant and 戴夫南特与奴隶制 149

  du Pont's opposition to 杜邦反对奴隶制 180，256

  France and 法国与奴隶制 118，212

  Grotius' defense of slavery 格劳秀斯为奴隶制的辩护 100–102

  List and 李斯特与奴隶制 229–230

  in medieval agrarian slave labor system 中世纪农奴体系 44–45

  Quesnay and 魁奈与奴隶制 179

  in Roman Republic/Empire 罗马共和国/帝国的奴隶制 14–15

  Scotland and 苏格兰与奴隶制 201

  slave trade 奴隶贸易 88，95，101，149，181

    Turgot's criticism of 杜尔哥对奴隶制的抨击 188
Smith, Adam 亚当·斯密 4–8, 195–216, 265–266
    agriculture and 亚当·斯密与农业 7–8, 21, 196–197, 204, 207–209,
        213–214
    American independence 美国独立 211
    caricature by modern economists 现代经济学家对亚当·斯密的描述 196
    Cicero and 西塞罗和亚当·斯密 204, 209, 251
    Cobden and 科布顿和亚当·斯密 230
    Colbert and 柯尔贝尔和亚当·斯密 7–8, 209–210
    Cunningham and 坎宁安和亚当·斯密 238, 240–242
    English Navigation Laws 英国《航海条例》113
    in France 亚当·斯密在法国 206
    Friedman and 弗里德曼和亚当·斯密 196, 250–251
    Genovesi and 杰诺韦西和亚当·斯密 184
    government intervention and 亚当·斯密与政府干预 196–197, 213, 241
    Hayek and 哈耶克和亚当·斯密 249
    The History of Astronomy《天文学史》203, 209
    Hume and 休谟和亚当·斯密 199–201, 205–207
    Jevons and 杰文斯和亚当·斯密 233–234
    Malthus and 马尔萨斯和亚当·斯密 219–221
    Marshall and 马歇尔和亚当·斯密 236
    Marx and 马克思和亚当·斯密 226–227
    Menger and 门格尔和亚当·斯密 245
    Mill and 穆勒和亚当·斯密 225–226
    morals/morality 道德 5–6, 194–197, 202–205, 209–210, 212–215,
        218, 238, 242, 251
    Quesnay and 魁奈和亚当·斯密 206–208
    Ricardo and 李嘉图和亚当·斯密 221–223
    Rousseau and 卢梭和亚当·斯密 194
    Theory of Moral Sentiments《道德情操论》202, 205–206, 209, 214,
        237, 241
    twentieth-century thinkers and 20 世纪思想家与亚当·斯密 238
    virtue 美德 4–5, 194–195, 197, 204–205, 208–209, 249

索引

The Wealth of Nations《国富论》4，7，195–197，199，206–210，213，220，266
Smith, Thomas 托马斯·史密斯 83–84
The Social Contract (Rousseau)《社会契约论》(卢梭) 192
social Darwinism 社会达尔文主义 5
social democracy 社会民主 2，226，249，260
social reform, Mill and 穆勒与社会改革 224–227
spiritual market 精神市场 31，34，38
steam engine 蒸汽机 173–174，212
Stevin, Simon 西蒙·斯蒂文 92–93
Summa Theologica (Aquinas)《神学大全》(阿奎那) 50–51
systematic economics 系统经济学 165

Tableau économique (Economic Table) (Quesnay)《经济表》(魁奈) 177–180，207
The Tables of Chaulnes《肖尔纳统计表》136
Temple of Artemis 阿尔忒弥斯神庙 31
Terrasson, Jean 让·泰拉松 157–158
Tertullian 德尔图良 28
Thatcher, Margaret 玛格丽特·撒切尔 248，253
Theory of Moral Sentiments (Smith)《道德情操论》(斯密) 202，205–206，209，214，237，241
Thiry, Paul-Henri 保罗-亨利·蒂里 206
Thyssen, Fritz 弗里茨·蒂森 248
tobacco, Scotland and 苏格兰与烟草 201
Townshend, Charles 查尔斯·唐森德 205–206
trade 贸易
　　The Book of the Art of Trade (Cotrugli)《贸易艺术》(科特鲁利) 65
　　Cicero and 西塞罗与贸易 12
　　Colbert and 柯尔贝尔与贸易 7，108，110–119，122–124
　　colonial 殖民地贸易 115，148–150，156
　　Cotrugli and 科特鲁利与贸易 65–66
　　England in sixteenth and seventeenth century 英国 16 世纪和 17 世纪

的贸易 82
  imbalance 贸易失衡 85–86
  Malynes and 马利纳与贸易 84–85
  mercantilism and 重商主义与贸易 9
  merchant (see merchants) 商人
  mutual self-interest 互惠互利 139
  New World 新世界贸易 67
trade treaties 贸易协定 7，94，112–113，122，229，231
trade unions 贸易联盟 226，232，234，249
Treatise on Contracts (Olivi)《论契约》(奥利维) 41，55
The Treatise on the Creation of Infinity (Terrasson)《创造无限》(泰拉松) 157
Treatise on Usury (Bucer)《论高利贷》(布塞尔) 76
The True Interest and Political Maxims of the Republic of Holland (de la Court)《荷兰共和国的真正利益和政治准则》(德拉考特) 102
Turgot, Robert-Jacques 罗伯特-雅克·杜尔哥 170，173，186–191，238
Two Treatises on Government (Locke)《政府论》(洛克) 146

utilitarian agricultural labor theory 功利主义农业劳动理论 188
utility 效用
  Bentham and 边沁与效用 218，226
  diminishing marginal utility 边际效用递减 54，225
  Jevons and 杰文斯与效用 232–233
  marginal utility theory 边际效用理论 233，235–236，244–245，247
  Olivi and 奥利维与效用 54–56
  utilitarian cooperation 功利主义的合作 235
  value and 价值与效用 54–55，75，184，233

Valentinian I 瓦伦提尼安一世 32
value 价值
  labor theory of 劳动价值论 167，245–246
  money and 货币与价值 75，78–79，246–247，252
  Olivi and 奥利维与价值 54–57

van Heemskerck, Jacob 雅各布·范·海姆斯凯克 98
Verri, Pietro 彼得罗·韦里 185
Versailles 凡尔赛宫 6，118–119，128，135–136，161，172，177，188
Victorian Age 维多利亚时代 215，220，224，232，234
Visigoths 西哥特人 37–38
VOC (Vereenigde Oost Indische Compagnie) 荷兰东印度公司 95–103
Voltaire 伏尔泰 198，215
von Mises, Ludwig 路德维希·冯·米塞斯 246–247，249，258，265
Vossius, Isaac 艾萨克·福修斯 119

Walpole, Robert 罗伯特·沃尔波尔 160
Walras, Léon 莱昂·瓦尔拉斯 1
want of goods, Menger and 门格尔与商品需求 246
War of Austrian Succession 奥地利王位继承战争 198
War of Spanish Succession 西班牙王位继承战争 138，151，165
warfare, modern age 现代战争 242
Wars of Religion, French 法国宗教战争 76–77，107
Watt, James 詹姆斯·瓦特 212，215
wealth creation 财富创造
　　by agriculture 农业创造财富 165，175，207–208，213，221–222，228
　　cities and 城市与财富创造 80–81
　　colonialization and 殖民主义与财富创造 148
　　economic cooperation and 经济合作与财富创造 204
　　by industry 工业创造财富 103，175，212，215，217，228
　　interest and 利益与财富创造 75
　　by landowners 土地所有者创造财富 166，176
　　by manufacturing 制造业创造财富 103，170，212，230
　　Marshall and 马尔萨斯与财富创造 236
　　by money 货币创造财富 155，158
　　natural processes and 自然过程与财富创造 85
　　state role in 国家在财富创造中的作用 77
wealth inequality 财富不均 3，70，224，263
The Wealth of Nations (Smith)《国富论》（斯密）4，7，195–197，199，

206–210，213，220，266

Wedgwood, Josiah 约书亚·韦奇伍德 215

Welwod, William 威廉·韦尔伍德 101

Western Roman Empire 西罗马帝国 32，43

Whig Party 辉格党 160，205，224

William III (William of Orange) 威廉三世（奥兰治的威廉）104，109，124，150，152

Wittgenstein, Ludwig 路德维希·维特根斯坦 141

The World (Descartes)《论世界》（笛卡儿）142

Wyatt, John 约翰·怀亚特 174